柏拉图全集

PLATONIS OPERA

增订版

6

[古希腊]柏拉图◎著

王晓朝◎译

人 民 出 版 社

责任编辑：张伟珍
封面设计：吴燕妮

图书在版编目（CIP）数据

柏拉图全集 .6 ／ ［古希腊］柏拉图 著；王晓朝 译 . – 增订本 . —北京：
人民出版社，2017.5（2021.2 重印）
ISBN 978 – 7 – 01 – 016857 – 9

I. ①柏… II. ①柏… ②王… III. ①柏拉图（前 427～ 前 347）–
全集 IV. ① B502.232-52

中国版本图书馆 CIP 数据核字（2016）第 250731 号

柏拉图全集 ［增订版］6
BOLATU QUANJI

［古希腊］柏拉图 著 王晓朝 译

人民出版社 出版发行
（100706 北京市东城区隆福寺街 99 号）

北京汇林印务有限公司印刷 新华书店经销

2017 年 5 月第 1 版 2021 年 2 月北京第 2 次印刷
开本：710 毫米 ×1000 毫米 1/16 印张：23.25
字数：330 千字 印数：3,001–5,000 册

ISBN 978 – 7 – 01 – 016857 – 9 定价：62.00 元

邮购地址 100706 北京市东城区隆福寺街 99 号
人民东方图书销售中心 电话（010）65250042 65289539

目　录

增订版译者前言

拙译中文版《柏拉图全集》自 2003 年开始出版以来，十来个年头匆匆而过。应社会大众的阅读需要，全集多次重印。期间，译者也在不断地听取和收集各方面的批评意见，并在教学和科研间隙对全集进行增订。最近几年，译者承担的教学和研究工作相对较少，有了对全集进行全面增订的充裕时间，遂有这个全集增订版的问世。

译者除了对原版译文进行逐字逐句的修订外，还做了以下工作：

（1）原版中各篇对话的提要译自伊迪丝·汉密尔顿所撰写的各篇对话短序。本次修订，所有提要均由译者本人撰写，内中包含译者自身的阅读心得，写出来供读者参考。

（2）考虑到研究的需要，也考虑到柏拉图的疑伪之作至今尚无最终定论，因此借增订之机，补译柏拉图伪作十六种。它们是：《阿尔基比亚德上篇》（Alcibiades I）、《阿尔基比亚德下篇》（Alcibiades II）、《希帕库斯篇》（Hipparchus）、《克利托丰篇》（Clitophon）、《塞亚革斯篇》（Theages）、《弥诺斯篇》（Minos）、《德谟多库篇》（Demodocus）、《西绪福斯篇》（Sisyphus）、《厄里西亚篇》（Eryxias）、《阿西俄库篇》（Axiochus）、《情敌篇》（Rival Lovers）、《论公正》（On Justice）、《论美德》（On Virtue）、《神翠鸟》（Halcyon）、《定义集》（Definitions）、《诗句集》（Epigrams）。

（3）专有名词（人名、地名、族名、神名）有少量改动和增添；哲学概念和术语的译名结合近年来的研究动态有改动，并以注释的方式说明旧译和新译的基本情况。

（4）文中注释有较多修改和增添。所有注释均由译者参照已有版本的注释加以取舍、改写、综合、添加。

（5）柏拉图著作标准页在原版中在页边标注，考虑到中国人的阅读习惯，修订版改为在文间标注。

（6）除原版中列举的参考资料外，本次增订着重参考了下列图书：

J.Burnet，Platonis Opera，5 vols，Oxford，Clarendon Press，1900—1907.

Plato，Complete Works，ed.By John M.Cooper，Hackett Publishing Company，Indianapolis，Cambridge，1997.

（7）参考 John M.Cooper 编辑的英文版柏拉图全集中的索引，重编增订版索引，并增加希腊文对照。

近年来，中国高校大力推广人文素质教育，阅读经典著作成为素质教育的重要内容。为适应这种社会需要，译者将增订版的《柏拉图全集》分为十册出版，以解决全集篇幅过大，一般学生和社会读者难以全部购买的问题。待各分册出版完成以后，再视社会需要，出版完整的《柏拉图全集》［增订版］。

增订版各分册内容如下：

第一册：申辩篇、克里托篇、斐多篇

第二册：卡尔米德篇、拉凯斯篇、吕西斯篇、欧绪弗洛篇

第三册：美涅克塞努篇、小希庇亚篇、伊安篇、高尔吉亚篇

第四册：普罗泰戈拉篇、美诺篇、欧绪德谟篇

第五册：克拉底鲁篇、斐德罗篇、会饮篇

第六册：国家篇（10卷）

第七册：泰阿泰德篇、巴门尼德篇、智者篇

第八册：政治家篇、斐莱布篇、蒂迈欧篇、克里底亚篇

第九册：法篇（12卷）

第十册：伊庇诺米篇、大希庇亚篇、阿尔基比亚德上篇、阿尔基比亚德下篇、希帕库斯篇、克利托丰篇、塞亚革斯篇、弥诺斯篇、德谟多库篇、西绪福斯篇、厄里西亚篇、阿西俄库篇、情敌篇、论公正、论美德、神翠鸟、定义集、书信、诗句集

借《柏拉图全集》增订出版之机，重复译者在原版"中译者导言"

中说过的话:"译作的完成之日,就是接受批评的开始。敬请读者在发现错误的时候发表批评意见,并与译者取得联系(通信地址:100084 清华大学人文学院哲学系;电子邮件:xiaochao@tsinghua.edu.cn),以便译者在有需要再版时予以修正。"

感谢学界前辈、同行、朋友的教诲、建议和批评!

感谢人民出版社为出版中文版《柏拉图全集》所付出的巨大努力!

感谢中文版《柏拉图全集》出版以来阅读过该书的所有读者!感谢中文版《柏拉图全集》出版以来,对该书作出评价和提出批评意见的所有人!

王晓朝

于北京清华园

2014 年 6 月 1 日

国　家　篇

（理想国）

提　要

本篇的希腊文篇名是 Πολιτεία。这个词源于 πόλις（城邦、国家、邦国、公民团体）。它的含义有：公民的条件和权利、公民权、公民生活；政府形式、行政机关、国家制度、国家事务（政治），等等。它的中文篇名有多种译法，常被译为《理想国》或《共和国》，严群先生建议译为《造邦论》。本篇属于柏拉图中期对话，是柏拉图的代表作。

公元 1 世纪的塞拉绪罗在编定柏拉图作品篇目时，将本篇列为第八组四联剧的第二篇，称其性质是"政治性的"，称其主题是"论正义"。[①]整篇对话在形式上，主要由苏格拉底和格老孔、阿狄曼图两位青年谈论理想城邦的建构。正义问题是贯穿全文的一条主线，其他问题都由此引申而来。本篇共 264 标准页，译成中文约 21 万字，其篇幅之巨仅次于《法篇》。

全文现分为十卷，可能是某位古人为了保持卷帙的均衡而作的划分。有学者认为，它的第一卷本来是一篇独立的早期对话，后来作者对正义有了自己明确的看法，于是将它用作整篇对话的引言。各卷基本内容如下：

第一卷（327a—356b），苏格拉底等人赴庇莱厄斯参加女神庆典，

---

① 参阅第欧根尼·拉尔修：《名哲言行录》3：60。

在波勒玛库斯家中与年迈的凯发卢斯谈论老年。凯发卢斯认为，按照正义和虔诚生活的人可以安度晚年，所谓正义就是讲真话和偿还借来的东西。然后波勒玛库斯接替凯发卢斯与苏格拉底讨论正义问题。他们没能发现正义的本质，却得出了一系列自相矛盾的定义。智者塞拉西马柯与苏格拉底进行激烈的争论。塞拉西马柯认为，正义就是强者的利益。苏格拉底反驳这个命题，然后总结说，我们一开始考察什么是正义，在没有发现答案之前，我们就转为考察正义是不是智慧和美德，后来又发生不正义是否比正义更有利的争论；这样的讨论不会有什么收获，只有首先把握正义的本性，才能进一步解决其他问题。

第二卷（357a—383c），格老孔提出要以这样一种方式来为正义辩护，由他先来尽力赞美不正义的生活，为苏格拉底赞扬正义和申斥不正义开路。他要更新塞拉西马柯的论证，首先说明人们对正义的一般看法和正义的起源，然后讲了吕底亚人巨格斯的故事来证明人们实施正义是不自愿的，最后证明不正义的人的生活比正义的人的生活要好。阿狄曼图进一步展示相反的论证，赞扬正义，谴责不正义。苏格拉底作出回应。他建议考察城邦的正义，再考察个人灵魂的正义。由此开始，建构一个理想的城邦，然后依次阐释城邦的兴起、原初的城邦、城邦成员的分工、护卫者的出现、护卫者的品性、护卫者的教育等问题，最后涉及文艺教育和创作规范问题。

第三卷（386a—417b），苏格拉底进一步作出回应，指出现有诗歌中具有败坏道德的内容、需要加以限制的故事种类和曲调，谈论了文艺教育和体育锻炼的关系，以及进行这些教育的目的。然后苏格拉底指出：城邦有三个组成部分，即统治者、护卫者、辅助者。城邦要由护卫者来监督和维护，要从护卫者中挑选最优秀者来担任统治者，统治者可以用高贵的谎言来说服人们接受这种安排，统治者和护卫者由城邦供给，不可拥有私产和房屋，以防道德堕落。

第四卷（419a—445e），阿狄曼图指出苏格拉底的论述使得护卫者和统治者不是幸福之人。苏格拉底回应，他不是要让城邦里的某一阶层幸福，而是要让整个城邦幸福。他继而指出，财富会对城邦产生不良影响，城邦要维持适当的面积，要进行良好的教育，要正确地立法，宗教事务要由阿波罗所立之法来决定。然后苏格拉底开始寻找城邦的正义，他指出好城邦拥有智慧、勇敢、节制、正义四美德，统治者阶层使城邦具有智慧，勇敢属于护卫者阶层，节制是城邦三个阶层对由谁来统治具有共识，正义是每个人各司其职。城邦的正义与个人的正义可以类比。体现在城邦中的四美德在灵魂中也有体现。除了良好的城邦外，还有四种腐败的城邦。

第五卷（449a—480a），阿狄曼图等人打断苏格拉底有关四种腐败的城邦和个人的见解，使苏格拉底开始谈论理想城邦的共产、共妻、共子的制度。他主张男性与女性无本质上的不同，但在实践操作上前者表现优于后者。格老孔认为苏格拉底为理想城邦制定的法律甚佳，但还要探讨正义的城邦如何可能出现。苏格拉底指出，要建立绝对理想的城邦不可能，但只要哲学家成为统治者，或现任统治者成为哲学家，就能造就一个最接近理想的城邦。接下去，他们谈论了哲学家与非哲学家的区别，讨论了知识、意见、无知三者的对象。

第六卷（484a—511e），继续讨论哲学家与非哲学家的差异、哲学家的品性。阿狄曼图提出一种哲学家无用论，苏格拉底作了详细回应，指出哲学家无用不是他自己的错，而是城邦公民不懂如何使用他们，哲学家拥有恶名的原因在于伪哲学家利用哲学，败坏哲学。少数真正的哲学家会远离政治生活，但若环境允许，他们会参与政事，并证明自己是城邦的救星。现有城邦无一适合哲学，但在理想城邦中，哲学家拥有统治权，能够说服民众。苏格拉底指出第四卷中仅从灵魂的内在构成来理解德性是不够的，但是探讨善的型相可以清楚地呈现德性的知识。为了回答善是什么的问题，苏格拉底使用了"日喻"（506b—508b）和"线喻"（509d—511e）。

第七卷（514a—541b），苏格拉底用"穴喻"（514a—521b）描述哲学家的精神历程，离开洞穴的哲学家不可耽溺于真理之光，而要重回洞穴引领洞中之人离开洞穴，远离无知。然后详细讨论哲学家的养成教育。苏格拉底认为，要使灵魂转向，必须接受一系列科目的学习：算术、平面几何、立体几何、天文学、辩证法。在讨论了学习方式和最佳学习时间后，重申理想城邦的可能性。

第八卷（543a—569c），返回第四卷末提及的四种腐败城邦体制这个主题，逐一讨论荣誉制、寡头制、民主制、僭主制，以及与之对应的个人。荣誉制的特性是热爱战争和胜利，寡头制的特性是看重财富，民主制的特点是热爱自由，僭主制的特点是专制统治。这些体制之间存在着渐次发展的关系。

第九卷（571a—592b），苏格拉底继续讨论僭主制的人如何从民主制的人演变而来。他从分析欲望入手，揭示僭主的灵魂和品性。根据以上论述，苏格拉底对五种类型的人的幸福进行排序，从高到低是：王者型的人、荣誉型的人、寡头型的人、民主型的人、僭主型的人。苏格拉底指出，灵魂有理智、激情、欲望三个部分，分别对应爱智慧、爱荣誉、爱利益这三种品性和快乐。真正的快乐不在于欲望的满足，而在于真理的获得；追求快乐需要理智的指引。接着苏格拉底再次驳斥塞拉西马柯在第一卷中提出的不正义有利的主张，指出灵魂的健康比身体的健康更有价值。至此，一个理想的城邦国家建构完毕。

第十卷（595a—621d），苏格拉底展开哲学与诗歌之争，指出诗歌是一种模仿，揭示模仿的本质。他以床为例，指出床的型相是真正的实在，木匠制造出来的床是实在，画家画出来的床是影像，是对前面两种床的模仿。诗人只是模仿各种事物，对这些事物并不具有真正的知识。诗歌最大的害处是以激情使理智松弛，进而滋生欲望，最后颠覆灵魂各部分统治与被统治的关系。最后，讨论美德的补偿要以灵魂不朽为基础。苏格拉底讲述厄尔的神话（614b—621b），描述人死后灵魂的旅程以及宇宙的构成，说明正义之人将在来世获取更有价值的报偿。

正　文

第　一　卷

【327】昨天，我①和阿里斯通②之子格老孔③一起下到庇莱厄斯④。我想对那位女神⑤祈祷一番，也对人们如何过节感到好奇，因为这是头一回举行这样的庆典。依我看，我们本地居民的游行蛮不错的，而色雷斯⑥人的游行也很出色。在做了祈祷、看完游行之后，我们开始返回雅典。【b】就在我们往回走的时候，波勒玛库斯⑦远远地看见我们，打发他的家奴赶来传话，要我们等他一下。那家奴从后面拉住我的衣角说："波勒玛库斯要你们等他一下。"我转过头去问："波勒玛库斯在哪里？""他马上就到，"他说，"请你们等等他吧。"格老孔答道："行，我们等他。"

【c】没过一会儿，波勒玛库斯来到我们面前。跟他一起来的有格老

---

① 本篇主要发言人苏格拉底（Σώκρατης），以第一人称叙述。
② 阿里斯通（Ἀρίστων），柏拉图之父。
③ 格老孔（Γλαύκων），柏拉图的兄弟。
④ 庇莱厄斯（Πειραιῶς），雅典重要港口，位于雅典卫城西南方向，从卫城去庇莱厄斯是向下走。"向下走"（κατέβην）这个词是整篇对话的第一个词，后来的新柏拉图主义者普罗克洛将这个词与本篇的"穴喻"联系起来。"穴喻"中提到，哲学家看到型相之后必须回到洞穴，下到洞底带领囚徒走出洞穴（519c8 以下）。还有学者认为，"向下走"这个概念亦可与本篇第十卷"厄尔的神话"（614a5—621b7）联系起来，人死之后灵魂向下进入冥府。
⑤ 指色雷斯女神班迪斯（Βενδις），其祭仪新近被引入庇莱厄斯。
⑥ 色雷斯（Θράκη），地名。
⑦ 波勒玛库斯（Πολέμαρχος），与吕西亚斯和欧绪德谟是兄弟，死于公元前404年雅典"三十僭主"统治时期。

孔的兄弟阿狄曼图①、尼昔亚斯②之子尼刻拉图③，还有其他一些人，显然全都是刚刚离开游行队伍。

波勒玛库斯说："在我看来，苏格拉底，你们俩好像要回雅典。"

"噢，你说得没错。"我说。

"你看到我们有多少人吗？"他说。

"我看到了。"

"好吧，你们要么证明自己比我们强大，要么就留下来。"

"可以有其他办法吗，也就是说，如果我们把你们说服了，那就让我们走？"

"但若我们不听，你们能说服我们吗？"

"肯定不能。"格老孔说。

"好吧，我们不听；你们最好打定主意。"

【328】"你们难道不知道，"阿狄曼图说，"为了荣耀女神，今晚还有骑马火炬接力赛吗？"

"骑马接力？"我说，"这个主意倒很新鲜。你是说骑马传递火炬，还是别的什么花样？"

"骑马传递火炬，"波勒玛库斯说，"整个晚上还有别的庆祝活动，很值得一看。晚饭以后，我们会去观光。我们还要去会会那里的一大帮青年，好好地聊一聊。所以，别走了，留下来吧。"

【b】"看来我们非留不可了。"格老孔说。

"既然要留，那就留吧。"我说。

于是我们去了波勒玛库斯家，在那里我们见到波勒玛库斯的兄弟吕西亚斯④和欧绪德谟⑤，对了，还有卡尔凯顿⑥的塞拉西

---

① 阿狄曼图（Ἀδείμαντος），柏拉图的兄弟。

② 尼昔亚斯（Νικίας），人名。

③ 尼刻拉图（Νικήρατος），人名。

④ 吕西亚斯（Λυσίας），人名。

⑤ 欧绪德谟（Εὐθύδημος），人名。

⑥ 卡尔凯顿（Καλχηδόν），地名。

马柯①、帕安②的卡尔曼提德③、阿里司托尼姆④之子克利托丰⑤。波勒玛库斯的父亲凯发卢斯⑥也在家，我想，他看上去老态龙钟，因为我已有很长时间没见过他了。【c】他坐在一把带靠垫的椅子上，头上还戴着花冠，因为他刚刚结束在院子里的献祭。我们走了过去，在他身边坐下，那里摆了一圈椅子。

一看见我，凯发卢斯就和我打招呼。他说："苏格拉底，你可真是个稀客，难得有机会到庇莱厄斯来看我们。这可不行。【d】如果我还能轻松地进城，就不需要你上这儿来了，我们会去看你的。而现在你既然来了，就别再去别处了。你要知道，我现在体力虽然不行了，但谈话的欲望却在增加，想从愉快的谈话中求得乐趣。所以，按我说的去做吧，和这些年轻人来往，经常来看我们，把我们当作你的亲戚和朋友。"

【e】"确实如此，凯发卢斯，"我答道，"我喜欢和上了年纪的人谈话，因为我们应当向他们咨询，就好像我们应当向那些经历过长途跋涉的人问路，因为他们走过的路有可能是我们必须要走的，我们要问他们走过的路是崎岖不平的，还是一条康庄大道。我很乐意听听你的想法，因为你的年纪已经到了诗人所谓的'老年的门槛'。⑦ 这是一个艰难的时刻吗？你能说一说吗？"

【329】"神灵在上，苏格拉底，我会把我的真实想法告诉你。我们几个年纪相仿的老头儿经常聚在一起，正应了一句古话，'同类相聚'。⑧我们见面的时候，大多数人会抱怨，说他们的青年时光已经一去不复

---

① 塞拉西马柯（Θρασύμαχος），智者。

② 帕安（Παιᾶν），区名。雅典政治家克利斯提尼于公元前509年将整个阿提卡半岛划分为一百个自治"德莫"（区），帕安是其中之一。

③ 卡尔曼提德（Χαρμαντίδης），人名。

④ 阿里司托尼姆（Ἀριστωνύμυς），人名。

⑤ 克利托丰（Κλειτοφῶν），人名。

⑥ 凯发卢斯（Κεφάλους），人名。

⑦ 荷马：《伊利亚特》24：487；《奥德赛》15：246，348；23：212。

⑧ 荷马：《奥德赛》17：218。

返，回想起以往的种种快乐，美酒、女人、宴饮，等等，他们感到无比悲愤，就好像他们人生中最重要的事情和从前的幸福生活被人剥夺了，而现在的生活根本不值得过。有些人抱怨他们的亲属对老人不尊重，【b】由于这个原因，他们一遍遍地重复说老年是诸多不幸的根源。而在我看来，苏格拉底，他们没有找到真正的原因，因为老年若是不幸的真正原因，那么我也会有同样的感受，因为我的年纪就摆在这里，其他所有迈入老年的人也都会有这样的体验。可是实际上，我碰到过的一些人并不这么想。确实，有一次，我听到有人问诗人索福克勒斯①：'你现在的性生活过得如何，索福克勒斯？【c】你还能和女人做爱吗？''别提了，你这个家伙，'诗人答道，'谢天谢地，你讲的这种事情我已经洗手不干了，就像逃离野蛮的暴君。'我当时认为他答得对，现在亦深以为然，年纪大了确实要清心寡欲。当内心的欲望逐渐平息，不再有更多愿望时，【d】索福克勒斯说的这种事情都已经成为过去，我们也就逃离了许多疯狂的主子。在这些事和其他一些相关的事情上，真正的原因不是老年，苏格拉底，而是人们的生活方式。如果他们是有节制的、心平气和的，那么老年算不上什么痛苦；如果他们没有节制，那么无论年老还是年轻，都同样难受。"

听了这番话我肃然起敬，【e】为了能够聆听更多的高见，我逗引他说："像你这样谈论事情，凯发卢斯，我想大多数人是不会同意的，他们认为你之所以能够轻松地忍受老年，不是由于你的生活方式，而是由于你是富裕的，他们说，有钱当然能得到许多安慰。"

"没错，他们不会同意。他们的说法也有点儿道理，但不像他们想象的那么多。塞米司托克勒②的事情跟我们现在说的有点关系。有个来自塞利福斯③的人诽谤他，说他的崇高名望归功于他的城邦，而不能归

---

① 索福克勒斯（Σοφοκλεῖς），古希腊三大悲剧诗人之一（公元前496—前406年）。

② 塞米司托克勒（Θεμιστοκλές），雅典著名政治家（公元前528—前460年），希波战争初期在雅典推行民主改革。

③ 塞利福斯（Σεριφος），岛名。

功于他自己，【330】他答道，要是他是塞利福斯人，他就不会出名，而那个人也不会出名，哪怕他是雅典人。同样的说法也可以用于那些不富裕的人和感到老年难以忍受的人，一个好人如果贫穷就不能轻易地忍受老年，而一个坏人即便是富裕的，也不能找到内心的平和。"

我问道："凯发卢斯，你的财富大部分是继承来的，还是你自己挣来的？"

"你问我自己挣了什么，苏格拉底。说起挣钱的本事，我介于我祖父[①]和父亲之间。【b】我祖父继承来的财产和我现在拥有的差不多，但经过他的手又翻了几番。然而，我的父亲吕珊尼亚斯[②]把这份家产减少到比我现在的财产还要少。至于我，要是能把这些家产留给我的儿子，不比我继承来的少，或许还能稍微多一些，我也就心满意足了。"

"我之所以这样问，是因为你似乎不那么看重钱财。【c】那些不是自己白手起家的人通常都像你这样。而那些自己创业的人要比他们双倍地爱钱。就像诗人喜爱自己写的诗、父亲爱自己生的子女，所以自己挣钱的人在意钱财，不是因为他们和别人一样认为钱财有用，而是因为这是他们自己挣来的。这就是他们没人陪伴的原因，因为他们谈什么都没有兴趣，除了钱。"

"你说得对。"

【d】"这样说当然是对的。但是，跟我说些别的事情吧。你从非常富裕中得到的最大好处是什么？"

"我必须要说的事情可能说服不了大多数人。但你知道，苏格拉底，当一个人想到自己快要走到生命终点的时候，他会感到害怕和考虑一些过去不害怕的事情。到了这种时候，我们听到的那些关于哈得斯[③]的故事，不正义的人在阳世作恶，死后到阴间受罚——他曾经听这些故事来取乐——就会扭曲他的灵魂，担心这些故事是真的。【e】无论是由于年

---

① 老凯发卢斯，小凯发卢斯之父吕珊尼亚斯。

② 吕珊尼亚斯（Λυσανίας），人名。

③ 哈得斯（Ἀίδου），冥府地狱，亦为掌管冥府地狱的冥神之名。

迈体弱，还是因为他已经临近哈得斯里发生的事情，他比以前看得更清楚，或者无论出于什么原因，他满腹疑虑、猜测、惊恐，扪心自问有没有在什么地方害过人。如果他发现自己这辈子造了不少孽，那么他会像小孩一样经常做噩梦，【331】一次次从梦中惊醒，总以为大难临头，惶惶不可终日。但那些知道自己行事公正的人会以甜蜜的希望为永久的伴侣——就像晚年的一位好保姆，如品达①所说，他说得好极了，苏格拉底，按正义和虔诚生活的人，'甜蜜的希望在他心中，是他晚年的保姆和伴侣。希望，凡人多变心灵的舵手。'他说得确实好，令人赞叹！与此相连，我要说财富非常有价值，但并非对每个人都有价值，而只对体面的、守规矩的人才有价值。【b】财富可以做很多事，有了财富我们就不用存心作假，不用去欺骗违反我们意愿的人，当我们启程去另一个地方的时候，也不用担惊受怕，因为我们亏欠神的祭品，或者欠下人的债务。它还有很多其他用处，但是，相比而言，我要说钱财对有理智的人最有用。"

【c】"真是一种很好的感受，凯发卢斯。但是，讲到这样东西本身，亦即正义，我们能够不加限制地说正义就是讲真话和偿还借来的东西吗？或者说，做这些事情有时候是正义的，有时候是不正义的？我的意思是，举例来说，每个人都会同意，如果一个头脑清醒的人把武器借给他的朋友，然后在他发疯的时候想把武器要回去，在这种情况下，他的朋友不应当把武器还给他，如果他还了，那是不正义的。任何人也不应当把整个事实真相告诉某个疯了的人。"

【d】"对。"

"那么，正义的定义不是讲真话和偿还借来的东西。"

"这是正义的定义，苏格拉底，"波勒玛库斯插话说，"如果我们确实相信西摩尼得②。"

"好吧，"凯发卢斯说，"我把这个论证交给你，因为我该去照料一

---

① 品达（Πίνδαρος），希腊诗人，生于公元前 518 年。引文见《残篇》214。

② 西摩尼得（Σιμωνίδην），生于开奥斯，希腊抒情诗人（约公元前 556—前 468 年）。

下祭品了。"

"那么，"波勒玛库斯说，"我是你的继承人，可以继承你的一切吗？"

"你肯定是。"凯发卢斯笑道，然后他走出去献祭。

【e】"请你告诉我们，论证的继承人。"我说，"你认为西摩尼得有关正义的正确看法是什么。"

他说："就是把亏欠每个人的东西还给他。他说得很好，在我看来。"

"嗯，好吧，我们不能随便怀疑西摩尼得，因为他是一个聪明人，像神一样。但是，他到底是什么意思？你也许知道，波勒玛库斯，但我不明白。显然，他的意思不是我们刚才说的意思，归还无论什么人借给你的东西，哪怕他向你索要时神志不清。不过，他借给你的东西确实是你亏欠他的东西，【332】不是吗？"

"是的。"

"但若他发了疯，那么无论如何也不能还给他。"

"对。"

"可见，当西摩尼得说正义就是归还亏欠的东西时，他肯定别有所指。"

"确实别有所指，宙斯① 在上。他的意思是，朋友亏欠朋友的东西会给他们带来好处，决不会带来害处。"

"我明白你的意思了。如果某个人偿还借来的黄金，这样做是有害的，他和放债人是朋友，【b】那么他就不必偿还所借的东西。你认为西摩尼得是这个意思吗？"

"没错。"

"但是这种情况怎么样？一个人是否也应当归还亏欠他的敌人的任何东西呢？"

"当然，一个人应当把亏欠敌人的东西归还给他们。在我看来，敌人之间相互亏欠的东西，恰当地说，准确地说——是一些坏东西。"

---

① 宙斯（Διὸς），神名，希腊主神。

"如此看来，西摩尼得在打哑谜——就像诗人——当他说什么是正义的时候，因为他认为正义就是把对每个人恰当的东西还给他，【c】这就是他所谓的把亏欠每个人的东西还给他。"

"你认为其他还有什么意思？"

"那么，你认为他会怎么回答，假定有人问他：'西摩尼得，什么东西是亏欠的，或者是对某人恰当的，或者是被我们称之为医疗的这门技艺提供的，这些东西给谁或怎么给？'"

"很清楚，它给身体提供药物、食物和饮料。"

"被我们称作烹调的技艺提供什么亏欠的或恰当的东西，向谁提供或怎么提供？"

"它给食物添加调料。"

【d】"好。现在，被我们称作正义的这门技艺提供什么，向谁提供或怎样提供？"

"如果我们按照先前的回答，苏格拉底，它给朋友提供福益，它给敌人提供伤害。"

"那么，西摩尼得的意思是，善待朋友和恶待敌人是正义的，是吗？"

"我相信是这样的。"

"论及疾病与健康，谁最能善待朋友和恶待敌人？"

"医生。"

【e】"在海上遇上风暴，谁最能这么做？"

"船老大。"

"正义的人如何？在什么样的行动和什么样的工作中，他最能益友而伤敌？"

"在战争和结盟中，我以为。"

"行。现在，要是人们没有生病，波勒玛库斯，医生对他们来说是无用的吗？"

"是。"

"同理，对那些不出海的人来说，船老大对他们来说是无用的吗？"

"对。"

"对那些不参加战争的人来说，正义的人是无用的吗？"

"不，我不这么认为。"

【333】"那么，正义在和平时期也是有用的吗？"

"是的。"

"种地也是这样，不是吗？"

"是的。"

"为了收获庄稼？"

"对。"

"制鞋的技艺也一样吗？"

"是的。"

"为了得到鞋子吗？我假定你会这样说。"

"当然。"

"那么好吧，正义在和平时期有什么用，能得到什么？"

"契约，苏格拉底。"

"所谓契约你是指合作，还是指别的什么？"

"我指的是合作。"

【b】"某人在跳棋游戏中是一名好的和有用的合作者，这是因为他是正义的，还是因为他是玩跳棋的？"

"因为他是玩跳棋的。"

"在砌砖垒石时，正义者是比建造者更好、更有用的合作者吗？"

"根本不是。"

"那么，在哪一种合作中，一个正义的人是比一名建造者或竖琴演奏者更好的合作者，以什么方式一名竖琴演奏者比一个正义的人能更好地弹拨正确的音符？"

"在金钱方面，我认为。"

"也许吧，在使用金钱方面，波勒玛库斯，有人需要合伙去买马，在这种时候我认为养马人是一位更加有用的合作者，【c】不是吗？"

"显然如此。"

"当有人需要买船时，造船匠或船老大是更好的合作者吗？"

"可能是吧。"

"那么，在使用金银方面，一个正义的人是比其他人更有用的合作者吗？"

"必须是安全储存金银的时候，苏格拉底。"

"你的意思是不需要使用它们，只需要保存它们？"

"没错。"

"那么，当金钱没有被使用的时候，正义对它是有用的？"

【d】"我想是这样的。"

"当一个人需要收藏剪刀，而不是使用它的时候，正义对合作者是有用的，对这个人也是有用的。然而，当你需要使用它时，有用的是修剪葡萄的技艺吗？"

"显然如此。"

"所以，你会同意，当一个人需要收藏盾牌或竖琴，不需要使用它们的时候，正义是一样有用的东西，但当你需要使用这些东西时，有用的是士兵的技艺和乐师的技艺。"

"必定如此。"

"所以，对其他任何东西来说，当它们在使用的时候，正义就是无用的，而当它们不在使用的时候，正义才是有用的吗？"

"好像是这么回事。"

【e】"那么，正义没有太大的价值，因为它只能在其他事物无用时有用。不过让我们来考虑下面这个要点。无论是拳击还是别的什么打斗，最善于攻击的人不也是最善于防守的人吗？"

"确实是。"

"还有，最能提防疾病的人也是最能够产生疾病而不被人发现的人吗？"

"在我看来好像是这样的，不管怎么说。"

"还有，【334】最善于保护一支军队的人也是最擅长盗窃敌军作战计划和部署的人吗？"

"当然。"

"那么，最有本事的护卫者^①也是最有本事的窃贼。"

"可能是这样的。"

"如果一个正义的人擅长保护金钱，那么，他必定也是盗窃金钱的高手。"

"不管怎么说，按照我们的论证是这样的。"

"那么，一个正义的人到头来竟然变成某种小偷。这个道理你可能是从荷马②那里学来的，因为他喜欢奥德修斯③的舅舅奥托吕科④，【b】把他说成比其他任何人都要擅长撒谎和偷窃。⑤所以，按照你、荷马、西摩尼得的说法，正义似乎是某种偷窃的技艺，益友而伤敌的技艺。你是这个意思吗？"

"不，宙斯在上，我不是这个意思。我不知道我刚才说的是什么意思，不过，我仍旧相信正义就是益友而伤敌。"

【c】"讲到朋友，你指的是一个人相信对他来说是好的和有用的人，或者是那些真的是好的和有用的人，哪怕他并不认为他们是好的和有用的人吗？讲到敌人也一样吗？"

"可能是吧，一个人热爱那些他认为是好的和有用的人，仇恨那些他认为是坏的和有害的人。"

"正是在这一点上人们老是犯错误，相信很多人是好的和有用的，而他们实际上不是，关于敌人，人们则犯相反的错误，不是吗？"

"人们确实是这样的。"

"那么，好人是他们的敌人，坏人是他们的朋友吗？"

"没错。"

---

① 护卫者（κηδεμών），亦译为"卫士"，但是不能狭义地理解为"卫兵"。

② 荷马（Ὅμηρος），希腊诗人（约公元前810—前730年）。

③ 奥德修斯（Ὀδσσεύς），人名。

④ 奥托吕科（Αὐτόλυκος），人名。

⑤ 荷马：《奥德赛》19：392—398。

【d】"所以，有益于坏人和伤害好人才是正义吗？"

"显然如此。"

"但是，好人是正义的，不可能做坏事。"

"对。"

"那么，按照你的解释，正义就是对那些没有行不正义之事的人做坏事。"

"不，这根本不是正义，苏格拉底；我的解释肯定很差。"

"那么，正义就是伤害不正义的人和有益于正义的人吗？"

"这个观点显然比刚才那个要更加吸引人，不管怎么说。"

"那么，由此可以推论，波勒玛库斯，对许多判断失误的人来说，正义就是伤害他们的朋友，他们的朋友是坏人，有益于他们的敌人，他们的敌人是好人。【e】这样一来，我们抵达了一个与我们说的西摩尼得的意思正好相反的结论。"

"确实可以推出这个结论。但是让我们改变我们的定义，因为我们似乎没有正确界定朋友和敌人。"

"我们该如何界定它们，波勒玛库斯？"

"我们说，所谓朋友就是某个被相信为有用的人。"

"我们现在该如何改变它呢？"

"某个被相信为有用，而又真的有用的人是朋友；某个被相信为有用，但不是真的有用的人，只是被相信为朋友，但实际上不是朋友。【335】对敌人也可以作相同的界定。"

"那么，按照这种解释，好人会是朋友，坏人会是敌人。"

"是的。"

"所以你想要我们作一些添加，补充一下我们前面关于正义的见解，我们刚才说正义就是善待朋友，恶待敌人。你想要我们补充说，正义就是善待是好人的朋友，伤害是坏人的敌人，是吗？"

【b】"是的。这样说在我看来很好。"

"那么，一个义人的作用就是去伤害某个人吗？"

"当然，他必须伤害那些是坏人的敌人。"

"马受到伤害时变好还是变坏?"

"变坏。"

"变坏的是使狗变好的德性①，还是使马变好的德性?"

"使马变好的德性。"

"那么当狗受到伤害时，是使狗变好的德性变坏了，而不是使马变好的德性变坏了?"

"必然如此。"

"那么说到人，我们不是也要说，当他们受到伤害时，【c】他们在人的德性方面变坏了吗?"

"确实如此。"

"但是，正义不就是人的德性吗?"

"是的，当然。"

"所以，受到伤害的人变得更加不正义了吗?"

"好像是这样的。"

"乐师能通过音乐使人不懂音乐吗?"

"不能。"

"或者，骑士能通过他的骑术使人不会骑马吗?"

"不能。"

"那么好吧，那些正义的人能通过正义使人不正义吗?【d】总之，那些好人能通过德性使人变坏吗?"

"他们不能。"

"热的功能不是使其他东西变冷，而是正好相反吗?"

"对。"

"干的功能也不是使其他东西变湿，而是正好相反吗?"

"确实如此。"

---

① 德性（ἀρετή），亦译美德、卓越、品质、优点、善。ἀρετή 这个词含义很广，不仅可用于人，也可用于动物或其他事物。讲人的德性主要包括智慧、出身、勇敢、正义、节制。讲动物的德性指动物的各种优点。

"善的功能也不是伤害，而是正好相反吗？"

"显然如此。"

"正义的人是好人吗？"

"确实。"

"那么，波勒玛库斯，伤害朋友或其他任何人不是义人的功能，倒不如说，它是义人的对立面——不义之人的功能。"

"我认为这样说完全正确，苏格拉底。"

【e】"那么，如果任何人告诉我们，正义就是归还他亏欠的东西，并且把这个观点理解为一个正义的人应该伤害他的敌人，有益于他的朋友，那么说这种话的人不是聪明人，因为他说的不对，而在我们看来，事情变得很清楚，伤害任何人都绝不会是正义的，是吗？"

"我同意。"

"那么，你和我应当成为战友，共同反对说这种话的人，无论是有人告诉我们西摩尼得、彼亚斯①、庇塔库斯②说过这种话，或者是其他任何贤人和有福之人说过这种话。"

"无论如何，我愿意和你并肩战斗。"

【336】"你知道，我认为正义就是益友伤敌这种说法属于谁吗？"

"谁？"

"我认为它属于佩里安德③，或者佩尔狄卡④，或者薛西斯⑤，或者科林斯⑥的伊司美尼亚⑦，或者其他某些自认为手中握有大权的富豪⑧。"

---

① 彼亚斯（Βίας），希腊七贤之一，约公元前 6 世纪。

② 庇塔库斯（Πιττακὸς），希腊七贤之一，约公元前 650—前 570 年。

③ 佩里安德（Περιάνδρου），科林斯国王，约公元前 627—前 586 年在位。

④ 佩尔狄卡（Περδίκας）二世，马其顿国王，约公元前 450—前 413 年在位。

⑤ 薛西斯（Ξέρξης），波斯国王，公元前 486—前 465 年在位。

⑥ 科林斯（Κορίνθια），地名。

⑦ 伊司美尼亚（Ἰσμηνίας），底比斯人，政治人物，因对波斯友好而于公元前 382 年被处死。

⑧ 这里提到的前三位是臭名昭著的僭主或国王，第四位是大富豪。

"你说得绝对正确。"

"好吧，既然已经清楚正义和正义者不是这些人说的这个样子，它们又能是什么呢?"

我们刚才谈话的时候，塞拉西马柯几次三番想要插话，【b】但都让坐在他旁边的人给拦住了，他们想要听完我们的论证。然而，等我讲完刚才那番话稍一停顿，他再也无法保持沉默。他像一头野兽似的跳了起来，一个箭步冲到我们面前，好像要把我们撕成碎片。

波勒玛库斯和我吓得魂飞魄散，手足无措。他对着我们咆哮说："你们俩在这里胡说些什么，苏格拉底? 像两个傻瓜一样互相吹捧? 【c】如果你真的想要知道什么是正义，那么就不要老是提问题，再用驳倒人家的回答来满足你的好胜心和虚荣心。你倒是挺精明，知道提问题比回答问题要容易。你自己来试试看，回答问题，告诉我们你认为什么是正义。你别对我说什么正义是一种权利，是有好处的，是有利的，是有收获的，或者是有益的，【d】你要清楚、准确地把你的意思告诉我，我不会接受你的那些胡言乱语。"

他的话令我吃惊，我看着他，心里感到非常害怕。我相信，要是以前从来没有见过他对我吹胡子瞪眼，那么我真的要吓得说不出话来了。不过，在我们讨论开始的时候我已经瞅见他了，所以我还能够作出回答。【e】我战战兢兢地说:"请你别对我们太凶了，塞拉西马柯，要是波勒玛库斯和我在考察中犯了错，那你应该知道我们不是故意的。如果我们是在寻找黄金，我们绝对不愿给对方让路，失去找到黄金的机会。所以，别认为我们在寻找正义这种比黄金还要珍贵得多的东西时会愚蠢地给别人让路，也别认为我们在寻找正义时不认真。你一定不能这样想，反倒应该——像我一样——认为我们缺乏找到正义的能力。所以，像你这样能干的人应当对我们表示遗憾，而不是对我们进行苛求，【337】这样做才恰当得多。"

听了这番话，他发出一阵尖刻的大笑。"赫拉克勒斯① 在上，"他说，

---

① 赫拉克勒斯（Ἡρακλῆς），希腊神话大英雄。

"这就是你苏格拉底常用的讥讽。我知道，我在前面已经对这些人说过，你不愿回答问题，如果有人向你提问，你就来一番讥讽或者东拉西扯，就是不肯回答问题。"

"这是因为你是一个能干的人，塞拉西马柯。你非常明白，假如你问人家十二是多少，而你在提问时又警告他，【b】'嗨，别对我说十二是六的二倍，或者三乘四等于十二，或者六乘二、四乘三，因为我不会接受这样的胡说八道'，那么，你会看得很清楚，我想没有人能够回答这样被框定了的问题。如果他对你说，'你在说什么，塞拉西马柯，我不能提供你提到的这些答案，哪怕十二这个问题的答案正好是这些答案中的一个吗？我真感到惊讶。你想要我不说真话吗？或者说你是别的什么意思？'【c】你会给他什么样的回答？"

"嗯，所以你认为这两种情况是一样的？"

"它们为什么不能一样呢？哪怕不一样，但只要它们对你问的那个人显得一样，你认为他就不会提出对他显得是正确的答案吗，无论我们禁止他还是不禁止他？"

"这就是你要做的事情吗，在那些被禁止的答案中找一个答案出来？"

"我不会感到惊讶——只要这个答案在我看来是正确的，在我考察了这个问题之后。"

"如果我告诉你一个关于正义的答案，它和所有那些答案都不同——但又是一个比较好的答案，你会如何？【d】到那时你该受什么惩罚？"

"对一名无知者能有什么样的惩罚，除了让他去向有知识的人学习？因此，这就是我该得的。"

"你把我逗乐了，但是除了学习，你必须付一笔罚金。"

"要是我有钱，那么我认罚。"

"他已经有点儿钱了，"格老孔说，"如果这是钱的问题，你说吧，塞拉西马柯，我们都会替苏格拉底买账。"

"我知道，"他说，"所以苏格拉底又可以像平常一样行事了。他自己不提供答案，【e】然后，当其他人提供答案时，他就进行论证，驳斥这个答案。"

"我说，一个处在这种情况下的人怎么能够提供答案呢，他是无知的，也没有宣称自己有知识，而且有一位杰出人士禁止他表达自己的意见？由你来提供答案更合适，因为你说你知道，【338】能够告诉我们。所以请你来提供答案吧，算是对我的帮助，也别对格老孔和其他人吝惜你的教导。"

当我说到这里的时候，格老孔和其他人恳求他讲话。塞拉西马柯显然认为他已经有了一个很好的答案，说出来可以赢得他们的敬佩，但是他还是进行了伪装，装作想要通过迫使我提供答案来满足他的好胜心。【b】然而，到了最后他表示同意了。他说，"这就是苏格拉底的智慧，自己不愿意教别人，却到处向别人学习，学了以后连谢谢都不说一声。"

"你说的没错，我是在向别人学习，塞拉西马柯，但你说我从来不感谢别人，那么你说错了。我总是力所能及地表示感谢，但由于没有钱，我只能表示赞扬。你很快就能知道我赞扬那些讲得很好的人有多么热情，只要你作出了回答，因为我想你一定讲得很好。"

【c】"那么，你注意听。我认为，正义无非就是强者的利益。嗯，你为什么不赞扬我？看起来你不情愿。"

"我必须首先听懂你的意思，而我现在还不太明白。你说，强者的利益是正义的。你这是什么意思呢，塞拉西马柯？你肯定不会是这样一种意思吧：搏击手①波吕达玛②比我们强壮；吃牛肉对增强他的体力有益；【d】因此，这种食物对我们这些比他弱小的人来说也是有益的和正义的？"

"你真让我恶心，苏格拉底。你的诡计是在你能造成最大伤害的地方下手，掌握整个争论。"

---

① 搏击手（παγκρατιατὴς），搏击（παγκρατίατιον）这种运动是拳击和摔跤的混合。

② 波吕达玛（Πουλυδάμας），人名。

“完全不是，不过请把你的意思说得更清楚些。”

“你难道不知道有些城邦的统治是僭主制的，有些城邦的统治是民主制的，有些城邦的统治是贵族制的吗？”

“我当然知道。”

“在每个城邦中，这个统治的要素就是强者，也就是统治者，是吗？”

“确实如此。”

“每个城邦按照自己的利益制定法律。民主制的城邦制定民主的法律，【e】僭主制的城邦制定独裁的法律，其他亦然。他们宣布他们制定的法律——亦即对他们自己有利的东西——对他们的国民是正义的，他们将惩罚任何违反他们制定的法律的人，视之为违法的和不正义的。所以，这就是我对正义的看法，在一切城邦都相同，【339】正义就是已经建立起来的统治者的利益。由于已经建立起来的统治者肯定是强者，任何能够正确推理的人都会得出结论，正义在任何地方都相同，也就是说，正义是强者的利益。”

“我现在明白你的意思了。无论你的观点是对还是错，我都会试着去理解。不过，你本人已经作出这样的回答，正义是利益，塞拉西马柯，而你在前面却禁止我作出这样的回答。噢，没错，你还添上了‘强者的’这个词。”

【b】“我假定你认为这个添加微不足道。”

“这个添加是否重要现在还不清楚。但清楚的是我们必须进行考察，看它是否正确。我同意正义是某种利益。但是你添加了‘强者的’这个词。我不知道为什么要加。对此我们必须进行考察。”

“那你就考察吧。”

“我们会这样做的。告诉我，你不是还说服从统治者是正义的吗？”

“我是这样说的。”

“所有城邦的统治者都不会犯错，【c】还是他们会犯错？”

“他们无疑会犯错。”

“因此，他们在立法中，有些法律制定得对，有些法律制定得错？”

"我也这么认为。"

"如果法律规定的东西符合统治者自己的利益，法律就是对的，如果法律规定的东西不符合统治者的利益，法律就是错的吗？你是这个意思吗？"

"是的。"

"无论他们制定什么样的法律，被统治者都必须服从，而且这是正义的吗？"

"当然。"

【d】"那么，按照你的解释，不仅做对强者有益的事情是正义的，而且相反，做那些对强者无益的事情也是正义的。"

"你在说什么？"

"我说的和你一样。不过，让我们的考察更加充分一些。我们已经同意，给被统治者下命令，统治者有时候会犯错，乃至于这些命令对他们自己来说不是最好的，而被统治者执行统治者的任何命令都是正义的，是吗？对此我们不是非常同意吗？"

"我认为是这样的。"

【e】"那么，你也必须认为做那些对统治者和强者无益的事情是正义的，当他们无意中下达了对他们自己有害的命令时。但是，你也说其他人服从他们的命令是正义的。你真是太能干了，塞拉西马柯，由此必然可以推论，做那些和你所说的事情相反的事情是公正的，因为弱者经常接到命令去做那些对强者无益的事情，不是吗？"

"宙斯在上，苏格拉底，"波勒玛库斯说，"这一点相当清楚。"

【340】"如果你能为他作见证，无论如何。"克利托丰插话说。

"谁需要证人？"波勒玛库斯答道。"塞拉西马柯本人就同意统治者有时发布对他们自己不利的命令，而其他人执行这些命令是正义的。"

"这是因为，波勒玛库斯，塞拉西马柯坚持服从统治者的命令是正义的。"

"他还坚持，克利托丰，强者的利益是正义的。【b】坚持这两条原则，他继续同意强者有时会对那些比他弱的人——换言之，对被统治者——下达对强者本身不利的命令。从这些同意了的观点中可以推论，对强者有益的事情无非就是那些对强者无益的事情。"

"但是，"克利托丰回应道，"他说的强者的利益是强者相信对自己有益的事情。这就是弱者必须做的事情，也是他坚持的正义。"

"他刚才不是这么说的。"波勒玛库斯答道。

【c】"这没什么区别，波勒玛库斯，"我说，"如果塞拉西马柯现在想要这么说，让我们接受它。告诉我，塞拉西马柯，这是你现在想要说的吗，正义就是强者相信对自己有益的事情，而无论实际上对他是否有益？我们说的这些是你的意思吗？"

"根本不是。你们认为我会把一个犯错的人，在他犯错那一刻，称作强者吗？"

"当你同意统治者并非永远正确，而是也会犯错误的时候，我确实认为这就是你的意思。"

【d】"这是因为你在争论中作伪证，苏格拉底。某人在治疗病人时犯了错，你是因为他犯了错而把他称作医生吗？或者某人算错了账，你是因为他计算错误而把他称作会计吗？我认为，我们在用话语表达我们自己的想法时，我们确实会说医生犯了错、会计犯了错、老师犯了错，但这些说法都是字面上的。而他们中的每个人，【e】就我们对他的称呼而言，决不会犯错，因此，按照这种严格的解释（你是一个斤斤计较的人，你喜欢严格的解释），没有一个匠人会犯错。只有当他的知识抛弃了他，他才会犯错，而这个时候他已经不是匠人了。没有一个匠人、行家、统治者会在他还在统治的那一刻犯错，尽管每个人都会说医生或统治者犯错误。你们必须用这种松散的方式来理解我前面给你们的答案。而最准确的答案是这样的。【341】统治者，就其还是统治者而言，绝对不会犯错误，他绝对无误地规定了对他自己最有益的事情，这就是被他统治的人必须做的事。因此，如我开始所说，做对强者有益的事情是正义的。"

"行，塞拉西马柯，所以你认为我在争论中做了伪证吗？"

"你确实做了伪证。"

"你认为我提出这个问题是为了在争论中伤害你吗？"

【b】"我非常明白，但这样做对你没什么好处。你糊弄不了我，所以也伤害不了我，没了这些小伎俩，你在争论中不可能战胜我。"

"我不会做这样的尝试，塞拉西马柯。但是为了避免这种事情再次发生，请你说清楚，你说的是统治者，还是强者，是在通常意义上说的，还是在严格意义上说的，你说弱者推进统治者的利益，把统治者的利益当作强者的利益来推进是正义的。"

"我指的是严格意义上的统治者。现在把你害人的伎俩和伪装都用出来吧，如果你能做到——我不会向你求饶——但是你肯定做不到。"

【c】"你以为我疯了，竟然想要虎口捋须，作伪证来反对你塞拉西马柯吗？"

"你刚才就试过了，可惜你失败了。"

"够了。告诉我，严格意义上的医生，你刚才提到过的，是一个挣工钱的人，还是某个治病的人？告诉我哪一位是真正的医生。"

"他是那个治病的人。"

"那么船老大呢？严格意义上的船老大是水手的首领还是一名水手？"

"水手的首领。"

【d】"我想，我们不应当考虑他驾船航行这一事实，他也不应当由于这个原因而被称作水手，因为他被称作船老大不是由于他在驾船航行，而是由于他拥有领导水手的技艺。"

"对。"

"那么，这些东西各自都有某些益处吗，也就是对身体和水手而言？"

"当然。"

"分别有某种天然的技艺置于它们之上，寻找和提供对它们有益的东西吗？"

"它们是这样的。"

"除了尽可能完整和完善，这些技艺本身还有什么利益吗？"

【e】"你在问什么？"

"是这样的，就好比你问我，我们的身体是自足的，还是需要其他东西，我会回答说：'它们肯定还有其他需要。正是由于这个原因，由于我们的身体有缺陷，而不是自足的，医疗的技艺才发展起来，提供对身体有益的东西。'你认为我这样说对不对？"

"你说得对。"

【342】"嗯，医疗有不足之处吗？一门技艺需要某种品质①吗？就好比眼睛需要视力，耳朵需要听力，需要另外一门技艺来寻找和提供对它们有益的东西吗？技艺本身也有某些相同的不足之处，所以每一门技艺都需要另外一门技艺来寻找对它有益的东西吗？在进行寻找的这门技艺也需要另一门技艺吗，依此类推，乃至无穷？或者说每一门技艺凭它自身寻找自己的利益？【b】或者说由于它自身的不足，它本身或另一门技艺都不需要寻找对它有益的东西？任何一门技艺中不存在缺陷和错误吗？一门技艺除了寻求这门技艺的利益，并不为其他事物寻求利益吗？还有，由于它本身是正确的，只要它还是完整和准确的技艺，它就没有错误或不洁之处吗？考虑一下你提到的要严格使用语言。它是不是这样的？"

"它好像是这样的。"

【c】"那么，医疗不寻求它自己的利益，而是寻求身体的利益？"

"是的。"

"养马不寻求它自己的利益，而是寻求马的利益吗？确实，其他技艺都不寻求自身的利益——因为它没有这种需要——而是寻求需要这门技艺的那些事物的利益。"

"显然如此。"

"嗯，确实，塞拉西马柯，技艺统治着需要这些技艺的事物，技艺比它们统治的事物强大，是吗？"

"对此他也表示同意，但非常勉强。"

---

① 品质（ἀρετή），亦译德性、美德、卓越、优点、善。

"那么，没有任何知识寻找或规定对它自身有益的东西，【d】而是寻找或规定臣服于它的弱者的利益。"

他试图反对这个结论，但最后他还是让步了。在他表示同意以后，我说："所以，肯定没有医生——就其是真正的医生而言，寻求或规定对他自己有益的事情，而是对他的病人有益的事情，是吗？我们同意，在严格的意义上，医生是身体的统治者，而不是挣工钱的人。这一点我们没同意吗？"

"我们同意了。"

"所以，船老大在严格的意义上是水手的统治者，而不是水手吗？"

【e】"这是我们已经同意过的。"

"由此不是可以推论，船老大或统治者不会寻找和规定对他本人有益的事情，而是对水手、对他的臣民有益的事情吗？"

他勉强表示同意。

"所以，塞拉西马柯，没有任何一位处于统治地位的人，就其是一名统治者而言，不寻求或规定对他本人有益的事情，而是对他的臣民有益的事情，他对他的臣民运用他的技艺。他照看他的臣民，做对他们有益的事情，做对他们恰当的事情，他所说的一切和所做的一切都在于此。"

这场争论进行到这一步，大家都明白他对正义的解释已经被颠倒，【343】但塞拉西马柯不是作出回答，而是说，"告诉我，苏格拉底，你还有奶妈吗？"

"你说什么？你最好还是回答我的问题，而不是问我这种事情，不是吗？"

"因为她让你流着鼻涕到处跑，也不帮你擦干净！哦，尽管她那么照顾你，但你甚至不懂绵羊和牧羊人。"

"你就说说我不懂什么？"

【b】"你认为牧羊人和牧牛人寻求他们的牛羊的好处，照料它们，养肥它们，着眼于他们的主人和他们自己的好处之外的事情。还有，你相信城邦的统治者——那是真正的统治者——考虑他们的国民和一个人考虑绵羊不一样，他们日夜操劳，想的是他们自身利益之外的事情。
【c】你离弄懂正义和正义者、不正义和不正义者还差得很远，你不明白正义实际上是他者的好处，是强者和统治者的好处，而对服从者和侍奉者是有害的。而不正义正好相反，它是对那些天真的和正义的人的统治，而它统治的那些人做那些对他者和强者有益的事，使他们侍奉的人快乐，而他们自己却一点儿也不快乐。【d】你必须按照下面的方法看问题，我最天真的苏格拉底：正义者的所得总是少于不正义者。首先，合伙经营，在合作结束的时候，你决不会发现正义的合作者比不正义的合作者多得，只会少得。其次，在和城邦有关的事务中，在缴纳税款时，在财产一样多的情况下，正义者缴得多，不正义者缴得少；而在城邦退税时，正义的人什么也没捞到，【e】不正义的人挣了大钱。最后，他们各自在某些部门担任公职的时候，即使没有受到其他方式的处罚，他自己的私人事务也会由于无暇顾及而弄得一团糟，而他出于正义而不肯损公肥私，结果一点好处也捞不到，他还会得罪亲朋好友，因为不肯为他们徇私情干坏事。而不正义者在各方面的情况正好相反。因此，我重复我前面说过的话：大权在握者胜过其他所有人。【344】如果你想计算一个人正义比不正义能多得多少好处，想想这个人就可以了。如果你把你的思想转向最完全的不正义，你就非常容易明白这个道理，行不义之事的人是最幸福的，而它的承受者，那些不愿行不义之事的人，是最可悲的。这就是僭主制，巧取豪夺他人的财产，不管是圣物还是俗物，是公产还是私产，不是一点点地偷，而是一股脑儿全部抢走。要是有人做了部分不义之事，并且被抓住了，【b】他会受到惩罚，名誉扫地——这种行部分不义之事的人在犯下这些罪行时被称作盗窃圣物者、强盗、拐子、骗子、扒手。但要是有人剥夺公民的财产，绑架和奴役他们，那么他不仅不会得到种种污名，而且还被人称作幸福的和神佑的，不仅公民们这样说，【c】而且所有听说他的不义行径的人都这样说。人们之所以谴责不正义不是因为害怕行不义之事，而是因为害怕承受不义之事。所以，苏格拉底，不正义，只要规模足够大，就比正义更强大，更自由，更气派。因此，如我开始所说，正义就是对强者有益的事情，而不正义就是对某人自己的利益有好处的事情。"

【d】就像一名澡堂里的伙计，塞拉西马柯把一大桶高谈阔论劈头盖脸朝我们浇了下来，然后就要扬长而去。可是在场的都不答应，要他留下来为他的见解作解释。我也恳求他留下，并对他说："塞拉西马柯，你对我们发表了一通高见，在你还没有对我们进行恰当的指导，证明你的见解对不对之前，你就要走吗？【e】或者说你认为确定哪一种生活方式能使我们每个人的生活最有价值是一件小事？"

"在你看来我是这么想的吗？"塞拉西马柯说。

"你要么是这样想的，要么对我们漠不关心，不在意我们生活的好坏，由于我们对你说你知道的这些事情一无所知。所以，行行好，开导开导我们。对你来说，成为像我们这么一群人的恩人决不会是一项不好的投资。【345】不过，我还是要告诉你，我没有被你说服。我不相信不正义比正义更加有利，哪怕你让不正义自由自在，为所欲为。假定有一个不正义的人，又假定他有权行不义之事，无论是搞阴谋诡计，还是兴兵开战；不管怎么说，他没有说服我不正义比正义更有利。【b】也许，除了我以外，在场的可能也有这种想法。所以，来吧，说服我们，让我们相信，在规划我们的生活时，尊敬正义高于尊敬不正义是错的。"

"如果我刚才说的话不能说服你，我还能有什么办法？我还能做什么？难道要我把我的论证灌到你的灵魂里去不成？"

"上天不容！别这样做！不过，首先，你已经说过的话不要改变；其次，如果要改变立场，也请正大光明地讲出来，不要偷梁换柱地欺骗我们。你瞧，塞拉西马柯，在给真正的医生作了界定以后——继续考察你前面说过的事情——【c】你没有想到以后在提到牧羊人时也要遵守牧羊人的严格定义。你认为，就他是一个牧羊人而言，他喂肥了羊，但不考虑对羊来说最好的事情，而考虑对宴会来说最好的事情，就像一个前去赴宴的客人，一心只想到美味的羊肉会给他带来的快乐，或者只考虑今后的出售，像一个挣工钱的人，而不像牧羊人。【d】牧羊所关心的只是为它管理的羊群提供最好的东西，而它本身作为一门技艺在任何方面有缺陷时已经得到了最好的供给。由于这个原因，我先前①认为我们必须同意，各种统治，就其是一种统治而言，不会寻求对它统治和关心的事物最好的东西以外的东西，无论是治理公共事务还是私人事务，这都是对的。但是，你认为，那些统治城邦的人，【e】那些真正的统治者，很乐意统治吗？"

"我不这样看，宙斯在上，我知道他们不乐意。"

"但是，塞拉西马柯，你难道不明白，在其他种类的统治中，无人想要为统治而统治，而是要索取报酬，认为他们的统治对他们自己没有好处，而对他们的下属有好处，是吗？告诉我，各种技艺之间的差异在于它们有不同的功能吗？【346】你不要作出违心的回答，这样我们才能得出某些确定的结论。"

"是的，使它们产生差异的是技艺的功能。"

"每一种技艺以它自己独特的方式给我们提供好处，相互之间不同。比如，医术给我们提供健康、航海术给我们的航行提供安全，其他亦然，是吗？"

"当然。"

"挣工钱的技艺给我们提供的不就是钱吗，因为这是它的功能？【b】或者，你会把医疗称作和航海一样的东西？确实，如果你想要准确地界定事物，如你所提议的那样，哪怕某个船老大由于航海而变得身体健康，因为航海对他的健康有益，你也不会由于这个原因把他的技艺称作医疗吧？"

"当然不会。"

"你也不会把挣工钱称作医疗吧，哪怕某人在挣工钱的时候变得身体健康？"

"当然不会。"

"你也不会把医疗称作挣工钱吧，哪怕某人在行医时挣了工钱？"

【c】"不会。"

---

① 参阅本篇 341e—342e。

"那么，我们已经同意每一种技艺带来它自己独特的好处吗？"

"是的。"

"那么，所有工匠都能得到的好处，无论它是什么，显然是由于他们都在使用某种额外的、对他们每个人都有益的技艺吗？"

"好像是这样的。"

"我们所说的这种额外的技艺，使匠人挣到工钱的技艺，就是挣工钱的技艺吗？"

他勉强表示同意。

"那么这种好处，得到工钱，并不来自他们自己的技艺，倒不如说，如果我们严格地考察这一点，【d】医疗的技艺提供健康，挣钱的技艺提供工钱，建筑的技艺提供房子，而伴随这些技艺的挣钱的技艺提供工钱，其他各门技艺莫不如此。每一种技艺各尽本职，使它实施的对象得到利益。所以，要是不加上工钱，匠人能从自己的技艺中得到什么好处吗？"

"显然不能。"

【e】"但是，当他的工作没有报酬的时候，他仍旧提供了好处？"

"是的，我认为他提供了好处。"

"那么，到此也就清楚了，塞拉西马柯，没有一种技艺或统治为它自身提供利益，而是如我们一直在说的那样，它为它的下属提供和规定了利益，它的所作所为旨在它的下属的利益，也就是弱者的利益，而不是强者的利益。由于这个原因，塞拉西马柯，我刚才说无人甘愿充当统治者，给别人解忧排难，【347】而是各自索要报酬；因为任何打算很好地实施他的技艺的人决不会做对他自己最有利的事情，也不会作出对他自己最有利的规定——至少在他按他的技艺的规定下命令的时候不是这样——而是做对他的下属最有利的事情。由此看来，要是有人愿意进行统治，必须给他报酬，无论是给他工资，还是给他荣誉，或者，要是他拒绝，就给他惩罚。"

"你这样说是什么意思，苏格拉底？"格老孔说，"前两种报酬我懂，但我不明白你说的惩罚是什么意思，或者说你怎么能把惩罚也叫作报酬。"

"所以你不明白最优秀的人的这种工钱，当他们自觉自愿地进行统治时，这种工钱推动着他们正派地进行统治。【b】你难道不知道爱荣誉和爱金钱被人藐视，也应当被藐视吗？"

"我知道。"

"因此，好人不愿为了金钱或荣誉而去统治。他们不想公开领取薪俸，而被别人称作打工的，也不想秘密获取报酬，被别人当作小偷。他们不愿为了荣誉而去统治，因为他们不是野心勃勃的荣誉爱好者。【c】所以，要他们愿意进行统治，必须强迫或惩罚他们——也许就是由于这个原因，一个人在受到强迫之前就寻求统治被视为可耻。现在，如果一个人不愿进行统治，那么对他的最大的惩罚就是让他被某个比他差的人统治。我认为，由于害怕受到这种惩罚，一些正派的人会出来进行统治。他们这样做不是把统治当作一件好事或乐事，而是迫不得已，【d】因为找不到比他们更好的人——或者同样好的人——来进行统治了。在一个全部都是好人的城邦里，如果曾经有过这样的城邦，那么公民们会争着不当统治者，就像他们现在争着要当统治者一样。这就清楚地表明，任何一位真正的统治者不会出于本性为自己谋利益，而会为他的国民谋利益。明白了这一点，每个人都会宁可受人之惠，【e】也不愿多管闲事加惠于人。正因如此，我绝对不能同意塞拉西马柯的观点，正义是强者的利益——我们在晚些时候还会进一步对它进行考察。塞拉西马柯现在说的这个观点——不正义的人的生活比正义的人的生活要好——似乎更加重要。你会选择哪一种生活，格老孔？你觉得我们的观点哪一种比较真实？"

"我当然认为一个正义的人的生活更加有益。"

【348】"你听到塞拉西马柯刚才列举的这种不正义的生活的种种好处了吗？"

"我听到了，不过我没有被说服。"

"那么，你想要我们说服他吗，如果我们能够找到办法，让他相信他说的不对？"

"我当然希望。"

"如果我们发表一篇平行的演说反对他，谈论这种正义生活的幸福，然后他作出答复，然后我们再回应，那么我们就得列举和衡量双方提到过的这些好处，【b】我们也就需要一名法官来裁定这个案子。不过，另一方面，若是我们考察这个问题，像我们一直在做的这样，双方共同寻求一致之处，那么我们自己可以既是法官，又是辩护人。"

"当然。"

"你喜欢用哪一种方法？"我问道。

"第二种。"

"那么好吧，塞拉西马柯，请你从头开始回答我们。你说完全的不正义比完全的正义更加有益吗？"

【c】"我确实说了，我已经告诉你为什么。"

"嗯，好吧，你对这一点怎么看？你把这两样东西中的一样称作美德，把另一样称作恶德吗？"

"当然。"

"也就是说，你把正义称作美德，把不正义称作恶德吗？"

"很难这么说，因为我说不正义是有益的，而正义是无益的。"

"那么，你到底想说什么呢？"

"刚好相反。"

"正义是一种恶德？"

"不，正义只不过是心地善良和头脑简单。"

【d】"那么你把不正义称作心地邪恶吗？"

"不，我把它叫做英明果断。"

"那么，你认为不正义的人，塞拉西马柯，是能干的和善良的吗？"

"是的，那些完全不正义的人，能将城邦和整个共同体置于他们的权力之下。也许，你以为我指的是那些鸡鸣狗盗之徒？即便是这样的罪行也有利可图，只要不被逮住，但这些事情与我正在谈论的事情相比，真的不值一提。"

【e】"我不是不清楚你想要说什么。但使我感到奇怪的是，你真的把不正义归为美德和智慧，把正义归为它们的对立面吗？"

"我肯定是这样做的。"

"那就更难了，要知道我该说些什么真不容易。如果你断言不正义更有利，而又像别人一样同意它是一种恶德或者是可耻的，那么我们还能以约定的信念为基础继续讨论。但是，现在很清楚，你会说不正义是好的、强大的，把我们向来归于正义的那些属性全都归于不正义，【349】因为你竟然把不正义归为美德和智慧。"

"你真是先知先觉，准确地道出了我的意思。"

"不管怎么说，我们一定不要躲避这场争论，你来看，我一直要你把真实想法说出来。我相信，你现在不是在开玩笑，塞拉西马柯，而是在说你相信是真的事情。"

"我相信也好，不相信也罢，对你有什么区别吗？这是我的解释，而你想要对它进行驳斥。"

【b】"没有区别。但是请你试着回答这个后续的问题：你认为一个正义的人想要战胜其他正义的人吗？"

"完全不会，否则他就不是天真无邪的谦谦君子了。"

"或者战胜一个采取正义行动的人？"

"不，他甚至连这件事也不想做。"

"他会声称他应当战胜不正义的人，相信这样做对他来说是正义的吗，或者他不相信？"

"他想要战胜他，他会声称应当这样做，不过他做不到。"

"做到做不到不是我要问的，我问的是一个正义的人想要战胜不正义的人，不想战胜正义的人，【c】并且认为这是他应该做的吗？"

"他会这样想。"

"不正义的人会如何？他宣称他应当战胜一个正义的人或者一个采取正义行动的人吗？"

"他当然会这样做，他认为他应当战胜所有人。"

"那么，一个不正义的人也想战胜一个不正义的人和一个采取不正义行动的人，他会努力从其他所有人那里为他自己谋求最多的东西。"

"他会的。"

"那么，让我们换个说法：正义者不向他的同类而向他的异类谋求利益，不正义者既向他的同类又向他的异类谋求利益。"

【d】"你说得好极了。"

"一个不正义的人既是聪明的又是善良的，而一个正义的人既不聪明又不善良。"

"这样说也很好。"

"那么，由此可知，一个不正义的人像是能干的、善良的人，而一个正义的人不像吗？"

"当然是这样的。他拥有他们的品质，怎么能不像他们，而另一个人不像他们。"

"很好。那么这两个人各自拥有他像的那些人的品质吗？"

"当然。"

【e】"行，塞拉西马柯。你把一个人称作懂音乐的，把另一个人称作不懂音乐的吗？"

"是的。"

"他们中哪一个在音乐方面是能干的，哪一个不是？"

"懂音乐的这个人是能干的，另一个人不是。"

"他擅长他能干的事情，不擅长他不能干的事情吗？"

"是的。"

"对一名医生这样说也对吗？"

"是的。"

"你认为一名乐师在调弦定音的时候，想要胜过其他乐师，并宣称这是他应该做的吗？"

"我不这么认为。"

"但是他想要胜过不懂音乐的人？"

"这是必然的。"

"医生如何？在给病人规定饮食的时候，【350】他想胜过另一位医生或某个开处方的人吗？"

"肯定不想。"

"他想胜过一个不懂医术的人吗？"

"想。"

"在任何知识部门或无知中，你认为一个有知识的人会有意胜过其他有知识的人，或者讲一些比其他人更好的或者不同的知识，而不是做与讲和那些像他一样的人完全相同的事情？"

"嗯，也许吧，势必如此。"

"一个无知识的人会如何？【b】他既不想胜过一个有知识的人，又不想胜过一个无知识的人吗？"

"可能吧。"

"一个有知识的人是能干的吗？"

"我同意。"

"一个能干的人是好的吗？"

"我同意。"

"因此，一个好的和能干的人不想胜过那些像他的人，而想胜过那些不像他的人和与他相反的人。"

"好像是这样的。"

"但是，一个坏的和无知识的人既想胜过像他的人，又想胜过与他相反的人。"

"显然如此。"

"现在，塞拉西马柯，我们发现一个不正义的人想要胜过像他的人和不像他的人吗？你说过这样的话吗？"

"我说过。"

【c】"一个正义的人不想胜过像他的人，而想胜过不像他的人吗？"

"是的。"

"那么，一个正义的人像一个能干的人和一个好人，而不正义的人像一个无知的人和一个坏人。"

"好像是这样的。"

"还有，我们同意，他们各自拥有他像的那些人的品质。"

"是的，我们同意。"

"那么，一个正义的人已经变成是好的和能干的人，一个不正义的人变成是无知的和坏的人。"

塞拉西马柯对这些全都表示同意，但不像我现在讲得那么爽快，【d】而是犹豫不决，拼命抵抗。他大汗淋漓——尽管当时是夏天——这也是难得一见的奇迹。然后，我看到了以前从来没有见过的情况——塞拉西马柯满脸通红。但是，无论如何，在我们同意正义是美德和智慧、不正义是邪恶和无知以后，我说，"好吧，这一点可以确立了。但我们也还要说不正义是强大的吗，或者说你不记得这一点了，塞拉西马柯？"

"我记得，但我不满意你现在说的这些话。关于这一点，我能发表一篇演讲，但是，要是我这样做了，我知道你会指控我，说我从事演讲术。【e】所以，要么允许我讲话，要么，如果你想提问，你就问吧，我会说，'行'，无论是否同意都只管点头，就像听一个老太婆讲故事。"

"别这么做，别说违心的话。"

"我会回答问题，直到你高兴，因为你不让我发表演讲。你还想要什么？"

"没有了，宙斯在上。但若这是你要做的事，那就做吧。我会提出问题。"

"你问吧。"

【351】"我要问一个我前面问过的问题，以便使我们有关正义和不正义的争论有序地进行，因为确实有人宣称不正义是强者，比正义更强大。而现在，如果正义确实是智慧和美德，那么很容易表明正义比不正义强大，因为不正义是无知（没有人会不知道这一点）。然而，我不想如此无限定地谈论这件事情，塞拉西马柯，而想以这样一种方式来进行考察。【b】一个城邦试图不正义地奴役其他城邦，让它们臣服，在它奴役了许多城邦的时候，你会说它是不正义的吗？"

"当然，最优秀的城邦尤其会这样做，那个最不正义的城邦。"

"我理解这是你的立场，但我想要考虑的观点是：这个变得比另一个城邦强大的城邦获得这种力量，可以没有正义，还是需要正义的帮助？"

"如果你刚才讲的那句话成立，正义就是能干或者智慧，【c】那么它需要正义的帮助，但若事情像我说的这样，那么它需要不正义的帮助。"

"你给我留下了深刻的印象，塞拉西马柯，你不光是点头表示同意，而且还作了很好的回答。"

"那是因为我想让你高兴。"

"你这样做也很好。所以回答这个问题，让我再高兴一下：你认为，一座城邦、一支军队、一伙强盗或小偷，或者其他任何部落，有着共同的不正义的目的，如果他们相互之间不正义，他们能达到目的吗？"

【d】"不能，确实不能。"

"如果他们之间不是不正义的呢？结果会好些吗？"

"当然。"

"不正义，塞拉西马柯，引发内战、仇恨和内斗，而正义带来友谊和目标的共同感。不是这样吗？"

"就算这样吧，为了不表达与你不同的意见。"

"在这个方面，你还是做得很好。所以告诉我，如果不正义的效果是在它出现的地方产生仇恨，那么，每当它产生时，不管是在自由民中间，还是在奴隶中间，难道不会使他们彼此仇恨，互相倾轧，进行内战，【e】阻止他们实现任何共同目标吗？"

"当然会。"

"如果它在两个人之间产生呢？他们岂不是要相互仇恨与敌对，并且成为正义者的敌人吗？"

"他们会的。"

"当不正义在一个人身上产生时，它会失去引发纠纷的力量，或者保留这种力量但是不活动吗？"

"就算是会保留这种力量但是不活动吧。"

"那么，不正义显然有这种力量，首先，它无论在哪里产生——无论是在城邦、家庭、军队里，还是在其他什么事物中——都不能达成统一，因为它产生内战和差别，【352】其次，它使统一的东西与自己为敌，也在各方面和与它相反的事物为敌，亦即与正义者为敌。不是这样吗？"

"当然是这样。"

"哪怕是在个人身上，它因其本性也会产生相同的效果。首先，它使这个人不能实现任何目标，因为他处在内乱的状态，不能一心一意；其次，它使他与自己为敌，并与正义者为敌。它不是有这种效果吗？"

"是的。"

"还有，众神也是正义的。"

"就算是吧。"

【b】"所以一个不正义的人也是众神的敌人，塞拉西马柯，而一个正义的人是他们的朋友吗？"

"你就享用你的话语盛宴吧！别害怕，我不会反对你。省得让这些人记恨我。"

"噢，来吧，继续像刚才一样回答问题，帮我完成这场盛宴。我们已经表明正义的人更加能干，更加能做事情，而不正义的人不能一起行动，因为当我们说不正义的人一起行动，【c】取得伟大成就的时候，我们所说的话并不是完全真的。如果他们是完全不正义的，那么他们决不可能不对他们的同伙下手。但是很清楚，在他们中间必定也有某种正义，至少能够防止他们在对其他人不正义的时候，也在他们中间不正义。正是由于这种正义，使他们能够实现他们的目的。当他们开始做不正义的事情时，他们被他们的不正义腐蚀了一半（因为彻头彻尾的无赖、完全不正义的人，不可能完成任何事情）。我对这些事情的理解就是这样，和你最初持有的看法不一样。【d】我们现在必须考察，如我们在前面所提议的那样，① 正义的人是否比不正义的人生活得更好，更幸福。我认为是这样的，这一点已经很清楚了，但我们必须进一步考察，因为这场争论涉及的不是一个普通的论题，而是关乎我们应当以什么方

---

① 参阅本文 347e。

式生活。"

"那你就开始考察吧。"

【e】"我会这样做的。告诉我，你认为有马的功能这样一种东西吗？"

"我认为有。"

"你能给马或其他任何事物的功能下定义吗，人只能使用功能，或者只能很好地对待功能？"

"我不懂你的意思。"

"让我们这样说：用眼睛以外的其他任何东西有可能看吗？"

"当然不能。"

"或者，用耳朵以外的其他任何东西有可能听吗？"

"不能。"

"那么，我们说看和听是眼睛和耳朵的功能，对吗？"

"当然对。"

【353】"这个问题怎么样？你能用匕首、短刀或者其他许多东西去修剪葡萄藤吗？"

"当然能。"

"但是，你要是使用专门整枝用的剪刀，会把工作做得更好吗？"

"会的。"

"那么我们要把修剪葡萄藤当作它的功能吗？"

"是的。"

"现在，我认为你理解我刚才的那个问题了，我问的是，每样东西的功能是否就是只有它能做的事情，或者是它能比其他东西做得更好的事情。"

【b】"我明白了，我认为这就是每样事物的功能。"

"好吧。设计出来的每样事物也有一种德性吗？让我们重复一遍。我们说眼睛有某种功能吗？"

"有。"

"所以也有一种眼睛的德性？"

"有。"

"耳朵也有功能吗?"

"有。"

"所以也有一种耳朵的德性?"

"有。"

"所有其他事物也一样，不是吗?"

"是的。"

"如果眼睛缺乏它们的德性，【c】而是有一些恶德，眼睛能履行它们的功能吗?"

"它们怎么能履行功能呢，你不是说它们瞎了，用盲目取代了视力吧?"

"无论它们的德性是什么，我现在问的不是眼睛如何，而是任何事物是否都有一种功能，如果凭它的德性，就能很好地履行它的功能，如果凭它的恶德，只能很差地履行它的功能，是吗?"

"没错，是这样的。"

"所以，耳朵也一样，要是剥夺了它们自己的德性，就不能很好地履行功能吗?"

"对。"

【d】"对其他任何事情也能这么说吗?"

"好像是可以的。"

"那么，来吧，让我们考虑一下灵魂。灵魂有某种功能是你不能用其他任何事物来履行的吗，比如照料事物、统治、思虑，等等? 除了灵魂，你还能把这些事情交给谁呢? 因为这些事情是它的独特的功能。"

"不，不能交给其他事物。"

"生命如何? 它不也是灵魂的功能吗?"

"确实是。"

"我们也说灵魂有美德吗?"

"我们要这样说。"

【e】"那么，如果灵魂自己独特的美德被剥夺了，塞拉西马柯，它还能很好地履行它的功能吗，或者说这是不可能的？"

"不可能。"

"那么，由此不是可以推论，一个坏的灵魂很坏地统治和照料事物，一个好的灵魂很好地做所有这些事情吗？"

"可以这样推论。"

"现在，我们同意正义是灵魂的美德，不正义是灵魂的恶德吗？"

"我们同意。"

"那么，由此推论，正义的灵魂和正义的人会生活得好，而不正义的人生活得坏。"

"按照你的论证，显然如此。"

"还有，任何生活得好的人一定是幸福的和快乐的，【354】任何生活得不好的人正好相反。"

"当然。"

"所以，正义者是幸福的，不正义者是悲惨的。"

"就算是吧。"

"悲惨不会给人带来好处，幸福才会给人带来好处。"

"当然。"

"所以，塞拉西马柯，不正义决不会比正义更有益。"

"让它成为你的大餐吧，苏格拉底，在班迪斯节①上！"

"这道盛宴是你提供的，塞拉西马柯，你现在已经变得温和，不再粗鲁地对待我了。不过，我还没有得到一场精致的宴会。【b】但这要怪我自己，不是你的错。我的行为就像一名饕餮之徒，把端上来的菜肴一扫而空，却没有很好地品尝。我们一开始考察什么是正义，在没有发现答案之前，我们就把它放了过去，转为考察它是一种恶德和无知还是一种智慧和美德。后来又冒出不正义是否比正义更有利的争论，我无法约束自己，于是放弃了前一个问题，讨论起这个问题来。因此，到头来我

---

① 参阅本篇 1.327a，班迪斯（Βενδις）是色雷斯女神，其祭仪庆典被引入庇莱厄斯。

还是一无所知，在这场讨论中一无所获，这是因为，当我还不知道什么是正义的时候，我就难以知道正义是不是一种美德，或者拥有正义的人是不是幸福。"

第 二 卷

【357】说完这些话，我想我已经完成了这场讨论，谁想到它只是一个前言。在这样的场合，格老孔也表现出他的勇敢性格①，不让塞拉西马柯放弃这场争论。他说："苏格拉底，你认为正义在任何情况下都比不正义好，【b】你是嘴上说说而已，还是真的想要说服我们？"

"我真的想要说服你们，"我说，"要是我能做到。"

"那么，好吧，你肯定没在做你想做的事。告诉我，你认为有这样一种善吗，我们欢迎它，不是因为我们想要得到从它那里来的东西，而是由于它本身的缘故我们欢迎它——比如，欢乐和所有无害的快乐，这些快乐除了拥有它们时的欢乐之外没有其他后果？"

"当然，我认为有这样的东西。"

"还有这样一种善吗，我们喜爱它既由于它本身、【c】又由于它带来的后果——比如，理智、视力、健康？我们欢迎这样的东西，我想，是由于这两方面的原因。"

"是的。"

"你也能看到第三种善吗，比如体育锻炼、生病时进行治疗、医疗本身，以及挣钱的其他办法？我们说这些事情是麻烦的，但对我们又是有益的，我们不会由于它们自身的缘故选择它们，而会为了得到某种回报，【d】为了得到由它们所产生的其他事物而选择它们。"

"是还有第三种善。但那又怎样？"

"你把正义放在哪里？"

【358】"我本人把它放在最好的善物中，想要幸福和快乐的任何人都会珍惜它，既由于它本身，又由于从它而产生的事物。"

"这不是大多数人的意见。他们说正义属于一种很麻烦的善，实践正义是为了获取奖赏或正义的名声，而躲避正义是因为正义本身是麻

---

① 格老孔在 347a 处已经介入过讨论，548d 处提到格老孔有好胜的性格。

烦的。"

"我知道这是一般人的想法。塞拉西马柯刚才按照这些理由谴责正义、赞扬不正义，但我好像太笨，想学也学不会。"

【b】"那么来吧，也听听我的话，看你是否仍旧有问题，因为我认为塞拉西马柯在他必须放弃之前就放弃了，他像一条蛇被你念了咒语。但我对你们双方的论证还是不满。我想知道正义和不正义是什么，当它们在灵魂中自存时，它们各自有什么力量。至于它们获得的奖赏，它们各自会产生什么后果，我想暂且不论。所以，如果你同意，我想要更新塞拉西马柯的论证。第一，我要说一说人们认为正义是一种什么东西，【c】它的起源是什么。第二，我要争论说，所有实施正义的人在这样做的时候都是不自愿的，把它当作必须做的事情，而不是当作好的事情。第三，我要争论说，他们有很好的理由这样做，因为，他们说，不正义的人的生活比正义的人的生活要好。这并不是说，苏格拉底，我本人相信这些看法。我确实感到困惑，我听了塞拉西马柯和其他许多人的论证，把我的耳朵都要吵聋了。但我也听到了有人以我想要的方式为正义辩护，证明正义比不正义好。【d】我想听到正义自身对正义的赞颂，我认为我最有希望从你这里听到。因此，下面我要尽力赞美不正义的生活，在这样做的时候，给你指明道路，让你赞扬正义和申斥不正义。不过，要看你是否想要我这样做。"

"我非常想要你这样做。确实，有什么主题能让一个有理智的人更加经常地享受讨论的快乐？"

【e】"好极了。那就让我们先讨论我提到的第一个论题——什么是正义，它的起源是什么。

"他们说，行不正义是天然的善，承受不正义是天然的恶，但是承受不正义之恶远远超过行正义之善，因此那些行不正义和承受不正义并尝到两种滋味的人，还有那些缺乏行不正义和避免承受不正义的能力的人，决定达成这样一种协议是有益的，【359】相互之间既不行不正义，又不承受不正义。作为一种结果，他们开始制定法律和习俗，把法律规定的东西称作合法的和正义的。他们说，这就是正义的起源与本质。它是最好与最坏之间的折衷。所谓最好就是行不正义而不受惩罚；而所谓最坏就是受到不正义的伤害而不能报复。正义介于这二者之间。人们之所以肯定正义的价值不是因为它是一种善，【b】而是因为他们过于软弱，不能行不正义而不受惩罚。然而，某些有力量这样做的人，不会与任何为了不承受不正义而不行不正义的人订立契约。因为他要是这样做了，他就是个疯子。苏格拉底啊，按照这个论证，这就是正义的性质，这些就是正义的起源。

"如果我们在思想上把能够随心所欲、为所欲为的自由赋予一个正义的人和一个不正义的人，那么我们可以最清楚地看到，那些实施正义的人并非心甘情愿，因为他们缺乏实行不正义的力量。【c】然后我们跟踪他们，看他们的欲望会把他们引向何方。我们会看到，这个正义的人也会下手作案，他行走的道路与那个不正义的人是相同的。原因就是这种胜过其他人的欲望，获取多多益善。这就是每个人的天性当作善来追求的东西，而这种天性在法律的约束下才转变为公平对待和尊敬他人。

"我讲的这种自由最容易理解，如果两种人都拥有吕底亚人的前辈巨格斯①拥有的那种能力。【d】故事说，他原来在吕底亚的统治者手下当差，是一名牧羊人。有一天他去放羊，遇上了一场大暴雨，接着又发生了地震，他放羊的地方地壳开裂，一道深渊出现在他面前。他虽然感到惊慌，但还是走了下去。在那里，据说他在里面看到许多神奇的东西，特别是看到一尊空心的铜马。铜马身上开有小窗，他朝里窥视，看到里面有一具尸体，体形比普通人要大，除了手上戴着一只金戒指，身上什么也没有。【e】他取下金戒指，返回了地面。他戴着那只金戒指去参加每月一次的例会，以便向国王报告羊群的情况。他和大家坐在一起的时候，无意中把戒指朝自己手心的方向转了一下。这样做的时候，坐在他旁边的人马上就看不见他了，【360】他们继续谈话，以为他已经走了。他自己也感到奇怪，随手把戒指向外一转，结果别人又能看见他了。所以他再次试验，看它是否真的具有这种隐身的本领。如果把戒指

---

① 巨格斯（Γύγες），人名。

朝里转，别人就看不见他，如果把戒指朝外转，别人就看得见他。弄清了这个道理，他马上就想方设法担任向国王报告的使者之一。【b】到了那里，他就勾引王后，与她合谋杀死了国王，霸占了整个王国。

"所以，让我们假定，有两只这样的戒指，正义的人和不正义的人各戴一只。嗯，似乎没有一个人会不腐败，能继续行走在正义的道路上，或者不去动其他人的财产，当他能够从市场上想要什么就拿什么而不受惩罚的时候，【c】他穿门越户、奸淫妇女、杀人劫狱，做其他任何事情，就像凡人中间的一位神。倒不如说，他的行为和那个不正义者的行为没有什么差别，两人都遵循同样的道路。可以说这是一个有力的证据，无人自觉自愿地实行正义，而只会迫不得已地实行正义。单独来看，无人相信正义是好的，因为无论在什么地方，人只要认为他能行不正义之事而不受惩罚，他就会这样做。确实，每个人都相信，对他本人来说，不正义比正义要有利得多。【d】任何这种论证的解释者都会说他是对的，因为若是有人有了这种机会而拒绝做坏事，不为非作歹，也不夺人钱财，那么明白这种情况的人会认为他是可悲的和愚蠢的，当然了，尽管当着他的面人们还是称赞他，由于害怕承受不正义而相互欺骗。我的第二个论题就说那么多。

【e】"至于在我们正在讨论的生活中做选择，只有我们把最正义和最不正义分开，我们才能作出正确的判断。否则我们就不能作出正确的判断。我心里头的分开是这样的。我们不要从一个不正义的人的不正义中减少任何东西，也不要从一个正义的人的正义中减少任何东西，而是假定在他们各自的生活方式中这种正义和不正义是完全的。因此，首先，我们必须假定一个不正义的人行事会像能干的匠人，比如，一流的船老大或医生，【361】知道他的技艺能做的事情和不能做的事情之间的差别。他尝试前者，而捎带着做后者，如果万一出了差错，他也能加以补救。同理，一个不正义的人做不正义的事情的成功尝试必须保持不被人发觉，如果他是完全不正义的。任何人被抓住应当被视为笨拙，因为极端的不正义被相信为无正义的正义。我们这个完全不正义的人必须被赋予完全的不正义，不能有任何减少。我们必须允许，在实施最大的不正义的时候，他无论如何也会给他自己提供最大的公正的名场。如果出了破绽，他必须能够补救。【b】如果他的不正义的行为被发现了，他必须能够巧舌如簧，说服他人，或者使用暴力。如果需要动武，那么他必须要有勇气和力量的帮助，还有朋党和金钱的支持。

　　"在假设了这样一个人以后，让我们在论证中在他旁边放上一个正义的人，他朴素而又高尚，如埃斯库罗斯①所说，他不希望自己只是看起来像好人，而希望自己真的是好人。我们必须去掉他的名声，【c】因为正义的名声会给他带来荣誉和报酬，这样的话也就清楚他是为了正义本身的原因而正义，还是为了荣誉和报酬的原因而正义了。我们必须剥去他身上的一切，只剩下正义，使他处于和一个不正义的人对立的处境。尽管他没有实行不正义，但必定拥有最不正义的名声，这样的话他就能得到考验，他的正义未被他的坏名声及其后果所软化。让他保持不变，直到他死——他是正义的，【d】但在别人眼里他一辈子都是不正义的。这样一来，两人都趋于极端，一个是正义的人，另一个是不正义的人，这样我们就能判断他们哪一个更幸福了。"

　　"哟！格老孔，"我说，"你花了那么大力气造出两个人来供我们竞争，就好像在艺术比赛中你想要竖两尊塑像。"

　　"我尽力而为，"他答道，"由于像我描述的这两个人，在任何情况下，很难展示等待他们的各是一种什么样的生活，但这件事又是必须做的。如果我用语粗俗，苏格拉底，【e】请记住这不是我在讲话，而是那些推崇不正义、贬抑正义的人在讲话。他们会说，一个正义的人在这种情况下将受到严刑拷打，身戴镣铐，烧瞎眼睛，最后，他将受尽各种痛苦，被钉死在刑架上，死到临头他才明白做人不应该做正义的人，【362】而应该做一个被人相信为正义的人。确实，把埃斯库罗斯的话用到不正义的人身上比用到正义的人身上要正确得多，因为不正义的支持者会说，一个真的不正义的人，以事实真相为基础来确定一种生活方式，而不是按照意见来规范自己的生活，他不想只是被人

---

① 　埃斯库罗斯（Αἰσχύλος），公元前 5 世纪希腊悲剧诗人。

相信为不正义，而是真的不正义——'他的城府厚又深，【b】精明主意由此生。'① 由于享有正义的名声，他统治他的城邦；他可以娶他的意中人为妻，生儿育女；他可以和他想要的人订立契约，合伙经商；除了用所有这些方式为他自己谋利，他还捞取其他好处，因为他无须顾忌别人说他实施不正义。在任何竞争中，无论是因公还是因私，他都是赢家，胜过他的对手。通过战胜对手，他变得富有，使他的朋友得利，使他的敌人受害。他适时向众神献祭，提供丰盛的供品。【c】因此，他在敬神方面（还有，确实，在待人方面），做得比正义的人要好。因此，很像是众神转过来眷顾他，胜过眷顾正义的人。这就是他们说的话，苏格拉底，众神和凡人为不正义者提供的生活比正义者要好。"

【d】听格老孔说完这些话，我正想作出回应，他的兄弟阿狄曼图插话了。他说："你肯定不认为这种立场已经得到了恰当的陈述吧？"

"为什么不？"我说。

"最重要的事情还没有说。"

"那么好吧，"我回答说，"常言道'兄弟同心，其利断金。'② 要是格老孔漏掉了什么没说，你就帮他补上。不过对我来说，他讲的这番话足以把我装进麻布口袋，使我不能帮正义讲话了。"

"你又在信口开河了，"他说，"还是先来听听我要说的话，因为我们也必须充分展示与格老孔提供的论证正好相反的论证，也就是赞扬正义，给不正义挑毛病，【e】这样就能使他的用意更加清楚。

"当父亲的跟他们的儿子说话的时候，他们说做人必须正义，就像其他所有那些管着任何人的人。但他们并不赞扬正义本身，【363】而只是在赞扬正义带来的崇高名声，以及被别人认为是正义的时候会带来的后果，比如身居高位，通婚世族，以及获取格老孔刚才列举的其他好处。他们甚至详细描述名声带来的各种后果。通过引进对众神的敬

---

① 参阅埃斯库罗斯：《七雄攻忒拜》592—594行。

② 参阅荷马：《奥德赛》16：97—98。

拜，能够谈论丰盛的善物，他们自己，以及连高明的赫西奥德①与荷马都说众神给虔诚的人赐福，因为赫西奥德说过，【b】众神为了正义之人让橡树在'枝头长出橡实，蜜蜂在橡树中盘旋采蜜。还有，让绵羊身上长出厚厚的绒毛'，②以及其他诸如此类的福气。荷马说的话也差不多：'如同一位无瑕的国王，敬畏神明，执法公正，黝黑的土地为他奉献【c】小麦和大麦，树木垂挂累累硕果，健壮的羊群不断繁衍，大海生养鱼群。'③穆赛乌斯④和他的儿子说得更妙，他们让众神赐予正义之人比他们更多的善物。在他们的故事中，众神引导正义之人进入冥府，设筵款待这些虔敬之人，请他们斜倚长榻，头戴花冠，喝着美酒消磨时光——就好像他们认为醉酒是对美德最好的报酬。【d】其他一些人在谈到众神给美德的报酬时扯得就更远了，因为他们说虔信众神和信守誓言的人多子多孙，绵延百代而不绝。以这种方式和其他相似的方式，他们赞扬正义。他们说不虔诚的和不正义的人被埋在冥府的烂泥中，被迫用篮子打水，劳而无功；这些人还活在世上的时候就有了不正义的恶名，【e】格老孔列举的正义者受到的所有这些惩罚，他们都归之于不正义者。至于其他，他们就没说什么了。所以，这就是人们赞扬正义和谴责不正义的方式。

　　"除此之外，苏格拉底，考虑一下个别人和诗人在涉及正义与不正义时还用过的另外一种论证形式。【364】他们异口同声地指出正义和节制是好事，但又很艰辛，很麻烦，而纵欲和不正义是甜蜜的，很容易获利，只不过在人们的意见和习俗中是可耻的罢了。他们还说，不正义的行为在大多数情况下比正义的行为获利更多，无论在公共还是私人事务中，他们愿意荣耀那些有钱有势的恶人，宣称他们是幸福的。但他们蔑视和羞辱弱者和穷人，【b】哪怕他们同意这些人比其他人要好。

---

① 赫西奥德（Ἡσίοδος），希腊早期诗人。

② 赫西奥德：《工作与时日》232 以下。

③ 荷马：《奥德赛》19：109—13，略去110。

④ 穆赛乌斯（Μουσαῖος），希腊传说中的诗人，与奥菲斯秘仪有密切联系。

　　"所有这些论证中最令人惊讶的是他们对众神和美德的看法。他们说，众神也把不幸和灾难降给许多好人，把与此相反的命运降给与这些好人相反的人。祭司和巫师奔走于富贵之家游说，使他们相信通过献祭和巫术可以得到诸神的赐福。【c】如果富人或他的任何一位祖先做了不正义的事情，举行娱神的赛会就能消灾赎罪。还有，如果想要伤害仇敌，那么花一点儿小钱就能做到，无论他的仇敌是正义的还是不正义的，因为他们凭借符咒能够驱使神灵为他们效力。人们还引用诗人的话来为这些说法作证。有些人喋喋不休地谈论作恶的轻省，比如说，'邪恶比比皆是，要追求邪恶非常容易。这条道路非常平坦，起点就在你的身旁。【d】而众神在我们和美德之间放置了汗水，'① 通向美德的道路既遥远又崎岖不平。其他人引用荷马为证，说众神会受凡人的欺骗，因为他说：'诸神本身也会被祈祷所感动，人们用献祭、许愿、【e】馨香、奠酒来转变他们的心意，要是人们犯了罪，有了过失，他们就祈祷。'② 人们还拿出一大堆穆赛乌斯和奥菲斯③ 的书，说这两人是月亮女神和缪斯④ 女神的后裔，按照这些书来举行祭仪。他们不仅说服个人，而且说服整个城邦，生者或死者的不正义的行为可以通过献祭和赛会来化解和洁净。【365】这些入会仪式，这是他们的说法，可以使死者在冥府得到赦免，而对那些不献祭的人来说，有许多恐怖的事情在等着他们。

　　"当所有这些有关众神和凡人对待美德和恶德的态度的言论经常被重复的时候，苏格拉底，你认为它们会对年轻人的灵魂产生什么样的影响呢？年轻人的灵魂敏感易变，听到这些言论，他们就会从一种说法转向另一种说法，得到他自己应当做什么样的人的印象，如何才能最好地在人生道路上前进。【b】他肯定会向他自己提出品达的那个问题，'要想步步高升，安身立命，平安度过一生，我应当凭借正义还是使用阴谋

---

①　赫西奥德：《工作与时日》287—289。

②　荷马：《伊利亚特》9：497—501。

③　奥菲斯（Ὀρφεύς），希腊奥菲斯教的教祖。

④　缪斯（ἡ Μοῦσα），希腊文艺女神，有多位。

诡计?'他也会回答:'多种言论表明,如果我行正义,但不被他人认为正义,那么对我不会有任何好处,而行正义带来的麻烦和所受的惩罚是明显的。他们告诉我,一个不正义的人,只要能为他自己确保正义的名声,他就能过上神仙般的生活。【c】由于意见会用暴力战胜真理,控制幸福,如那些聪明人所说,① 所以我必须完全转向不正义。我应当创造一种拥有美德的假象,欺骗那些接近我的人,但要把贤明的阿基洛库斯② 所说的那只狐狸般的狡猾和贪婪隐藏在身后。'

"'但是',有人会反对说,'想把恶行始终隐藏起来可不是一件易事。'我们会回答说,'没有什么大事情是容易的。'然而,无论如何,【d】为了获得幸福,我们必须遵循这些解释所指明的道路前进。为了不被发现,我们会组织秘密团伙和政治集团。有擅长说服的老师使我们变得能干,能够对付公民大会和法庭。就这样,在一个地方使用说服,在另一个地方使用暴力,我们就能胜过其他人而不用付出代价。

"众神会如何?确实,我们无法对众神隐藏我们的恶行,或者使用暴力反抗他们! 嗯,如果没有众神,或者他们不关心人间事务,我们干吗要担心做坏事被神察觉?【e】如果有众神,他们也关心我们,那么我们已经有了关于众神的知识,全都来自法律和那些描述众神系谱的诗人——而不是来自别处。但就是这些人告诉我们,献祭、符咒、供奉都能够说服和收买众神。因此,对他们的话,我们要么全信,要么全不信。如果我们信了,那我们就去行不义之事,然后从我们干坏事得来的钱财中拿出一部分来献祭。【366】如果我们是正义的,诸神当然不会惩罚我们,不过这样一来我们也就得不到不正义带来的好处了;但若我们是不正义的,那么我们既赢得了这些利益,又能在犯罪以后向诸神祷告求情,最后安然无恙。

"'但是,我们到了阴曹地府不用为今世所犯的罪恶接受惩罚吗,无

---

① 此处引文被认为引自西摩尼得,波勒玛库斯在本文第一卷引用过这位诗人。

② 阿基洛库斯（Αρχιλόχους），约公元前756—前716年,希腊早期抒情诗人,创作过著名的关于狐狸的寓言。

论是我们自己，还是我们的子孙？''我的朋友'，这个精于算计的年轻人会说，'我们有灵验的神秘祭仪，还有掌握大权的众神。这些最伟大的城邦把这一点告诉我们，【b】就像后来变成诗人和预言家的众神子孙所说的那样。'

"既然如此，我们为什么还会选择正义而不选择最大的不正义呢？许多杰出的权威人士同意，如果我们带着伪装实施这样的不正义，那么我们无论生前死后，对凡人或众神都会左右逢源，无往而不利。【c】所以，根据上面所说的这些理由，苏格拉底，任何有力量的人——心灵的、财富的、身体的、门第的——怎么会愿意荣耀正义，并在听到正义受到赞扬时不大声嘲笑呢？确实，如果有人能够指出我们说的这些话是错误的，并对正义是最好的这一点拥有充足的知识，他肯定不会对不正义充满仇恨，而会原谅不正义。他明白，【d】除了某些像神一样的、生来就厌恶不正义的人，或者一个获得了知识，因此回避不正义的人，无人心甘情愿地实践正义。由于胆怯、老迈或其他弱点，人们确实反对不正义。但这显然是因为他们缺乏实施不正义的力量，因为第一个获得这种力量的人就是第一个尽力推行不正义的人。

"就是由于这个原因，而不是由于其他原因，使得格老孔和我对你说：'苏格拉底，在你们所有声称赞扬正义的人中间，从他们的话语保存至今的古代英雄，到当今时代的普通人，【e】无人曾经真正谴责过不正义或颂扬过正义，除非与名声、荣誉，以及从名声和荣誉中获取的利禄联系起来讲。无人曾经充分描述过它们各自的作为，以及拥有它们的人的灵魂的力量，哪怕它们能够躲避诸神和凡人的注意。无人曾经在诗歌或散文中进行过充分的争论，不正义是灵魂自身能够拥有的最坏的东西，【367】而正义是最伟大的善。如果你以这种方式处理这个论题，从年轻时就说服我们，我们现在就不用提防彼此的不正义，而是每个人都会成为自己最好的护卫者，害怕实行不正义会给自己的生活带来最坏的东西。'

"塞拉西马柯或其他人会说出我们已经说过的这些话，苏格拉底，在我看来，他们甚至还会说得更加过分，在讨论正义和不正义的时候——粗鲁地颠倒它们的力量。还有，坦率地说，我之所以竭尽全力说出这番话，为的是想要从你这里听到与此相反的意见。【b】所以，你可别仅仅论证一下正义强于不正义就算完事，而要告诉我们，它们各自因其自身拥有的力量对它们的拥有者起什么作用，籍此来说明不正义是坏的，正义是好的。你要按照格老孔的建议，不要去考虑名声问题，因为你要是不把正义和不正义的真正名声与虚假名声剥离开来，我们会说你称赞的不是正义和不正义，而是它们的名声，你在鼓励我们秘密地行不正义。【c】在这种情况下，我们会说你和塞拉西马柯的观点实际上是一致的，正义是他者的利益，是强者的利益，而不正义是自己的利益，尽管不是弱者的利益。

"你同意正义是最大的善之一，这些善之所以值得获取是由于从它们中产生出来的东西，但更多的是由于它们本身，【d】就像视、听、知、健康一样，所有其他会产生后果的善也都是由于它们自身的本性，而不只是由于名声。因此，把正义当作这种善来赞扬，解释它如何——由于它本身——有益于它的拥有者，也就解释了不正义如何伤害不正义的拥有者。至于报酬和名声，你就留给别人去赞扬吧。

"如果别人以这种方式赞扬正义和谴责不正义，对实施正义或不正义带来的报酬和名声进行颂扬或诋毁，那么我会满意的。至于你，除非你命令我满意，否则我不会满意，因为你已经耗费了毕生精力思考这个问题。【e】所以，不要只给我们一个理论上的论证，证明正义比不正义强，而要说明它们各自对它们的拥有者产生什么后果——凭什么一个是好的，一个是坏的——在实施不正义时能否不被众神和凡人察觉。"

我向来佩服格老孔和阿狄曼图的天性，此刻我尤其感到高兴，【368】于是我说："你们真不愧是一位伟大人物的儿子，格老孔的情人写的赞美诗开头写得很好，庆祝你们在麦加拉①战役中取得的成就，'阿里斯通②之子，家世显赫，如同天神。'在我看来，这些话说得很好，

---

① 麦加拉（Μέγαρὰ），地名。
② 阿里斯通（Αρίστων），格老孔、阿狄曼图、柏拉图之父。这个名字的词义是"至善"。

这是因为，你们若是不相信不正义比正义要好，却又能代表不正义讲话，如你们已经说过的那样，那么你们必定受了神的影响。我相信你们确实不信服你们自己说过的这些话。【b】我从你们的生活方式推导出这一点，要是我只听你们嘴上怎么说，那么我不会相信你们。然而，我越是相信你们，就越不知道如何是好。我不知如何才能帮助你们。确实，我相信自己缺乏这种能力。对此，我可以提供证明。我想到我对塞拉西马柯说的那些话表明了正义比不正义要好，但是你们不愿意接受。另一方面，我看不出怎样才能放弃我给正义的帮助，因为我担心，在我一息尚存还能说话的时候，却袖手旁观不为遭受诽谤的正义辩护，那对我来说确实是一桩不虔诚的罪过。【c】所以我最好还是为正义提供力所能及的帮助。"

格老孔和其他人恳求我不要抛弃这场论证，而要以各种方式提供帮助，弄清正义和不正义是什么，它们能提供的真正的好处是什么。所以我就把我心里的想法告诉他们。我说："我们正在进行的考察非比寻常，需要有敏锐的目光。【d】因此，由于我们不那么能干，所以我们还是用这样一种方法为好，就好比我们视力不好，而人家要我们读远处写着的小字，然后我们注意到在别的地方写着同样的大字。我想，我们可以把它视为神的馈赠，可以先读大字，然后再读小字，看它们是否真的相同。"

"你说得倒不错，"阿狄曼图说，【e】"但是你说的这件事跟探讨正义有什么可比的呢？"

"我会告诉你的。我们不是说，有个人的正义，也有整个城邦的正义吗？"

"当然。"

"城邦比个人大吗？"

"大得多。"

"那么，在这个大得多的事物里也许会有更多的正义，也更容易理解它是什么。所以，如果你愿意，让我们首先发现正义在城邦里是一类什么样的事物，【369】然后再到个人身上去寻找它，这就叫以大见小。"

"噢，这个办法好像挺不错的。"

"如果我们能够从理论上看到城邦是怎么来的，我们不也能看到它的正义是怎么来的，以及它的不正义是怎么来的吗？"

"有可能。"

"这一步完成了，我们可以期待比较容易发现我们正在寻找的东西吗？"

【b】"当然。"

"那么你们认为我们要不要尝试一番？我以为，这件事非同小可。所以，你们好好想一想。"

"我们已经想过了，"阿狄曼图说，"我们甚至不考虑做别的事。"

"我认为城邦之所以产生，乃是因为我们无人是自给自足的，我们全都需要很多东西。你们认为城邦还能建立在其他什么原则上吗？"

"不能。"

"由于人们需要许多东西，由于一个人出于他的需要找来第二个人，【c】又出于一种不同的需要找来第三个人，于是许多人作为伙伴和帮手聚居在一起。这样的聚居地叫作城邦，不是吗？"

"是这么回事。"

"如果他们之间分享东西，提供和获取，那么他们之所以这样做是因为每个人都相信这样做对他更好吗？"

"没错。"

"那么好，来吧，让我们从头开始，从理论上创建一个城邦。看起来，创建城邦是出于我们的需要。"

"是的，确实如此。"

【d】"我们第一位的和最大的需要是提供食物以维持生命。"

"当然。"

"我们第二位的需要是住房，我们第三位的需要是衣服，以及诸如此类的东西。"

"没错。"

"那么，一个城邦怎么才能提供所有这些东西呢？不是要有一个人当农夫、另一个人造房子，还有一个人当纺织工？我们不是还应该添上一个鞋匠和一个能提供医疗的人吗？"

"当然要。"

"所以最小的城邦至少也要四五个人。"

【e】"显然如此。"

"接下去该怎么办？他们每个人必须把他自己的产品拿出来供所有人使用吗？比如说，由一个农夫花四倍的时间和劳动生产粮食，提供给所有人共享吗？【370】或者说为了不惹这个麻烦，他花四分之一的时间生产自己需要的一份粮食，把其余四分之三的时间一份花在造房子上，一份花在做衣服上，一份花在做鞋子上，省得要去同人家联系，而只要做他自己的事情就可以了？"

"也许，苏格拉底，"阿狄曼图答道，"你建议的第一种方式比其他方式要容易。"

"这样做一点儿也不奇怪，甚至就在你刚才说话的时候，我就想到，首先，我们大家生来就不一样，我们的品性各不相同，有些人适合做这样工作，有些人适合做那样工作。【b】或者你不这么想？"

"我也这么想。"

"其次，一个人从事许多技艺能把工作做得比较好，还是——因为他本身就是一个人——只从事一项技艺能把工作做得比较好？"

"如果只从事一项技艺。"

"不管怎么说，我认为，在做事情的时候，一个人要是错过了恰当的时机，显然就会把事情搞砸。"

"是的。"

"这是因为，这些事情不会等着人在空闲的时候来做，人必须密切关注他的工作，【c】而不是把它当作第二职业。"

"是的，他必须这样做。"

"那么，结果就是，如果每个人都做一件与他品性相合的事情，在正确的时机做，而不用去做其他任何事情，就更容易生产更加丰盛、质量更好的物品。"

"绝对如此。"

"所以，阿狄曼图，我们需要不止四个公民来供应我们已经提到过的这些物品，因为农夫似乎造不出他自己的犁，哪怕他要的犁不好，也造不出他的锄头，【d】也造不出其他农具。造房子的工匠也不能——他也需要许多物品。纺织匠和鞋匠的情况也一样，不是吗？"

"是的。"

"因此，木匠、铁匠，以及其他许多匠人会共享我们这个小城邦，使之扩大。"

"没错。"

"然而，即使我们再加上放牛的、牧羊的和饲养其他牲畜的人——有了这些人，农夫就有牛拉犁，【e】建筑师就有牲口替他们运送石料，纺织匠和鞋匠也有皮革和羊毛可用——它也不会成为一个很大的聚居点。"

"如果这些人都有了，那么这个城邦不算小了。"

"还有，几乎不可能把城邦建在一个不需要输入任何物品的地方。"

"确实如此。"

"所以我们还需要一些人去别的城邦进口需要的物品。"

"是的。"

"如果一个进口物品的人空着手去另一个城邦，不带其他城邦需要的货物，换回他自己城邦所需要的物品，【371】那么他回来时不还得两手空空吗？"

"好像是这样的。"

"因此，我们的公民不仅要为自己生产足够的家用物品，还要生产数量和质量适当的物品，满足其他城邦人的需要，他们必须这样做。"

"是的，他们必须这样做。"

"所以在我们的城邦里，我们需要更多的农夫和其他手艺人。"

"是的。"

"也还需要有其他一些人专管进出口货物。他们被称作商人，不是吗？"

"是的。"

"所以我们也需要商人。"

"必定如此。"

"如果生意要做到海外去，【b】那么我们需要许多懂得航海的人。"

"确实需要很多。"

"还有，城邦里的人如何共享他们各自生产的物品？正是由于这个缘故，我们让他们合作并创建了他们的城邦。"

"显然，他们必须通过买卖来共享。"

"所以我们需要市场和用于物品交换的货币。"

"当然。"

【c】"如果一个农夫或其他手艺人拿着自己的产品去市场，可是那些想交换他的产品的人还没到，那么这个农夫不是就得在市场上闲坐，远离他自己的工作吗？"

"不会的。有人会注意到有这种需要，提供必要的服务——在管理有方的城邦里，一般说来是那些身体最虚弱的或不适合从事其他工作的人。【d】他们会待在市场里，用钱买下那些前来卖货的人的货物，然后再把货物卖给那些前来买货的人。"

"那么，为了满足这种需要，在我们的城邦里会有零售商，因为那些在市场里提供买卖服务的人不叫作零售商，而那些来往于城邦之间做买卖的人不是叫作商人吗？"

"没错。"

"还有其他仆人，我想，单凭他们的心灵不足以成为我们城邦的成员，【e】但他们身体强壮，有足够的力气干活。这些人出卖劳力，得到的工钱就叫工资，因此他们自己也被叫作'挣工资的'。不是这样吗？"

"是这样的。"

"所以，有了这些挣工资的人，我们的城邦就建完了吗？"

"我想是的。"

"好吧，阿狄曼图，那么我们的城邦发育完备了吗？"

"也许是吧。"

"那么在它的什么地方可以发现正义和不正义呢？它们和我们已经考察过的事情中的哪一件事情一道产生？"

"我不知道，苏格拉底，【372】莫非是在某个地方的那些人相互之间有某些需要？"

"你也许是对的，但我们必须进行考察，不能退缩。所以，首先，让我们来看，在得到我们已经描述过的各种供应以后，我们这个城邦的公民会过一种什么样的生活。他们要生产面包、酒、衣服、鞋子，不是吗？他们要造房子，夏天赤膊光脚干活，【b】冬天穿上恰当的衣服和鞋子。吃的方面，他们用大麦粉和小麦粉揉制面团。他们把可口的面包放在芦杆或干净的树叶上，斜靠在铺着苔藓和桃金娘叶的小床上，跟儿女们欢宴畅饮，头戴花冠，唱着颂神诗。【c】他们相互做爱享乐，但不多生孩子，免得供养不起，陷入贫困或战争。"

"你好像在让这些人开宴会，但没有任何调味品。"格老孔插话说。

"没错，"我说，"是我忘了，他们显然需要盐、橄榄、乳酪，还有乡间水煮球茎和蔬菜。我们也会给他们无花果、鹰嘴豆、豌豆当甜食，他们会在火上烤爱神木果和橡子，再喝上一点儿小酒。所以，他们生活安宁，身体健康，得享高寿，无疾而终，他们会把同样的生活传给他们的后代。"

【d】"如果你正在为猪建一个城邦，苏格拉底，"他答道，"你也会用同样的食谱喂肥它们吗？"

"那么我该如何喂养这些人呢，格老孔？"我问道。

"按传统的方式。如果他们不想过得太辛苦，他们应当斜靠在躺椅上，吃饭要有餐桌，【e】要有现在人们享用的美味佳肴和甜食。"

"行，我明白了。我们现在考察的似乎已经不是城邦的起源，而是一个奢侈的城邦的起源。这倒不见得是个坏主意，因为通过对它的考察，我们可以很好地看到正义和不正义怎样在城邦中产生。然而，真正的城邦，在我看来，似乎就是我们前面已经描述过的那个城邦，那个健康的城邦。但若你想要研究一个发了高烧的城邦，那也未尝不可。【373】没有什么事情能让我们停下来。我在前面提到的那些事情和我描述的这种生活方式似乎不能让有些人满意，那就加上躺椅、餐桌，还有其他家具，当然了，还要有各种调味品、香料、香水、歌伎、糕饼，等等。我们一定不能只提供我们一开始提到的那些必需品，比如房子、衣服、鞋子，而要开始提供绘画和刺绣，还有黄金、象牙这样的东西也是要去获取的。不是这样吗？"

【b】"是的。"

"所以我们必须扩大我们的城邦，因为那个健康的城邦不再胜任了。我们必须扩大它的规模，给它添上许多远非城邦必要的东西——比如说，猎人、艺术家或模仿者，他们中许多人模仿形象和色彩，许多人从事音乐。还要有诗人和他们的助手、演员、合唱队、舞蹈队、经纪人，还有各种物品的制造者，尤其是女人用的装饰品。所以，我们也需要更多的仆人。【c】你难道认为我们不需要家庭教师、奶妈、保姆、美容师、理发匠、厨师、牧猪奴吗？在我们前面的那个城邦里我们不需要这些人，但是在这个城邦里我们需要他们。如果人们要吃肉，我们也需要更多的牛，不是吗？"

"当然。"

"如果我们的生活像现在这个样子，【d】那么我们比以前需要更多的医生吗？"

"我们对医生的需要比以前大得多。"

"还有土地，我想，原先足以供养所有人口的土地现在不够了，变得太小了。你怎么想？"

"我的想法和你一样。"

"所以，要是我们想要拥有足够的牧场和耕地，我们势必要掠夺邻邦的土地。而我们的邻邦若是像我们一样无视生活必需品的界限，放纵自身，无限制地追求财富，那么他们不是也想掠夺我们的土地吗？"

【e】"这种事情是完全不可避免的，苏格拉底。"

"那么，我们的下一步就是战争，格老孔，不是吗？"

"是的。"

"我们还没有谈到战争的后果，好还是坏，而只是说我们已经发现了战争的源头。战争来源于同样的欲望，这些欲望对城邦和城邦里的个人身上发生的种种坏事要负最大的责任。”

“没错。”

【374】“所以这个城邦必须进一步扩大，不止是再增加一些人，而是要增加一支军队，用它来抵抗和驱逐入侵之敌，捍卫城邦的基本财富和我们提到过的其他所有东西。”

“公民们自己为什么不能胜任这个目的呢？”

“他们不能，如果你和我们其他人在前面创建城邦时达成的一致意见是对的，我们确实也都同意这个意见，如果你还记得，一个人不能同时从事多种工作，掌握多种技艺。”

“没错。”

【b】“那么好，打仗难道不是一种职业吗？”

“当然。”

“那么我们应当更加关心制鞋，胜过关心打仗吗？”

“绝对不应该。”

“但是我们不让鞋匠同时也去尝试当农夫、织匠、建筑工，而是说他必须继续当鞋匠，为的是能把鞋子做好。其他各行各业的人也一样，每个人终身从事一项适合他的天赋的行当，远离其他所有行当，【c】免得他把握不了恰当的时机，做不好他的工作。现在，打仗难道不是一门最重要的需要很好地从事的工作吗？或者说，打仗很容易，种地的、修鞋的，或者其他任何匠人，都可以同时做一名战士？哪怕下棋和掷骰子，如果只当作消遣，而不是从小就开始练习，断不能精于此道。【d】难道在重装步兵的战斗或其他类型的战斗中，有人能够拿起盾牌或其他兵器，立马成为老练的战士吗？没有什么工具能使人一拿起来就成为行家里手，除非他获得了必要的知识，进行了充分的练习。”

“如果工具能使人一拿起来就成为行家，它们确实就是无价之宝了。”

“所以，护卫者的工作是最重要的，【e】它需要最大程度地摆脱其他事务，需要最大的技艺和献身。”

"我也应当这么想。"

"它不也需要担当护卫者的人的品性适合这种生活方式吗？"

"当然。"

"那么我们的工作好像就是挑选适宜保卫城邦的品性，如果我们能做到的话。"

"是的。"

"神灵在上，我们要承担的这个任务可不轻。但我们要尽力而为，不可退缩。"

"对，【375】我们一定不要退缩。"

"你认为，谈到保卫，纯种的幼犬和出身高贵的青年有什么区别吗？"

"你这样说是什么意思？"

"嗯，它们各自都应当有敏锐的感觉，发现敌人要能快速追击，需要打斗时要足够强壮。"

"它们都需要这些品性。"

"还有，要想很好地打斗，它们还必须勇敢。"

"当然。"

"要是没有激情，一匹马、一条狗，或者其他牲畜，会勇敢吗？或者说你没注意到这种激情是无敌的，不可战胜的，【b】只要有它的呈现，整个灵魂就能无所畏惧，所向无敌？"

"我注意到了。"

"那么，护卫者的身体素质是清楚的。"

"是的。"

"还有，就他们的灵魂而言，它们必须有激情。"

"灵魂也要有激情。"

"但若他们具有这样的激情，格老孔，他们相互之间以及对待其他公民不会很野蛮吗？"

"宙斯在上，他们很难不野蛮。"

"然而，他们必须温顺地对待他们自己的人民，凶狠地对待敌人。

【c】否则的话，用不着等别人来摧毁城邦，他们自己就先这样做了。"

"没错。"

"那么，我们该怎么办呢？我们上哪儿去找这种既温顺又刚烈的人？毕竟，温顺这种品性正好与刚烈相反。"

"显然如此。"

"如果某人既缺少温顺又缺少激情，他就不能成为一名好护卫者。然而，把二者结合起来似乎是不可能的。由此可知，【d】没有好护卫者。"

"好像是这么回事。"

"我自己有点不知所措了，但是请重新考虑一下我们前面的论证，我要说，我们活该落入这样的处境，因为我们忽视了我们前面提出来的比照。"

"你什么意思？"

"我们忽视了这个事实，我们以为不可能有的品性实际上是有的，这些品性与那些与它们相对立的品性确实能够结合。"

"这些品性在哪里？"

"你在其他动物身上也能看到，尤其是被我们拿来与护卫者相比的那种动物，因为你知道，当然了，一条纯种狗天然具有这种品性——它对熟人非常温和，【e】而对陌生人正好相反。"

"我当然知道。"

"所以我们想要的这种结合是完全可能的，我们要寻找好护卫者并不违反天性。"

"显然并不违反。"

"那么你认为，我们未来的护卫者除了要有激情，也必须要有哲学的品性吗？"

【376】"你什么意思？我不明白。"

"这是你在狗身上也能看到的另一种品性，你会对这种动物感到惊讶。"

"什么？"

"狗一见到它不认识的人就狂吠不已，哪怕这个人还没有对它表示恶意。但它一看见熟人就摇头摆尾，哪怕这个人还没有对它表示好意。你从来没有对这种情景感到惊讶吗？"

"我以前从来没有注意过这种事，但这显然是狗的行为方式。"

【b】"这确实是它的精明品性，这种品性确实是哲学的。"

"在什么方面是哲学的？"

"因为它全凭认识与否来判断它看到的事物是友还是敌，而不凭借其他。如果它能按照知识和无知来界定什么是它自己的，什么是与它相异的，那么它除了是一名学习的爱好者，还能是什么？"

"它不能是别的什么。"

"然而，热爱学习和哲学或热爱智慧不就是一回事吗？"

"是的。"

"那么，就人而言，我们也可以充满自信地假定，【c】对他自己的人和那些他认识的人温顺的人，必定也是学习和智慧的爱好者吗？"

"我们可以。"

"那么，哲学、激情、敏捷、强健必须全都结合在一个人的品性中，这个人是我们城邦的好护卫者。"

"绝对如此。"

"那么，这就是一名潜在的护卫者在初始阶段需要的品性。但我们该如何培养教育他呢？探讨这个论题会使我们接近我们整个考察目标吗，也就是发现城邦的正义和不正义的起源？【d】我们想让我们的解释很充分，但我们不想让它不必要的冗长。"

"我肯定期待，"格老孔的兄弟说，"这样的探讨能进一步接近我们的目标。"

"那么，宙斯在上，阿狄曼图，我说，我们一定不要放弃，哪怕我们的讨论变得很长。"

"对，我们一定不要放弃。"

"那么好吧，就像我们有空闲讲故事那样，让我们从理论上来描述如何教育我们的人。"

【e】"行。"

"他们的教育将是什么呢？或者说，很难发现比长期以来已经发展起来的教育更好的教育了吗——用于身体的体育锻炼和用于灵魂的音乐和诗歌？"

"是的，很难。"

"嗯，我们开始教育要在体育锻炼之前先教音乐和诗歌，不是吗？"

"当然。"

"你把讲故事包括在音乐和诗歌中吗？"

"对。"

"故事有两种，一种真，另一种假吗？"

"是的。"

【377】"我们的人一定要受两种故事的教育，但首先要受假故事的教育吗？"

"我不明白你的意思。"

"你不知道我们首先给儿童讲故事？总的说来，这些故事是假的，尽管其中也有真的成分。我们在对儿童进行体育锻炼之前就已经给他们讲这些故事了。"

"是这样的。"

"这就是我说在体育锻炼之前先教音乐和诗歌的意思。"

"你说得对。"

"你知道，凡事开头最重要，尤其是对那些年幼柔弱的生灵，不是吗？这个时候他们最容易接受陶冶，【b】你想把他们塑造成什么样子，就能塑造成什么样子。"

"确实如此。"

"那么，我们应该放任自流，让我们的孩子去听那些老故事，无论什么人讲的，让一些信念进入他们的灵魂，在他们的成长过程中形成我们认为不应有的见解吗？"

"我们绝对不能容忍这种现象出现。"

"所以，我们似乎必须先对讲故事的人进行监督。我们将挑选那些美好的故事，抛弃那些坏故事。【c】然后我们要说服保姆和母亲给孩子们讲那些我们挑选出来的好故事，因为她们用这些故事来塑造孩子们的灵魂，胜过她们对孩子身体的塑造。① 然而，她们现在所讲的许多故事必须抛弃。"

"你指的是哪些故事？"

"我们先来看那些大故事，通过了解如何处理它们，我们也就知道如何处理小故事，因为它们的类型是一样的，有着同样的效果，无论这些故事是否出名。你不这样认为吗？"

【d】"我也这么看，但我不知道你说的大故事是哪些故事。"

"荷马、赫西奥德，以及其他诗人讲的那些故事，因为他们确实编造了一些假故事，讲给人们听，而且至今还在流传。"

"你指的是哪些故事，你在这些故事中发现了什么错误？"

"一个人首先应当发现的错误是虚假，尤其是撒谎还撒不圆。"

"比如？"

"讲故事的时候把众神和英雄的形象描述得很差，【e】就好比画家的图画一点儿也不像他要画的东西。"

"这样的事情应该受到谴责。但你现在心里具体想的是哪一类事情？"

"首先，在讲那些最重要的事情时撒弥天大谎，也就无法讲一个好故事——我指的是，赫西奥德告诉我们乌拉诺斯②的行为，克洛诺斯③如何因此而惩罚乌拉诺斯，【378】而克洛诺斯又如何遭受他自己的儿子的惩罚。④ 哪怕这些事情都是真的，也应该闭口不谈，不能讲给那些愚蠢的年轻人听。如果由于某种原因非讲不可，也只有极少数人可以听——听故事之前要秘密宣誓，然后举行献祭，不只是奉献一头猪，

---

① 指当时用按摩推拿一类的方法对幼儿进行保育。

② 乌拉诺斯（Οὐρανός），希腊老天神。

③ 克洛诺斯（Κρόνος），希腊天神，乌拉诺斯之子。

④ 参阅赫西奥德：《神谱》154—210，453—506。

而且要奉献很难弄到手的大野兽——这样一来，听故事的人就少而又少了。"

"对，这样的故事很难处理。"

【b】"阿狄曼图，在我们的城邦里不应该讲这种故事。听了它的年轻人也不应当说犯下如此滔天大罪不值得大惊小怪，或者说如果他对他不正义的父亲进行各种惩罚，他这样做只不过是在模仿最伟大的头号天神而已。"

"对，宙斯在上，我本人认为讲这种故事是不适宜的。"

"确实，如果我们想要我们城邦的护卫者认为挑拨离间、钩心斗角是可耻的，那么我们一定不要允许任何讲述众神明争暗斗、搞阴谋诡计的故事，【c】因为它们不是真的。众神和巨人之间的战斗，还有众神仇恨它们的亲友的所有故事，都不应当讲，甚至也不能作为刺绣的题材。如果我们要劝说我们的人民，公民之间决不能相互仇恨，这样做是不虔诚的，那么老人们从一开始就应当给孩子们讲这样的道理；而随着孩子们长大，【d】诗人们也必须对孩子们讲同类的事情。我们不会把这样的故事接纳到我们的城邦里来——无论是否作为寓言——赫拉①被她的儿子捆绑，赫淮斯托斯②被他的父亲从天上摔到地下，当时他试图去救援他挨打的母亲，还有荷马所描写的众神间的战争。年轻人分辨不清什么是寓言，什么不是寓言，无论什么见解对他们来说总是先入为主，成为根深蒂固、不易更改的定见。由于这些原因，我们也许需要特别注意，【e】确保他们最先听到的与美德有关的故事是最适合他们听的。"

"这样做是合理的。但若有人问我们适宜讲哪些故事，我们该怎么说呢？"

"阿狄曼图，你我都不是诗人，但我们正在创建一个城邦。【379】对城邦的缔造者来说，知道诗人们必须创作或避免哪些类型的故事是恰当的。但是我们不会真的自己动手去为他们创作诗歌。"

---

① 赫拉（Ἥραν），希腊天神，宙斯之妻。

② 赫淮斯托斯（Ἡφαίστος），希腊火神，宙斯与赫拉之子。

"行。但是神学或关于众神的故事到底是什么类型的?"

"大体上是这样的：无论是史诗、抒情诗，还是悲剧，均应如其所是地呈现神。"

"确实，必须这样呈现它。"

【b】"嗯，神真的是善的，不是吗，也必须被描述成这样的吗?"

"还能怎样?"

"善的东西肯定不会是有害的，是吗?"

"我认为不会。"

"无害的东西会有害吗?"

"绝对不会。"

"或者不伤害任何事物的东西能做任何坏事吗?"

"不会。"

"还有，不做任何坏事的东西会是任何坏事物的原因吗?"

"怎么会呢?"

"再说，善物是有益的吗?"

"是的。"

"它也是幸福的原因吗?"

"是的。"

"所以，善物不是一切事物的原因，而只是好事物的原因；善物不是坏事物的原因。"

【c】"我完全同意。"

"然而，由于神是善的，它不是——如大多数人所宣称的那样——人类所遭遇的一切事情的原因，而只是少数几件事情的原因，因为在我们的生活中，好事物比坏事物要少。神只对那些好事物负责，而我们必须为那些坏事物寻找原因，而不是让神来为它们负责。"

"你说得很对，我相信。"

"'所以，我们不能从任何人那里接受荷马对众神犯下的愚蠢错误，'
【d】他说，'宙斯的门槛边放着两只土罐，一只装满了好运，一只装满了噩运……'宙斯把混合的命运赐给那个人，'他有时候碰上噩运，有时候碰上好运'，但若有人接受的命运完全出自第二只土罐，那么'邪恶的饥荒就逼迫他在神圣的大地上流浪。'【e】我们也不会承认'宙斯把善与恶降给凡人。'① 关于潘达洛斯② 违背誓言的事，如果有人说这是雅典娜③ 和宙斯的行为引起的，那么我们决不能同意他的看法。我们也不能承认诸神之间的争执和分裂是由宙斯和塞米司④ 的所作所为引起的，更不能让年轻人听到埃斯库罗斯这样的说法，【380】'神欲毁巨室，降灾人世间。'⑤ 如果有人创作一首关于尼俄柏⑥ 的苦难的诗，埃斯库罗斯的诗句就出现在这首诗中，或者创作有关珀罗普斯⑦ 的子孙的诗歌，或者创作特洛伊⑧ 的故事，或者创作其他诸如此类的故事，我们必须要求他们说这些事情不是神做的。如果这些事情是神做的，那么诗人必须寻求某种有关这些事情的解释，就像我们现在正在寻找的一样，【b】说众神的行为是好的、正义的，而被他们惩罚的人从惩罚中得到益处。我们不允许诗人们说受惩罚者悲惨无比，是神使他们这样的。但是我们允许他们说，坏人是悲惨的，因为他们需要受惩罚，需要付出代价，众神让他们在受惩罚中受益。至于有人说自身是好的神是坏事情的原因，我们要迎头痛击这种论调，要让城邦得到良好的治理，我们不允许任何人

---

① 荷马：《伊利亚特》24：527 以下。
② 潘达洛斯（Πάδαρος），荷马史诗中的英雄，特洛伊战争期间率吕喀亚军队与特洛伊军队协同作战。
③ 雅典娜（Αθηνᾱ），希腊天神，宙斯之女。
④ 塞米司（Θέμις），掌管法律和正义的女神，她的形象一手执天平，一手执剑，双眼被布带蒙着，象征着公正无私和执法如山。
⑤ 埃斯库罗斯：《残篇》160。
⑥ 尼俄柏（Νιόβη），底比斯国王安菲翁的王后。她夸耀自己有七子七女，嘲笑阿波罗的母亲勒托只生了阿波罗和阿耳忒弥斯二人。勒托大怒，命其子女复仇。于是阿波罗把尼俄柏的子女全部射死。她因此整天哭泣，宙斯将她变成石像。
⑦ 珀罗普斯（Πέλοπες），神话人物，坦塔罗斯之子，其父将他剁碎供神食用，宙斯使他复活。
⑧ 特洛伊（Τροία），地名。

在他的城邦里说这种话，也不允许任何人听到这种话——无论老少，无论是韵文还是散文。【c】这些故事是不虔诚的，对我们无益，而且自相矛盾。"

"我喜欢你的法律，我投票赞成。"

"那么，这就是法律之一，也是讲故事的人和诗人在提到众神时必须遵循的标准，也就是说，神不是一切事物的原因，而只是好事物的原因。"

"这是一条完全令人满意的法律。"

"第二条法律如何？你认为神是个巫师，【d】能在不同的时间呈现不同的形象，有时候改变原来的外貌，欺骗迷惑我们，使我们认为它是这个样子的吗？或者说你认为它是单一的，无论何时都不会改变它的本来的面貌？"

"我一下子答不上来了。"

"好吧，换个问法你看如何？如果它离开它本来的面貌，【e】岂不就是改变它自己或者被其他事物改变吗？"

"必然如此。"

"但是最优秀的事物最不容易被替代或改变，不是吗？比如，最健康、最强壮的身体最不容易被饮食和劳累所改变吗，或者最健康、最强壮的植物最不容易被太阳、风，等等所改变吗？"

【381】"当然。"

"最勇敢、最理性的灵魂最不容易被干扰或者被任何外部情感所改变吗？"

"是的。"

"对所有人造的器物，家具、房屋、衣服，做同样的解释也是对的。好的和制作得好的器物最不容易受时间或其他因素的影响。"

"没错。"

【b】"所以，任何处于良好状态下的东西，无论是依据它的本性，还是依据制造它的技艺，或是依据二者，最不容易被其他任何事物改变。"

"看起来是这样的。"

"嗯，神和属于他的一切在各方面都是处于最佳状态。"

"它怎么能够不是呢?"

"那么神最不可能有许多形象。"

"确实。"

"那么它会改变或替换它自己吗?"

"显然会，因为诗人说过，'若它自我改变的话'?"①

"它会把自己变得更好更美，还是变得更坏更丑?"

【c】"如果它改变了，那么它一定变坏了，因为我们肯定不会说神在美或德性方面有缺陷。"

"你说得对极了。你认为，阿狄曼图，无论是神还是凡人，有谁会故意以某种方式使它自己变坏?"

"不，这是不可能的。"

"那么，众神想要改变它们自己是不可能的吗? 因为它们是尽善尽美的，它们始终如一，无条件地保持它自己的形象。"

"在我看来这似乎是必然的。"

【d】"那么，别让诗人告诉我们普洛托斯②或忒提斯③的事，或者说'众神常常幻化成各种外乡来客，装扮成各种模样，巡游我们的城邦。'④他们也一定不能在悲剧和其他诗歌里说赫拉以女祭司的形象出现，'为阿耳戈斯人⑤的河流伊那科斯⑥的生命赋予的儿子们'⑦收集祭品，也不能告诉我们诸如此类的故事。母亲们也一定不要相信这些坏故事，【e】说什么诸神在夜里游荡，假扮成远方来的异客，用这些故事吓

---

① 荷马:《奥德赛》17:485—486。

② 普洛托斯 (Πρωτεὺς)，海神波塞冬和忒提斯之子，变幻无常。

③ 忒提斯 (Θέτις)，海神。

④ 荷马:《奥德赛》17:485 以下。

⑤ 阿耳戈斯人 (Ἀργεῖοι)，族名，远古希腊人的一支。

⑥ 伊那科斯 (Ἰνάχος)，河流与河神名，海神忒提斯之子。

⑦ 埃斯库罗斯:《克珊西亚》，残篇 159。

唬她们的孩子。这样的故事亵渎众神，同时还把孩子变得更加胆小。"

"一定不能给他们讲这样的故事。"

"但是，尽管众神不能被改变，但它们能使我们相信它们以各种形式显现，通过巫术来欺骗我们吗？"

"也许。"

"什么？【382】神愿意在言论或者行动方面通过呈现幻象而是假的吗？"

"我不知道。"

"你不知道一种'真的'虚假，如果可以这样叫它的话，是众神和凡人都憎恶的吗？"

"你这是什么意思？"

"我的意思是，无人愿意就最重要的事情把虚假的事情告诉他自己的最重要的部分，而在所有地方，他最担心在那里拥有虚假的东西。"

"我还是不懂。"

【b】"这是因为你认为我说的话有什么深意。其实我的意思只是说，灵魂受到欺骗而对真相一无所知，并在灵魂中一直保留着假象，这是任何人都最不愿意接受的，也是最深恶痛绝的。"

"没错。"

"如我刚才所说，把这种状况叫做真的虚假肯定是完全正确的——人的无知的灵魂被告知虚假的事情。言辞中的虚假是灵魂中的这种情感的一个摹本，是后来产生的一个形象，而不是纯粹的虚假。【c】不是这样吗？"

"当然是这样的。"

"这个真的虚假的东西不仅为众神所痛恨，而且也为凡人所厌恶。"

"在我看来似乎是这样的。"

"言辞中的虚假是怎么回事？在什么时候和对谁，它是有用的，而不至于被人厌恶？我们不是可以用它来对付敌人吗？如果那些被我们称为朋友的人中间有人疯了，或者愚蠢地想要做坏事，那么谎言作为一种用来对抗他们的邪恶的药物不就有用了吗？【d】在我们刚才谈论的那些故事中，它也是有用的，我们讲这些故事，因为我们不知道这些与众神有关的古代事情的真相。我们通过把虚假的事情尽可能说得跟真的一样，我们不就使它有用了吗？"

"我们确实在这样做。"

"那么在这些方式中以哪一种方式，虚假对神有用？神会由于对这些古代事情的无知而造出虚假的相似来吗？"

"这样想是荒唐的。"

"所以在神那里没有造假的诗人的任何东西。"

"在我看来没有。"

"那么，由于害怕它的敌人，它会是虚假的吗？"

【e】"绝对不会。"

"那么由于它的家庭或朋友的无知或疯狂呢？"

"无知者和疯子没有一个是众神的朋友。"

"那么，神没有讲假话的理由吗？"

"没有。"

"因此，精灵和神在各方面都和虚假无缘。"

"完全无缘。"

"所以，神在言行方面是单一的和真实的。它不会改变自己，也不会用形象、言辞、符号来欺骗他人，无论是发征兆还是托梦。"

【383】"听你这样一说，我自己也这样想。"

"所以，你同意这是我们讲述或创作有关众神的言论和诗歌的第二条标准：它们不是能变形的巫师，也不会用虚假的言行误导我们。"

"我同意。"

"所以，尽管我们赞美荷马的许多事情，但我们不会赞同说宙斯托梦给阿伽门农①，也不会赞同埃斯库罗斯让忒提斯说阿波罗②在她的婚礼

---

① 阿伽门农（Αγαμέμνον），特洛伊战争时的希腊联军统帅。宙斯托梦给阿伽门农，许诺他攻打特洛伊能很快取得成功。但这个许诺没有应验。参阅荷马：《伊利亚特》2：1—34。

② 阿波罗（Απολλον），希腊太阳神。

上唱了预言,【b】'我的子女们将会拥有好运,他们终生没有疾病,众神的友谊会给我带来所有赐福,我希望福玻斯①的神口不会说出谎言,他生来拥有预言的技艺。这位与我们同桌共宴的神向我们许诺一切,然而杀害我儿子的就是他自己。'②无论谁对神说出这种话来,我们都要对他表示愤怒,【c】拒绝给他合唱队,③不允许用他的诗歌教育年轻人,这样的话,我们的护卫者会成为敬畏神明的人,成为尽可能像神的人。"

"我完全接受这些标准,"他说,"我会把它们当作法律来实行。"

---

① 福玻斯(Φοίβους),太阳神阿波罗的别名。

② 埃斯库罗斯:《残篇》350。

③ 诗人在参加戏剧竞赛时要向执政官申请合唱队。参阅柏拉图:《法篇》817d。

第 三 卷

【386】"那么，我说，这些类型的有关众神的故事，就是我认为将来的护卫者从小就应当听的和不应当听的，如果要使他们敬神明、孝父母、重视朋友间的友谊。"

"我肯定我们这样说是对的，不管怎么说。"

"如果他们也应当是勇敢的，那该怎么办？不应当给他们讲那些使他们一点儿也不害怕死亡的故事吗？或者说，【b】你认为心里充满这种恐惧的人能变得勇敢吗？"

"不能，我肯定不这么看。"

"要是有人相信地狱①里充满恐怖，他能不害怕死亡、宁死也不当俘虏或者奴隶吗？"

"绝无可能。"

"那么我们必须监管这样的故事和讲这种故事的人，要求他们不要信口雌黄，把地狱里的生活说得一无是处，而要赞美它，因为他们现在讲的内容既不是真的，【c】又对未来的武士无益。"

"我们必须这样做。"

"那么，从下面这几行诗开始，我们要把同类诗句全都删去，'纵然他无祖传地产，家财微薄难以度日，我宁愿受雇于他，为他耕种田地，也不想做大王去统治所有亡故者的灵魂。'②还有，'免得在天神和凡人面前暴露他的居所，【d】那可怕、死气沉沉、神明都憎恶的去处。'③还

① 哈得斯（Ἅιδης），地狱、冥府，亦为希腊冥王之名。
② 荷马：《奥德赛》11：489以下。奥德修斯魂游地府，看见阿喀琉斯的鬼魂，劝慰他，说他死后还是英雄，而阿喀琉斯则说了好死不如赖活的想法。
③ 荷马：《伊利亚特》20：64。特洛伊战争时，诸神分为两派参加战争，以致地动山摇，吓坏了冥王哈得斯，他担心地面震裂，让凡人和诸神看见阴间的恐怖情景。

有，'啊，可见哈得斯的住处虽有游魂幻影，只是已无理智。'①【e】还有，只有提瑞西亚②的灵魂'仍保持智慧，能够思考，其他人则成为飘忽的魂影。'③还有，'灵魂离开了他的肢体，前往哈得斯，哀伤命运的悲苦，丢下了青春和勇气。'④【387】还有，'那灵魂悲泣着去到地下，有如一团烟雾。'⑤还有，'有如成群的蝙蝠在空旷的洞穴深处啾啾飞翔，当其中一只离开岩壁，脱离串链，其他的立即纷乱地飞起，众魂灵也这样啾啾随行。'⑥【b】如果删去诸如此类的段落，我们要请荷马和其他诗人不要生气。这样做并不是它们不是诗，不为人们喜闻乐见，而是因为它们越是好诗，就越不适合儿童听，或者不适合那些宁死也要自由，不愿当奴隶的人听。"

"确实如此。"

"用于地下世界的那些恐怖的名称必须禁止，比如把考西图斯⑦河说成是可怕的，【c】把斯提克斯⑧河说成是可憎的，把冥河水说成是极为可恨的，还有阴间地府里的鬼魂，等等，这些名称会使听到它们的每个人毛骨悚然。这些名称用到别处也许很好，但是我们担心我们的护卫者会被这种恐惧变得软弱和敏感。"

"我们的担心是有道理的。"

"那么这样的段落也应当剔除吗？"

---

① 荷马：《伊利亚特》23：103。阿喀琉斯梦见好友帕特洛克罗的鬼魂，想去拥抱他。但鬼魂的阴影避开了。于是阿喀琉斯发出感叹。

② 提瑞西亚（Τειρεσίαν），底比斯的盲预言者。冥后珀耳塞福涅在他死后让他保持着先知的智慧。

③ 荷马：《奥德赛》10：495。

④ 荷马：《伊利亚特》16：856。此处描写英雄帕特洛克罗之死。

⑤ 荷马：《伊利亚特》23：100。阿喀琉斯梦见帕特洛克罗的鬼魂像一阵烟似的消失。

⑥ 荷马：《奥德赛》24：6以下。求婚子弟被奥德修斯杀死，此处描写他们的鬼魂下地府时的情景。

⑦ 考西图斯（Κωκυτός），地狱中的河流。

⑧ 斯提克斯（Στύξ），地狱中的河流。

"是的。"

"诗人在讲和写的时候必须采用与此相反的类型吗？"

"这很清楚。"

【d】"我们也必须删去那些名人嚎啕大哭和悲恸的情节吗？"

"我们必须这样做，如果我们前面说的是强制性的。"

"请再考虑一下要不要把这样的情节删去。我们肯定会说，高尚的人不认为死亡对勇敢承受痛苦的人来说是一件可怕的事情——哪怕这个承受痛苦的人正好是他的朋友。"

"我们确实会这么说。"

"那么他不会为他朋友的死亡感到悲伤，就好像对那些遭受噩运的人。"

"肯定不会。"

"我们还说一个高尚的人在生活中最能自给自足、【e】有求于他人的地方最少。"

"对。"

"那么对他来说，失去儿子、兄弟、钱财，或其他诸如此类的东西，也比其他人不那么可怕。"

"没什么可怕的。"

"那么噩运降临的时候，他最不会悲伤，而会泰然处之。"

"当然。"

"所以，我们应当删除那些为名人写下的挽歌，把它们留给女子(甚至也不要留给优秀的女子）和胆怯的男子，【388】我们说，这样的话，我们正在培养的保卫城邦的人会厌恶这种行为。"

"这样做是对的。"

"还有，我们要求荷马以及其他诗人不要把女神之子阿喀琉斯①描绘成这个样子，'时而侧卧，时而仰卧，时而俯伏'②，'最后他站起来，

---

① 阿喀琉斯（Αχίλλειος），特洛伊战争中希腊联军主将。

② 荷马：《伊利亚特》24：10 以下。此处描写阿喀琉斯思念亡友帕特洛克罗时的情景。

走到海边，在那里徘徊，心神错乱'①；【b】不要把他说成两手抓起乌黑的泥土，泼撒在自己头上，还说他长号大哭，呜咽涕泣，就像荷马说的那样。也不要把众神的近亲普利亚姆②说成趴在污泥中，'向大家急切地恳求，喊每个人的姓名。'③我们甚至更加急迫地要求诗人们不要说众神嚎啕大哭，【c】'啊，我好命苦啊，忍痛生育了这个最勇敢的儿子。'④如果他们让众神做了这样的事情，他们至少不应当把众神说得毫无庄严的气派，让他们唉声叹气地说，'哎呀，我们宠爱的人被追赶，沿特洛伊城墙落荒奔逃，目睹此情景我心伤悲。'⑤或者说，'可怜哪，命定我最亲近的萨耳珀冬⑥【d】将被墨诺提俄斯⑦的儿子帕特洛克罗⑧杀死。'⑨倘若我们的年轻人，阿狄曼图，听到这样的故事不以为耻，不感到可笑，那么他们也不会认为这样的行为根本配不上像他们这样的人，或者当不幸降临的时候会斥责他们自己有这样的言行。正好相反，他们既不感到可耻，也不克制悲伤，而是为了一点小事就怨天尤人，哀痛呻吟。"

【e】"你说得完全正确。"

"所以，如这个论证所证明的那样——我们一定要继续用这个论证来进行劝说，直到有人提出更好的论证——他们一定不能有这样的言行。"

"没错，他们一定不要这样做。"

"还有，他们也一定不要放声大笑，因为任何人放声大笑容易使情

---

① 荷马：《伊利亚特》24：12 以下。

② 普利亚姆（Πρίαμος），特洛伊城邦国王，宙斯之子。

③ 荷马：《伊利亚特》22：414 以下。特洛伊国王普利亚姆见儿子赫克托耳的尸体遭到凌辱，悲痛欲绝，要大家放他出城去赎回赫克托耳的尸体。

④ 荷马：《伊利亚特》18：54。这是阿喀琉斯之母，女神忒提斯的话。

⑤ 荷马：《伊利亚特》22：168。这是主神宙斯所说关于赫克托耳的话。

⑥ 萨耳珀冬（Σαρπηδόν），吕底亚国王，特洛伊战争期间特洛伊一方的盟友。

⑦ 墨诺提俄斯（Μενοιτιύς），帕特洛克罗之父。

⑧ 帕特洛克罗（Πατρόκλος），阿喀琉斯的好友。

⑨ 荷马：《伊利亚特》16：433 以下。

绪变得非常激动。”

“我相信是这样的。”

“所以，要是有人把那些高尚的人写成捧腹大笑，不能自制，那么我们不会赞同，要是把众神说成这个样子，【389】我们就更不会赞同了。”

“更加不会。”

“所以，我们不会赞同荷马关于众神的这样一些说法：‘那些永乐的天神看见赫淮斯托斯在宫廷里忙忙碌碌，个个大笑不停。’①按照你的论证，这样的说法必须排斥。”

【b】“如果你想要把它说成是我的论证，那随你的便，反正这样的说法是一定要拒斥的。”

“还有，我们也必须关注真相，如果我们刚才说的没错，虚假尽管对众神毫无用处，但对凡人还是有用的，可以当作一种药物来使用，那么我们显然只能允许医生使用它，而公民个人是不能使用的。”

“这很清楚。”

“那么，如果说有谁可以为了城邦之善而使用虚假，用撒谎来对付敌人或者公民，【c】那么这个人就是统治者。而其他人一定不能撒谎，因为公民个人对统治者撒谎，就像病人或运动员对医生和教练撒谎，不把他的身体的真实情况告诉他们，或者就像水手对船老大撒谎，不把他本人或船的情况，以及其他水手的情况，告诉船老大——这确实是一桩大罪，超过那些错误。”

“你说得完全正确。”

【d】“如果统治者在城邦里发现其他人撒谎——‘无论是匠人，还是预言者、治病的医生、造长枪的’②——就要惩罚此人，因为他引进的这种行为足以毁灭城邦，就像毁损和颠覆船只。”

---

① 荷马：《伊利亚特》1：599。诸神见赫淮斯托斯拐着瘸腿来往奔忙，给众神斟酒，滑稽可笑。

② 荷马：《奥德赛》17：383—384。

"他会的，如果他言行一致。"

"有关节制如何？我们的年轻人不也需要节制吗？"

"当然。"

"对于大多数民众来说，这些不就是节制的最重要方面吗，【e】也就是服从统治者和控制他们自身的饮食快乐和性欲？"

"我也这样想。"

"所以我们会说荷马诗歌里的狄奥墨德① 的这些话说得很好：'朋友，坐下来，别吭声，请听我的忠告。'② 接下去还有'这些阿该亚人③ 默默地行进，他们保持缄默是因为惧怕他们的长官'④，以及其他类似的段落。"

"这些话说得很好。"

"但是你看这行诗如何？'你喝醉了，头上生狗眼，身上长鹿心'⑤，【390】还有后面紧接着的那几行——或者其他诗歌和散文中描写的公民个人无礼犯上的言行——也说得很好吗？"

"不，说得很不好。"

"我认为这些事情不宜讲给年轻人听——无论如何不能，如果想要使他们节制。尽管我们对此不必感到惊讶，因为他们以其他方式取乐已经足够快乐了。你是怎么想的？"

"我的想法和你一样。"

"再来看究竟是什么让这位最能干的人说出这样的话来，他说这种事情是人间最美好的事情，'餐桌上摆满了各式食品肴馔，【b】司酒把调好的蜜酒从调缸里舀出，给各人的酒杯一一斟满。'⑥ 你认为，这样的事情能使年轻人自我节制吗？还有，其他众神俱已进入梦乡，宙斯性

① 狄奥墨德（Διομήδης），特洛伊战争中的希腊将领。

② 荷马：《伊利亚特》4：412。

③ 阿该亚人（Αχαιοι），希腊族名。

④ 荷马：《伊利亚特》3：8，4：431。

⑤ 荷马：《伊利亚特》1：225。这是阿喀琉斯辱骂阿伽门农的话。

⑥ 荷马：《奥德赛》9：8以下。

欲炽烈，辗转反侧，因此将一切谋划顷刻忘怀，【c】他瞥见赫拉浓妆艳抹，就迫不及待地与之露天交合，还对她说，此次交合胜过'瞒着他们父母的'初次幽会。① 你对这种事会怎么看？还有，赫淮斯托斯用铁链捆绑通奸的阿瑞斯② 和阿佛洛狄忒③——这也是性欲带来的后果吗？"

"不，宙斯在上，在我看来这些事情没有一件适合讲给年轻人听。"

【d】"另一方面，如果名人在面对一切时表现得坚韧不拔，那么他们的言行又必须让年轻人看和听。比如，他捶胸叩心对自己说：'忍耐一下，我的心，你忍受过比这更加可耻的事情'。④"

"他们必须这样做。"

"嗯，我们一定不允许我们的人喜爱金钱或者接受贿赂。"

【e】"肯定不能。"

"那么诗人一定不要对他们朗诵这样的诗句，'金钱能通鬼神，金钱能劝君王。'⑤ 也不能对他们说这样的事情，阿喀琉斯的谋士福尼克斯⑥ 教唆阿喀琉斯，要他拿到阿该亚人的钱以后再去保卫他们，否则决不释怒。⑦ 我们也不能认为这样的事情配得上高贵的阿喀琉斯本人。我们也不会同意他是这样一个喜爱金钱的人，乃至于会接受阿伽门农的馈赠，⑧ 或者要在收到赎金以后才放还赫克托耳⑨ 的尸体，【391】否则不予归还。"⑩

"赞扬这样的事情肯定是不对的。"

---

① 荷马：《伊利亚特》14：294 以下。
② 阿瑞斯（Ἄρης），希腊战神。
③ 阿佛洛狄忒（Ἀφροδίτη），希腊美神。
④ 荷马：《奥德赛》20：17 以下。
⑤ 出处不详，参阅欧里庇得斯：《美狄亚》964。
⑥ 福尼克斯（Φοίνικος），人名。
⑦ 荷马：《伊利亚特》9：515。
⑧ 荷马：《伊利亚特》19：278。
⑨ 赫克托耳（Ἕκτωρ），特洛伊战将，为阿喀琉斯所杀。
⑩ 荷马：《伊利亚特》24：502 以下。

"确实，只是出于敬重荷马，"我犹豫不决地说，"把阿喀琉斯说成会做这样的事情是不虔诚的，我也不相信其他人会说这种话。还有，让阿喀琉斯对阿波罗神说出这样的话，'敏捷的射手，最凶恶的神，你阻拦了我，我若双手有力，必将对你重责。'①【b】还有，说阿喀琉斯不服从这条河——一位神——打算与他打斗；还有，他剪发一绺，向另一位河神斯佩凯乌斯②献祭，'以便让已死的帕特洛克罗把这绺头发带走。'③我们一定不能相信阿喀琉斯做过这些事。至于拖着赫克托耳的尸首绕着帕特洛克罗的坟墓疾走，把俘虏杀死放在自己朋友的火葬堆上，这些事情都不是真的。所以我们要加以否认。【c】我们不允许我们的年轻人相信，由一位女神和珀琉斯④（珀琉斯素以节制闻名，且是主神宙斯之孙）所生，且由最富有智慧的喀戎⑤扶养成人的阿喀琉斯，内心竟然如此充满骚动，他的灵魂有两种毛病：一方面由于爱财而变得极为贪婪，另一方面对众神和凡人极端傲慢。"

"没错。"

"我们一定不要相信这样的事情，也不允许有人说波塞冬之子忒修斯⑥和宙斯之子庇里托俄斯⑦骇人听闻地抢劫妇女，【d】或者说其他任何英雄和神的儿子有这些可怕的、不虔诚的行为，因为把这些事情说成是他们做的是假的。我们要强迫诗人，要么否认英雄做过这些事情，

---

① 荷马：《伊利亚特》22：15。

② 斯佩凯乌斯（Σπερχειους），河神。

③ 荷马：《伊利亚特》23：151。阿喀琉斯之父曾向河神许愿，如果阿喀琉斯能平安地从特洛伊回到家乡，就把阿喀琉斯的一绺长发和五十头羊作为祭品献给河神。阿喀琉斯知道自己命中注定要死在特洛伊，回不去了，所以忿怒地把长发剪下献给亡友。

④ 珀琉斯（Πηλέως），埃阿科斯之子，与女神忒提斯生阿喀琉斯。

⑤ 喀戎（Χείρωνος），克洛诺斯之子，教导过许多英雄。

⑥ 忒修斯（Θησεύς），希腊英雄，雅典国王埃勾斯之子。

⑦ 庇里托俄斯（Πειρίθους），据说曾帮助忒修斯抢劫美女海伦，还曾试图诱拐冥后珀耳塞福涅。

要么否认他们是众神的后裔。他们一定不能既说英雄做过这些事，又说他们是众神的子孙，或者试图说服我们的年轻人相信众神带来邪恶，或者相信英雄并不比凡人要好。如我们前面所说，【e】这种话既不虔诚，又是虚假的，因为我们已经证明众神不可能产生坏事物。"①

"当然。"

"还有，这些故事对听众来说是有害的，因为要是相信现在和过去都有这种事情，那么在作恶的时候，每个人都会原谅自己。诗云：'众神的后裔，宙斯的近亲，巍巍伊达②山巅，矗立着他的祭坛，他们不乏神灵的血缘。'③ 由于这个原因，我们必须禁止这些故事，以免【392】在青年心中引发作恶的念头。"

"绝对应当这么做。"

"嗯，还有一类故事的内容我们还没有讨论到吗？迄今为止，我们已经说了一个人应当如何谈论众神、英雄、精灵，以及冥府里的事情。"

"我们已经说过了。"

"那么剩下来还没说的就是如何对待那些有关凡人的故事，不是吗？"

"显然如此。"

"但我们目前还不能处理此事。"

"为什么不能？"

"因为我想我们要说，在人的最要紧的事情上，诗人和散文作家对我们说的看法是不好的。【b】他们说许多不正义的人是幸福的，而许多正义的人是可悲的，不正义的行为只要不被发觉就是有利的，正义是他人的善，是自己的损失。我想我们要禁止这些故事，命令诗人创作和吟诵相反类型的故事。你不这么认为吗？"

"我是这么想的。"

---

① 参阅本篇 380d 以下。

② 伊达（Ἰδαίους），山名。

③ 埃斯库罗斯：《尼俄珀》残篇 146。

"如果你同意我说的对，那么我难道不能回答你说，你已经同意我们整个讨论中的那个要点了吗？"

"你这样回答我，没错。"

"所以，仅当我们发现正义是哪一类事物、【c】正义如何以其本性有益于拥有正义的人，无论他被相信为是正义的还是不正义的，我们才会就关于人应当讲什么故事达成一致意见。"

"非常正确。"

"有关故事内容的讨论，其结论我们就讲到这里。现在，我想，我们应当考虑它们的文风，因为我们既要充分考察应当说什么，又要充分考察怎么说。"

"我不懂你这样说是什么意思。"阿狄曼图答道。

【d】"你必须搞明白，"我说。"要是我换个说法，你也许就明白了。诗人和讲故事的人所说的一切不都是在叙述过去、现在或将来的事情吗？"

"还能是别的什么吗？"

"这些叙述仅仅是叙述，还是摹仿，还是二者兼有？"

"关于这一点我也想请你说得更加明白一些。"

"我真像一名可笑而又晦涩的教师。所以，就像那些不会讲话的人，我不会尝试从整体上把握这件事，而会只取其中的一部分，以它为例来说清楚我想说什么。【e】告诉我，你知道吗，在《伊利亚特》开头诗人告诉我们，克律塞斯①恳求阿伽门农释放他的女儿，而阿伽门农严厉拒绝了他的要求，他的请求失败了，于是他就诉求众神反对阿该亚人？"

"我知道。"

【393】"那么你也知道这几行诗：'他恳求全体阿该亚人，特别向阿特柔斯的两个儿子、士兵们的统帅'②，讲话者是其他人而不是他自己。然而，在此之后，【b】他就以克律塞斯的口吻说话，尽可能使我们认

---

① 克律塞斯（Χρύσης），祭司。

② 荷马：《伊利亚特》1：15以下。阿特柔斯的两个儿子指阿伽门农和墨涅拉俄斯。

为讲话者不是荷马，而是这位祭司本人——一位老人。他以这种方式
进行了很好的创作，讲述了发生在特洛伊和伊塔卡①的事情，以及整部
《奥德赛》。"

"没错。"

"嗯，他的对白和对白之间的那些话不都是叙述性的吗？"

"当然。"

【c】"但是当他以其他人的口吻讲话时，我们不会说他创造了他自
己的文风，尽可能使他自己与那个人相似吗？"

"我们肯定会这样说。"

"嗯，使自己的音容笑貌像另外一个人，就是在模仿他扮演的那
个人。"

"确实。"

"所以，在这些段落中，他和其他诗人好像是通过模仿来叙述的。"

"没错。"

"但若诗人处处出现，从不隐藏自己，那么他完成整个诗篇和叙述
就用不着模仿了。【d】为了使你不再说'我不懂'，让我来告诉你这种
办法何以可能。如果荷马说克律塞斯带着赎金要赎回女儿，向阿该亚
人，特别是向两位大王祈求，然后一直以这种口吻讲下去，不用克律塞
斯的口吻，那么他仍旧是荷马，没有模仿而只有纯粹、简单的叙述。它
大体上会是这个样子的——我无法用韵文来说，因为我不是诗人：'那
个祭司来了，向众神祷告，【e】请神明保佑阿该亚人夺取特洛伊城以后
平安返回家乡，但是阿该亚人应当接受他的赎金，释放他的女儿。出于
对神明的敬畏，听他祈祷以后，其他阿该亚人都同意了他的请求，但是
阿伽门农勃然大怒，要祭司离开，不准再来，否则他的祭司节杖和花冠
都保不了他。阿伽门农说祭司的女儿要和他在一起生活，在阿耳戈斯城
终老。他命令祭司，要想平安回去【394】那就趁早离开，不要让他恼
怒。听了这番恐吓的话，老祭司在沉默中离去。等到离了营帐，老祭司

---

① 伊塔卡（Ιθακα），地名。

呼唤阿波罗神的许多名号，求神回忆过去他怎样厚待神明、怎样建庙献祭、供品多么丰盛。他请求神明给予回报，让阿该亚人受到应有的惩罚，以弥补他所掉下的眼泪。'【b】这就是没有模仿的简单叙述。"

"我明白了。"

"那么你也明白，当对白之间的话一概省略，只留下对白，就产生了相反的文体。"

"这个我也懂，写悲剧就是这样的。"

【c】"这一点绝对正确。现在我想我能够说清楚我在前面说不清楚的事情了。有一种诗歌或讲故事只用模仿——悲剧和喜剧，如你所说。另一种由诗人本人只用叙述——在大部分抒情诗里你可以发现这种文体。第三种既用叙述又用模仿——就像在史诗以及其他许多地方，如果你跟得上我的话。"

"我现在明白你想说什么了。"

"你也要记住，我们前面说过我们已经处理了讲故事必须讲些'什么'，但是还没有考察应该'怎么讲'。"

"是的，我记得。"

【d】"嗯，我的意思，更加准确地说，是这样的：是否允许诗人通过模仿进行叙述，我们需要就此达成一致意见，如果是的话，是否有些事物允许模仿，有些事物不允许模仿——这些事物是什么，或者说它们根本无法模仿。"

"我预感到你在考虑是否允许悲剧和喜剧进入我们的城邦。"

"也许是，也许比这意义更加重大，因为我自己也还不太清楚，但不管怎样，我们的论证无论在什么地方遇到障碍，这正是我们要去的地方。"

"你说得好。"

【e】"那么，请考虑，阿狄曼图，我们的护卫者是否应当是模仿者。或者说这一点可以从我们前面的陈述推论出来，一个人在一个行业里能做好工作，在多个行业里做不好工作，如果他采用后一种做法，什么都干，那么他在任何行业里都不能出人头地，对吗？"

"他确实会这样。"

"那么，同样的道理用于模仿也是对的——一个人模仿多样事物不能像模仿一样事物做得那么好吗？"

"是的，他不能。"

【395】"所以，他在当一名模仿者、同时模仿许多事情的时候，几乎不可能追求任何有价值的生活方式。哪怕是在两种被认为非常接近的模仿的情况下，比如悲剧和喜剧，同一个人不能够同时把两件事情都做得很好。你刚才不是说它们都是模仿吗？"

"我说过，你说得很对，同一个人不能同时做两件事情。"

"他们也不能既是朗诵者又是演员吗？"

"不能。"

"确实，哪怕是同一个演员，也不能既演悲剧，又演喜剧。【b】然而，这些不都是模仿吗？"

"他们是的。"

"在我看来，阿狄曼图，人性被分割得甚至比这些事情更细微，所以它既不能很好地模仿许多事物，也不能做好这些事情，就此而言，这些模仿是相似的。"

"绝对正确。"

"那么，要是我们坚持我们最初的论证，我们的护卫者必须远离其他所有技艺，成为保卫这个城邦的自由的匠人，【c】集中精力，不做与此无关的事情，他们一定不要去参与或模仿其他任何事情。如果他们要模仿，那也必须从小模仿适合他们的事物，亦即那些勇敢、节制、虔诚、自由的人，模仿他们的行为。他们一定不要做一名能干的奴才，或者模仿可耻的事情，免得由于模仿这些事情，到头来真的变成这样的人。【d】或者说，要是从年轻时就开始不断地模仿，就会成为本性的一部分，养成姿势、声音和思想方面的习惯，你没有注意到吗？"

"我确实已经注意到了。"

"所以，我们不允许那些受到我们的关心、指望他们成为好人的人去模仿女人，无论年老还是年幼，与丈夫争吵，亵渎上苍，狂妄自大，得意忘形，或者一旦遭遇不幸，【e】便悲伤哭泣，更不要说去模仿处在病中、恋爱中或分娩中的女人了。"

"绝对正确。"

"他们也一定不要模仿奴才，无论是男是女，去做奴才做的事。"

"对，他们一定不要这样做。"

"他们好像也一定不能在言行举止方面用各种方式模仿坏人，这些人是胆小鬼，做的事与我们刚才讲的正好相反，亦即吵架、互相挖苦，喝醉了就胡说八道，【396】清醒时也还要骂人，糟践他们自己，也糟践其他人。他们的言行一定不要养成疯子般的恶习，这是因为，既然已经知道什么是男男女女的疯子和恶人，他们就一定不要去做这种事，也不要模仿这种人。"

"绝对正确。"

"他们应当模仿铁匠或其他匠人、【b】战船的划桨手或他们的指挥，或者其他与船有关的事情吗？"

"这怎么可能，因为他们一点儿也不关心这样的职业？"

"嗯，这些事情如何？他们要模仿马嘶牛哞、大河咆哮、海浪呼啸、雷声隆隆这类事情吗？"

"我们要禁止他们发疯或者模仿疯子。"

"如果我理解了你的意思，你是说有一种风格和措辞，真正有教养的人会使用它，当他想要讲述某件事情的时候，另一种风格和这一种不一样，在品性和教育方面与有教养的人相反的人会偏爱这种风格和措辞，【c】他会用这种风格和措辞来讲述事情。"

"这两种风格究竟是什么？"

"嗯，我想，当一个有节制的人在他的讲述中涉及一个好人的言行时，他会愿意讲述它们，就好像他自己就是这个好人，也不会由于进行这种模仿而感到羞耻。他会尽力模仿这个好人的正确行为和处于理智状态下的言论，【d】而不太会或者很犹豫模仿他遭遇患病、情欲、酗酒或其他不幸时的言行。然而，要是涉及一些品行不那么高尚的人，他就不太愿意使他自己很像这种人——除非他们在短期内正好做了某些好事。或者倒不如说，他在进行这种模仿时会感到不好意思，【e】既由于他不习惯模仿这种人，也由于他不能按照这种较差类型的品性来塑造自己。他打心底里瞧不起这种人，除非他的模仿只是为了娱乐。"

"好像是这样的。"

"所以他会使用我们刚才处理荷马史诗时所讲的那种叙述。他的风格既有模仿又有另一种叙述，但在一个很长的故事中只有很少一点儿模仿，是吗？或者，我这样说没什么意思？"

"你准确地说出了这样一位讲话人必定如何使用这种类型。"

【397】"至于不属于这种讲话人的其他人，他自己的品性越低劣，他就越愿意什么都说，并且认为无所谓卑鄙下流。其结果，他会在大庭广众之下一本正经地模仿我们刚才提到过的那些事情——雷鸣、风声、冰雹、车轴、滑轮、喇叭、长笛、【b】以及其他各种乐器，甚至还有狗吠、羊叫和鸟鸣。这个人的讲话风格完全依赖声音和姿势的模仿，或者只包括很少一点儿叙述。"

"这一点也可以确定。"

"那么，这就是我说的两种风格。"

"是有这两种。"

"这些风格中的第一种涉及的变化很少，所以若是某人提供了与之相应的声调和节奏，那么这个讲话的人不是也能很好地正确保持这种声调和节奏，【c】只有少许变化吗？"

"他要做的事情就是这样。"

"另一种风格如何？若要言谈恰当，它不也需要对立的东西，亦即所有声调和节奏吗，因为它也包含着各种类型的变化？"

"完全正确。"

"所有诗人和讲话者都要采用这种或那种类型的风格，或者把两种类型结合起来吗？"

"必定如此。"

【d】"那么我们该怎么办？我们应当把它们全都接纳到我们的城邦里来，还是只接受某种不混合的类型，或接受这种混合的类型？"

"要是我的意见能占上风，我们只接纳对高尚者的纯粹模仿。"

"然而，阿狄曼图，混合类型是大家所喜欢的。确实，这种类型迄今为止最讨孩子们、孩子们的老师、大众的喜欢。"

"是的，这种类型最讨人喜欢。"

"但也许你不认为它适合我们的体制，因为在我们的城邦里没有人同时做两件事或许多事，【e】因为每个人只做一样工作。"

"确实，它不合适。"

"不就是由于这个原因，在我们的城邦里，我们会发现鞋匠就是鞋匠，不会在做鞋匠之余还要做船老大，农夫就是农夫，不会在做农夫之余还要做陪审员，士兵就是士兵，不会在做士兵之余还要挣钱，以此类推，是吗?"

"对。"

"那么看起来，要是一个人经过训练，能够变成其他人，能够模仿任何事情，【398】这样的人要是光临我们的城邦，想要表演他的诗歌，我们应当为之倾倒，惊为神人，欢欣鼓舞，但是我们应当告诉他，在我们的城邦里没有一个人像他那样，法律也不允许。我们会在他头上涂香油，缠羊毛，把他送到其他城邦去。至于我们，为了我们自己的善，【b】我们要任用比较严肃和正派的诗人或讲故事的人，当我们开始教育我们的士兵时，他们会模仿高尚者的言辞，按照我们的规定来讲故事。

"如果事情由我们来决定，我们肯定要这样做。

"到此为止，我们好像已经完成了有关音乐和涉及讲话和讲故事的诗歌的讨论，因为我们既讲了应该讲什么，又讲了应该怎样讲。

"我同意。

【c】"那么我们下面不是该讨论抒情诗和歌曲了?"

"显然应该。

"讲到现在，与我们前面已经说的相一致，还有哪些人看不出有关抒情诗和歌曲我们将说些什么吗?"

格老孔笑着说："苏格拉底，我担心你说的'哪些人'包括我在内，因为此刻我对我们将要说些什么并无很好的见解。当然，我有我的疑虑。

"不管怎么说，首先，你知道构成歌曲的三个要素——【d】歌词、曲调和节奏。

"是的，我知道这一点。

"那么就歌词而言，唱出来和不唱出来都没什么区别，所以它们不是都必须以同样的方式与我们刚才确定的类型相吻合吗？"

"它们必须吻合。

"还有，曲调和节奏必须适合歌词。

"当然。

"但我们说过，我们不再需要哀婉和悲伤的词句。

"我们确实不需要。

【e】"那么，什么是挽歌式的曲调呢？告诉我，因为你是个音乐家。

"就是混合式的吕底亚①调、合成式的吕底亚调，以及其他诸如此类的曲调。

"那么，它们不是应当被排除吗？它们甚至对体面的妇女尚且无用，更不要说对男子汉了。

"确实如此。

"酗酒、软弱和懒惰对我们的护卫者来说也是最不适宜的。

"它们怎么能适宜呢？"

"那么，适宜宴饮的柔软曲调是什么呢？"

"据说伊奥尼亚②调和那些吕底亚调是最松弛的。"

【399】"你会用它们来使人成为勇士吗？"

"绝对不会。不过你好像忘了多利亚③调和弗里基亚④调了。

"我完全不懂曲调。把这样一种曲调留给我吧，它适宜模仿勇敢者的言行，他们在战争中或在其他剧烈的斗争中冲锋陷阵，奋不顾身，履险如夷，【b】视死如归，他们在各种情况下都会坚韧不拔和自我节制，

---

① 吕底亚（λυδιστί），地名。

② 伊奥尼亚（Ἰόνια），地名。

③ 多利亚（δωρια），族名。

④ 弗里基亚（φρυγία），地名。

与命运作斗争。再把另外一种曲调留给我吧，这种曲调适合那些自愿采取平和行为的人，他们或者是在说服，或者是在祈求神的青睐，或者对凡人进行教导或训诫，另一方面，或者接受劝告和批评，努力改正，在各种情况下，他的行为都是适度的和自控的，不是伴随着固执，而是伴随着理解，满足于最后的结果。【c】所以，就把这两种曲调留给我吧，它们能够最好地模仿那些既节制又勇敢的人发出的剧烈的或平和的声音，无论处于好运还是处于噩运。"

"你想要得到的曲调就是我提到过的这些曲调。"

"那么好吧，我们不需要用多音调或多弦的乐器来给我们的颂歌和歌曲伴奏。"

"在我看来好像一点儿也不需要。"

"所以我们不需要制造音叉、竖琴，【d】以及其他所有多弦和多音调的乐器的匠人。"

"显然不应该。"

"笛子制造者和演奏者如何？你允许把他们接纳到这个城邦里来吗？或者说，芦笛①不就是所有乐器中最'多弦的'吗？而其他多音调的乐器不都是对芦笛的模仿吗？"

"这很清楚。"

"那么还剩下竖琴和弦琴在城里使用，而在乡间，要有一种风笛供牧羊人吹奏。"

"这是我们的论证所显示的，至少。"

【e】"好吧，宁要阿波罗和他的乐器，不要玛息阿②和他的乐器，我们这样说肯定并不新鲜③。"

---

① 芦笛（αὐλός），芦笛不是真正的笛子，而是簧乐器，尤其适宜表达情感。

② 玛息阿（Μαρσύας），森林神。

③ 阿波罗是太阳神，用的乐器是竖琴，玛息阿用的乐器是芦笛。在希腊神话中，芦笛是雅典娜发明的，但是雅典娜抛弃了芦笛，因为吹奏芦笛会歪曲她的个性。玛息阿拾起雅典娜抛弃的芦笛，并且愚蠢地用它向阿波罗（竖琴的发明者）挑战。玛息阿在音乐比赛中失败，被阿波罗活剥。

"宙斯在上，我们这样说好像不新鲜。"

"凭着神犬发誓，我们无意之中已经在净化我们前面说的那个奢侈的城邦。"

"这是因为我们有节制。"

"那么就让我们来净化其他部分。曲调之后的下一个论题是规范节奏。我们一定不要努力追求复杂的节奏与多变的旋律。倒不如说，我们应当尝试着去发现什么是那个引导一种有序的、勇敢的生活的人的节奏，然后为他的言词采用适当的节奏和旋律，而不是让他的言词去适应节奏和旋律。【400】这些节奏究竟有哪些要由你来讲，就像前面我们谈论曲调一样。"

"我真的不知道我该说什么。根据我的观察，我可以告诉你有三种基本的节拍，其他的节拍是以它们为基础形成的，就像音阶共有四个部分。但我说不出哪一种节拍适宜模仿哪一种生活。"

【b】"那么我们要向达蒙①请教，问他哪些节拍适宜表现卑鄙、残忍、疯狂或其他邪恶，哪些节奏适宜表现与此相反的内容。我想，我听他谈过'埃诺普利'②，这是一种复合节拍（尽管我不是太清楚），还谈过扬抑格的节拍或英雄体的节拍，我不知道他如何能够把这些长短不一的节拍排列在一起。我想，他把一种音步称作抑扬格，另一种音步称为扬抑格，【c】再加上长音节或短音节之分。我想，在谈论这些事情的时候，他对音步的节奏的批评和赞扬不亚于对节奏本身所作的评论，或对音步和节奏的综合评价，究竟如何，我也真的说不清楚。但是，如我所说，我们把这些问题都留给达蒙，因为要区分这些不同的种类需要很长的论证。或者说，你认为我们应当尝试一下吗？"

"不，我肯定不尝试。"

"但是你能察觉，不是吗？优雅和笨拙分别追随好节奏和坏节奏。"

"那当然了。"

---

① 达蒙（Δάμων），人名。

② 埃诺普利（ἐνόπλις），一种复合节拍的名称。

【d】"还有，如我们刚才所说，节奏和音调必须适合歌词，而不是相反，那么好节奏伴随好歌词，并且与之相似，而坏节奏追随与好歌词相反的歌词，对和声与非和声来说也一样。"

"可以肯定，这些东西必须与歌词一致。"

"风格和歌词的内容本身如何？它们不是也要和讲话者的灵魂的品格相一致吗？"

"当然。"

"其他方面也要和歌词相一致吗？"

"是的。"

"所以好歌词、和声、优雅和节奏追随简洁的品格——【e】我这样说并非是在用委婉的口吻说头脑简单——而是指按照理性的规划发展出来的好种类和好品格。"

"这一点绝对可以肯定。"

"如果我们的年轻人要做他们自己的工作，他们一定不能随处去学这些东西吗？"

"确实，他们一定不能。"

"嗯，绘画肯定充满这些性质，所有技艺在这一点上都相同；纺织充满这些性质，【401】刺绣、建筑、家具制作也是这样。我们身体的本性也充满这些东西，就像所有成长的事物的本性，因为所有这些事物都有优雅或笨拙。笨拙、坏节奏、不和谐的和声都与坏歌词和坏品格相类似，而它们的对立面与一种有节制的好品格相类似，是对好品格的模仿。"

"绝对正确。"

【b】"那么，我们是否必须仅对诗人进行监督，强迫他们在诗歌中塑造角色的良好形象，否则就不要在我们中间创作？或者说，我们也必须监督其他匠人，禁止他们——无论是在绘画、雕塑、建筑，还是其他任何作品中——刻画邪恶、放荡、卑鄙、龌龊的角色？我们要允许那些不能遵循这些规定的人在我们中间工作吗，这样的话我们的护卫者从小就会接触罪恶的形象，耳濡目染，【c】好比牛羊卧于毒草之中，咀嚼反刍，日积月累，不知不觉便在灵魂中铸成大错？或者说，我们宁可寻找这样一些匠人，他们凭着优良的本性能够在工作中追求美的和优雅的东西，使我们的年轻人能够生活在一个健康的地方，能从各方面受益，他们的眼睛看到的和他们的耳朵听到的都是优秀的作品，好比春风化雨，潜移默化，不知不觉地受到熏陶，【d】从童年起就将友谊、和谐与理智之美融为一体。"

"后一种情况是迄今为止对他们最好的教育。"

"格老孔，这些不就是教育在音乐和诗歌中最重要的原因吗？首先，由于节奏与旋律比其他事物更容易渗入灵魂深处，【e】在那里牢牢扎根，如果受到恰当的教育，他会变得彬彬有礼，如果没有受到恰当的教育，结果就会相反。其次，任何在音乐和诗歌中受过恰当教育的人都能够敏锐地察觉事物中缺失的东西，无论是很好地被造出来的事物，还是生来就好的事物。由于他拥有正确的品位，他会赞扬美好的事物，为美好的事物所激励，从中吸取营养，使自己的灵魂变得美好。【402】他会正确地拒斥任何可耻的东西，从小在还不能把握理智性的时候就仇恨可耻的东西，而在受过这种教育长大成人以后，他会欢迎理智的到来，他很容易认识理智，因为理智和他有亲密的关系。"

"是的，我同意，这些就是在音乐和诗歌中要提供教育的理由。"

"这就好比学习如何阅读。直到我们明白只有为数不多的字母出现在所有各种各样的组合之中时，我们的能力不会是恰当的，【b】还有——无论字母写得大还是写得小①——它们值得我们关注，所以当它们出现的时候，我们能很快地把它们挑选出来，因为我们知道，在认识我们的字母之前，我们无法让读者满意。"

"对。"

"那么如果有字母的影像在水中或镜中映现，在我们认识这些字母本身之前，我们不会认识它们，因为这两种能力属于同一种技艺或学问，这样说不也是对的吗？"

---

① 参阅本文 368c—d。

"绝对正确。"

"那么，众神在上，根据同样的道理，【c】我们和我们正在培养的护卫者将要接受音乐和诗歌的教育，直到我们知道节制、勇敢、坦率、崇高的不同形式，以及与它们相关联的各种品性，也还有与它们相反的各种品性，这些品性是到处流动的，我们要能识别它们本身及其影像，不要忽视它们，无论它们是写在小事物中还是大事物中，而是接受这样的看法，大字母和小字母的知识都是同一技艺和学问的组成部分，我这样说不对吗？"

"你说的绝对是基本的道理。"

"然而，如果某人的灵魂拥有美好的品性，【d】他的身体之美也与灵魂相配，与灵魂和谐，二者分有相同的类型，对任何有眼睛能看见的人来说，这不就是最美的景观吗？"

"确实是。"

"最美的不也是最可爱的吗？"

"当然。"

"懂音乐的人最热爱这样的人，但他不爱那些缺乏和谐的人吗？"

"不，他不会，至少，要是这种缺陷是在灵魂中；但若这种缺陷只在身体中，【e】他会容忍这种缺陷，愿意拥抱身体有缺陷的男孩。"

"我推断你自己爱或者爱过这样的男孩，我同意你的做法。然而，请你告诉我：过度的快乐与节制能够兼容吗？"

"怎么可能，因为它使人疯狂，就如痛苦？"

"它和其他美德能够兼容吗？"

【403】"不能。"

"那么好吧，它与强暴和纵欲能够兼容吗？"

"非常兼容。"

"你能想到比性快乐更强烈的快乐吗？"

"我不能，我也想不出比性快乐更疯狂的快乐。"

"那么正确类型的爱就是由音乐和诗歌的教育来节制有序的和美好的爱吗？"

"没错。"

"因此，正确类型的爱会有任何疯狂与放纵吗？"

"不，不会有。"

【b】"那么，性快乐一定与正确类型的爱无关，爱男孩的人和他爱的男孩一定不要共享这种快乐，如果他们以正确的方式爱和被爱？"

"神灵在上，确实无关，苏格拉底，它们之间断无相关之处。"

"那么看起来，你要在我们正在建构的城邦里立下一条法律：如果爱者说服他爱的男孩，那么爱者可以吻他，和他待在一起，抚摸他，就像父亲对儿子一样，为的是美好的事物，但是——转到其他事情上来——【c】他与他关心的人的联系一定不能超越这种行为，否则就要谴责他，说他没有受过音乐和诗歌的训练，缺乏对美好事物的鉴赏。"

"诚然。"

"在你看来，我们现在是否已经完成了我们对音乐和诗歌中的教育的解释？不管怎么说，我们要在应当结束的时候结束，我们的解释应当结束于对美好事物的爱。"

"我同意。"

"音乐和诗歌之后，必须给我们的年轻人体育训练。"

"当然。"

"在这个方面，他们必须从童年开始就接受这种教育，乃至终生。【d】我相信事情像是这个样子的——但是你自己也应该加以观察。因为在我看来，健康的身体凭它自身的德性不能造就灵魂之善，而反过来说才是对的，良好的灵魂凭它自身的德性能造就尽可能好的身体。你说对不对？"

"我也这样想。"

"那么，要是我们充分关注心灵，把监管身体的具体任务托付给它，避免过多的谈论，而仅仅向它指出要遵循的一般类型，【e】我们这样做不对吗？"

"肯定对。"

"我们说过，我们预期的护卫者一定不能酗酒，因为一名护卫者喝醉了酒，不知道自己在什么地方，这种行为比其他任何人喝醉酒更不妥。"

"如果护卫者还需要护卫者来保护，那就太荒唐了。"

"我们来谈谈食物如何？这些人在体育竞赛中不就是运动员吗？"

"是的。"

【404】"那么现在为了训练运动员所规定的养生之道适合他们吗？"

"也许吧。"

"然而这种养生之道会产生懒惰，它对健康的价值是可疑的。或者说，你没注意到这些运动员老是在睡觉，要是他们稍微偏离规定的作息时间，就会得重病？"

"我注意到了。"

"所以我们的武士运动员需要更加明智的训练。他们一定要像通宵不眠的猎犬，保持极为敏锐的视觉和听觉，【b】要能忍饥耐渴、耐暑耐寒，保持良好的健康状况。"

"我也是这么想的。"

"那么，最好的体育训练与我们刚才讲的音乐和诗歌的教育不是很接近吗？"

"你指的是什么？"

"我指的是一种简单而又体面的体育训练，尤其是与作战有关的这种训练。"

"它会是什么样的呢？"

"你从荷马那里可以学到这些事情。你知道，他笔下的英雄在打仗的时候，他不会让他们吃鱼，【c】哪怕队伍就驻扎在赫勒斯旁①海岸边，也不会让他们吃炖肉。相反，他让他们吃烤肉，这是最容易提供给士兵的食物，只要有火就行，什么地方都可以，而不需要携带陶罐和铜锅。"

"没错。"

"我相信，荷马也没有在任何地方提到过甜食。确实，甚至连其他

---

① 赫勒斯旁（Ἑλλήσποντ），地名。

运动员也明白，要想使身体保持良好状态，这种食物一定不能碰，不是吗？"

"不管怎么说，他们明白这个道理是对的，要避免吃这种食物。"

"如果你是这么想的，【d】那么你似乎不会批准叙拉古①式的烹饪和西西里②式的菜肴。"

"我不批准。"

"那么你也反对身体处于良好状况的男人找科林斯女郎做情妇。"

"坚决反对。"

"那些令人馋涎欲滴的阿提卡③肉馅饼如何？"

"我也肯定反对。"

"我相信，我们已经正确地把这种节食和整个生活方式比作用各种曲调和节奏合成的抒情颂歌。"

【e】"确实。"

"正如过多的修饰在一个地方会产生淫荡，那么它不会在另一个地方产生疾病吗？简洁的音乐和诗歌是为了在灵魂中产生节制，而体育训练中的简洁是为了身体健康吗？"

"非常正确。"

"如果淫荡和疾病在城邦里流行，【405】岂不是要开许多法庭和医院？医术和法律大行其道，甚至连大多数自由民也要认真接受吗？"

"不接受又能怎么办？"

"一个城邦需要医术高明的医生和讼师，不仅那些低劣的民众和匠人需要他们，而且那些接受过教育的自由民也需要他们，你还能找到比这更大的征兆，表明城邦的教育是极差的和可耻的吗？【b】公正要由其他人来强制实行，要由其他人来当主人和法官，因为你本人无法应对形势，你不认为这是可耻的吗？这是一个显著的表明粗俗的征兆吗？"

---

① 叙拉古（Συρακόσιοι），地名。
② 西西里（Σικελία），地名。
③ 阿提卡（Ἀττική），地名。

"我想这是世上最可耻的事情。"

"当某个人不仅花费大量时间在法庭上打官司，为自己辩护或者控告他人，而且对什么是公正缺乏了解，只被教唆得要出人头地、行不义之事，耍诡计、钻空子、【c】逃避法律的制裁——凡此种种只为一些微不足道的小事，因为他不知道如何把自己的生活安排得比较高尚和良好，乃至于不需要找昏昏欲睡、心不在焉的法官来评理，这种事情岂不是更加可耻吗？"

"这种情况比前面的情况更可耻。"

"至于对医药的需求，不是由于受伤或偶感风寒，而是由于游手好闲和我们讲过的那种懒惰的生活方式，【d】把身体弄得像块沼泽地，充满风湿水汽，迫使阿斯克勒庇俄斯①那些能干的子孙们②用'肠胃气胀'、'黏膜炎'一类的名称来描述这些疾病，你不认为这种事情可耻吗？"

"我认为这种事情可耻。这些疾病的新名称相当奇怪。"

"确实，我认为在阿斯克勒庇俄斯本人那个时代根本没有这些疾病。我可以引以为证的是，阿斯克勒庇俄斯的子孙们在特洛伊没有批评那个为欧律庇卢斯③疗伤的妇人，【e】也没有指责开出处方的帕特洛克罗，给伤者喝一盅调有大麦粉和山羊奶酪的普兰那酒，【406】尽管这样的处理现在被人们认为会引起高热。④"

"在这种情况下给人喝这种酒是很奇怪。"

"如果你想起他们说希罗狄库⑤以前的阿斯克勒庇俄斯的子孙们不用我们现在这些药物来治病，那么你就不会感到奇怪了。他是一名体育教练，【b】后来生了病，所以他把身体锻炼和医疗混合在一起，首先折磨他自己，然后折磨其他许多人。"

---

① 阿斯克勒庇俄斯（Ἀσκληπιός），希腊医神。

② 阿斯克勒庇俄斯的子孙，指医生。

③ 欧律庇卢斯（Εὐρυπύλος），人名。

④ 参阅荷马：《伊利亚特》11：580以下；828—836，624—650。文中提到的医生是阿斯克勒庇俄斯的儿子马卡昂，他喜欢无缘无故地指责他人。

⑤ 希罗狄库（Ἡρόδικος），人名。

"他是怎么做的?"

"把他的死亡变成一个漫长的过程。他始终在给自己治病,但似乎又找不到根治的办法,所以他的生活就是给自己治病,没有闲暇做其他事情。哪怕有一天离开他习惯了的处方,他就会完全衰竭,但由于他的技艺使他很难死亡,所以他一直活到老年。"

"这是对他的技艺的一项良好的奖赏。"

【c】"这项奖赏对某个不知个中原因的人来说是恰当的,不是因为他不知道或没听说阿斯克勒庇俄斯没有把这一类医疗教给他的子孙,而是因为他知道在一个治理有序的城邦里,每个人都有指定的工作,没工夫生病,一辈子治病。如果我们承认这对匠人来说是真的,而又不承认这对那些富人和所谓有福之人也是真的,那就太荒唐了。"

"怎么会这样呢?"

【d】"一名木匠生了病,想要从他的医生那里得到一些催吐剂或清洗剂,或者想用烧灼或手术的方法为他驱除疾病。如果有人给他开了一个长长的处方,告诉他要休息,把头包扎起来,那么他马上就会说自己没工夫生病,因为要他把当前的工作搁在一边,整天想着治病,这种生活对他来说是没有意义的。【e】他会对他的医生说再见,恢复他以往的生活方式,结果就是要么恢复健康,要么他的身体因无法抵抗疾病而死,省去了所有麻烦。"

"我相信以这种方式对待医疗是恰当的。"

【407】"这是由于他要是不能工作,活着就没有价值吗?"

"显然是的。"

"但是,我们要说,有钱人没有这种使他不干活,活着就没有价值的工作。"

"人们是这么说的,至少有人这么说。"

"这是因为你没听说过福库利德①的名言,一旦生计有了保证,必须实践美德。"

---

① 福库利德 (Φωκυλιδους),公元前 6 世纪中叶诗人,米利都人。

"我认为他在生计有保证之前也必须实践美德。"

"我们不会在这一点上和福库利德争吵。但是让我们试着来弄清这些问题：富人是否必须实践美德，如果不实践美德，他的生活是否就没有价值；或者说，当身体疾病成为一个人从事木匠手艺或其他手艺的障碍时，要不要治疗疾病，【b】而无论是否接受福库利德的劝告。"

"但是过分关心身体，把对身体的关注置于体育锻炼之上，确实是一种最大的障碍。确实会给家务、军务、城里的案牍公务带来不少麻烦。"

"确实如此，然而最重要的是，它使任何种类的学习、思想，或私人的沉思变得困难，【c】因为这样的人会老是怀疑自己头晕目眩，并把这些毛病产生的根源归咎于哲学。因此，无论这种美德有无实践和考察，过分关注身体都在起阻碍作用，因为它使人觉得自己有病，整天为自己的身体担忧。"

"可能是这样的。"

"因此，我们难道不要说，阿斯克勒庇俄斯知道这个道理，所以他把医术教给那些体质好、有良好生活习惯，但有某些疾病的人吗？【d】他的医术是为了有这些生活习惯的人。他用药物或外科手术治疗他们，然后吩咐他们照常生活，不得影响他们城邦的事务。但对身体患有严重疾病的人，他不想开个处方，这里治一下，那里治一下，为的是延长他们可悲的生命，让他们能够生下很可能像他们自己一样的后代。他不认为他应当治疗那些不能过正常生活的人，【e】因为这样的人活着对他自己和对城邦都没有什么用处。"

"你在谈论的阿斯克勒庇俄斯就像一名政治家。"

"这很清楚。由于他是一名政治家，他的儿子们在特洛伊转变成善人，像我说的那样实施医术，你看不到吗？【408】潘达洛斯射伤了墨涅拉俄斯①，他们'把淤血吸出，敷上一些解痛的草药'②，但没有给他规定

① 墨涅拉俄斯（Μενέλαος），斯巴达王，阿伽门农的兄弟，美人海伦的丈夫。
② 荷马：《伊利亚特》4：218。

吃些什么，喝些什么，他们为他做的事情不超过他们为欧律庇卢斯做的事情，你不记得了吗？他们认为那些受伤前体质原来很好、生活也很俭朴的人，受伤以后医治一下也就够了，乃至于偶尔给伤员喝一点儿调有大麦粉和山羊奶酪的酒。【b】而对那些老是生病、纵欲，对他们自己和对别人都没什么用的人，他们不予考虑。医术不是为这种人服务的，他们不应当得到治疗，哪怕他们比弥达斯[①]还要富裕。"

"你说的这些阿斯克勒庇俄斯的子孙真的很聪明。"

"你这样说是妥当的。但是，品达和那些悲剧家不会同意我们的看法。[②]他们说阿斯克勒庇俄斯是阿波罗的儿子，因接受贿金医治一个要死的富人，【c】结果被霹雳打死。但是，按照我们前面说的那些看法，我们不相信这一点。我们要说，如果阿斯克勒庇俄斯是神的儿子，他就不会贪财，如果他贪财，他就不是神的儿子。"

"对。但对下面这个问题你会说些什么呢，苏格拉底？在我们的城邦里，我们不需要好医生吗？最好的医生肯定是那些与大量健康人和病人打交道的医生。【d】同理，与各式各样品性的人打过交道的法官是最好的法官。"

"我同意，这些医生和法官必定是好的。但是你知道我在考虑的医生和法官是这样的吗？"

"如果你告诉我，我就知道了。"

"让我试试看。但你问的事情不像是同一个问题。"

"有什么不同？"

"最能干的医生是这样的人，他们除了学习医术，还从小接触大量有病的身体，他们自己的体质不好，也生过各种病，对疾病有着亲身体验，【e】但是我设想，他们不是在用身体医治身体——如果他们是这样

---

① 弥达斯（Μίδας），弗里基亚国王，贪恋财富，曾祈求神赐给他点石成金的方法。

② 参阅埃斯库罗斯：《阿伽门农》1022 行以下；欧里庇得斯：《阿尔刻提斯》3；品达：《庇索颂歌》3.55—58。

的话，那么我们不会允许他们的身体患病或变得很差。倒不如说，他们是在用他们的灵魂医治身体，如果他们本人的灵魂是坏的，或者曾经是坏的，就不可能很好地治病了。"

"对。"

【409】"至于法官，他确实是在用他自己的灵魂统治其他灵魂。从小在众多邪恶的灵魂中哺育成长，与它们相处，在各种不正义的行为中放纵自己，用它自己的经验来裁判其他不正义的行为，这样的灵魂不可能是好的，这样的灵魂是有病的，就像身体的疾病。倒不如说，如果它要是好的和善的，对公正的事物能有健全的判断，它必须保持自身的纯洁，在年轻的时候就不要有坏的品性。确实，由于这个原因，高尚的人在年轻的时候会显得比较天真，容易受坏人的欺骗。【b】这是因为他们没有坏榜样和邪恶的经验来指导他们的判断。"

"确实如此。"

"因此，好法官一定不会是年轻人，而是老年人，他在生活中很晚才知道不正义是怎么回事，他明白不正义的时候，不是把不正义当作自己灵魂里的东西，而是当作某种外在的东西和在其他人身上呈现的东西，【c】他很晚才凭着他的本性认识到不正义是邪恶的，但不是依据他本人的经验，而是通过知识。"

"这样的法官会是最高尚的。"

"他也会是一名好法官，这是你想要问的，因为有一颗好灵魂的人是好的。另一方面，这个能干的、疑心重的人自己干过许多坏事，并认为自己手段高明，他在那些像他本人一样的同伴面前好像会更加能干，因为他总是提防自己的同类，又有他内心的榜样在引导。但是当他遇到善良的长者时，就被视为非常愚蠢，不值得信任，不知道什么是健全的品性，因为他内心根本就没有这种善人的原型。【d】由于他碰到的坏人比好人更多，所以他好像是能干的，而不是无知的，在他自己来看是这样，在其他人来看也是这样。"

"完全正确。"

"所以，我们一定不要在我们前面说过的这种人中间寻找好法官。

邪恶之徒决不会认识他自己，也决不会懂得恶人，而生性有美德的人在教育中会获得关于美德和恶德的知识。因此在我看来，这样的人会变成聪明人，【e】而坏人不会变成聪明人。"

"我同意你的看法。"

"那么，你不要在我们的城邦里建立我们提到的这种医术和法律，让它们照料那些身体和灵魂生来就健全的人吗？【410】至于那些身体生来就不健康、灵魂生来就邪恶且无法医治的人，医生和法官不应当让前者自生自灭，而把后者处死吗？"

"这样做对他们个人来说是最好不过了，对城邦也是一件好事。"

"然而，我们的年轻人，由于实践了我们说会产生节制的那种简单的音乐和诗歌，显然会对需要法官这种事保持谨慎。"

"是的。"

"一个受过音乐和诗歌教育的人不会以同样的方式追求体育锻炼，【b】乃至于不需要医术，除非迫不得已吗？"

"我相信是这样的。"

"他在体育锻炼中不会着眼于激发他的本性中的激情，而非只是像其他运动员那样通过饮食和锻炼来增强体力吗？"

"你说得对极了。"

【c】"那么，格老孔，那些按照人们确立的目标建立音乐与诗歌的教育和体育训练的人，是在用后者照料身体、用前者照料灵魂，还是有其他什么目标？"

"你指的是什么目标？"

"看起来，他们建立的两种教育好像主要都是为了灵魂。"

"怎么会这样呢？"

"你没有注意到一辈子进行体育训练，不伴以音乐和诗歌的训练，会对心灵产生的影响吗？或者正好相反，一辈子进行音乐和诗歌的训练，而不进行体育训练？"

"你在谈论的是什么影响？"

【d】"在一种情况下是野蛮和生硬，在另一种情况下是软弱和温顺。"

"我明白了。你的意思是那些只从事体育锻炼的人会变得过分野蛮，而那些只从事音乐和诗歌训练的人会变得过分软弱。"

"还有，野蛮的源泉是人的天性中的激情部分。正确地加以培养，它就变得勇敢，如果不加约束，它就变得残酷和粗暴。"

"好像是这样的。"

【e】"还有，人的天性中的哲学部分不是在提供教养吗？如果过于松懈，它就变得过于软弱，如果加以恰当的培养，它就是有教养的和守序的。"

"是这么回事。"

"现在，我们说我们的护卫者必须具备这两种品性。"

"确实，他们必须具备。"

"这两种品性不是必须彼此和谐吗？"

"当然。"

"如果能达到这种和谐，【411】灵魂既是有节制的，又是勇敢的吗？"

"确实如此。"

"但若不和谐，那么灵魂既是怯懦的，又是粗野的吗？"

"是的，的确如此。"

"然而，若某个人给音乐一个机会，让音乐用笛子把他迷住，把我们刚才提到的那些婉转悠扬的乐曲灌进他的耳朵，就像进入一条管道，当他把他的全部时间用来听这些乐曲，并为之喜悦，那么，在这种时候，最初的效果就是他的激情软化了，就像加热了的铁一样变得柔软，而不像原先那样坚硬和无用，它变得有用了。倘若他继续下去，对音乐着了魔，不能适可而止，【b】那么他的激情会消退，他的精神会烟消云散，他的灵魂会萎靡不振，变成一个'软弱的武士'。①"

"没错。"

---

① 荷马:《伊利亚特》17:588。

"如果他的天性中本来就没什么激情，那么这个过程很快就会完成。但若他本来就有激情，那么他的激情会变得软弱，很不稳定，稍微受到一点刺激就容易激动，也很容易丧失。结果就是，这样的人变得喜怒无常，性情乖戾，爱发脾气，【c】而不是充满激情。"

"确实如此。"

"某个人努力进行体育锻炼，吃得也好，但从来不去学习音乐和哲学，这样的人会如何？他不会先是变得身强力壮，然后充满决断和激情吗？他不会变得比从前更勇敢吗？"

"他确实会这样。"

"但若他除了体育之外，其他什么也不做，也没有以任何方式与缪斯有过接触，【d】结果会怎样呢？他的灵魂中可能拥有的对学习的热爱不会很快变得淡漠，又聋又瞎，因为他从未尝试过任何学习、考察、讨论，没有学习过音乐和诗歌，来哺育或激发他的灵魂吗？"

"好像是这样的。"

"我相信，某个这样的人会变成一位理智和音乐的仇恨者。他不再使用说服，【e】而是像公牛一样凭借蛮力横冲直撞，像野兽一样野蛮，过着一种无知和愚蠢的生活，既无韵律，又无优雅。"

"他未来的生活就是这样的。"

"所以，看起来，除了附带对身体和灵魂也有所顾及，神把音乐和体育训练赐给人类，不是为了身体和灵魂，而是为了灵魂本身的激情和爱智部分，为的是它们之间能够相互和谐，【412】张弛有度。"

"好像是这样的。"

"所以，那个把音乐和体育协调得最好，能以最恰当的方式把它们刻在灵魂上的人，我们可以最正确地把他称作最和谐的人、音乐训练最完善的人，远胜那个只能使他的琴弦和谐的人。"

"肯定是这样的，苏格拉底。"

"那么，格老孔，要想保持这种体制，我们的城邦不是始终需要一个这样的人来担任督察吗？"

【b】"我们好像是需要像这样的人。"

"那么，这些就是教育和培养的模式。我们还应当列举这些人的舞蹈、打猎、赛狗、竞技、赛马吗？确实，这些事情不再难以发现，因为它们显然必须遵循我们已经确立的模式。"

"也许吧。"

"行，那么我们下面要确定什么事情呢？不是在这些人中间由哪些人进行统治，哪些人被统治吗？"

【c】"当然。"

"嗯，统治者显然是年长者，被统治者显然是年轻人吗？"

"是的。"

"统治者必定也是他们中间最优秀的吗？"

"也没错。"

"最好的农夫不就是最擅长耕种的人吗？"

"是的。"

"那么，由于统治者必定是护卫者中最优秀的，那么他们不就是那些最擅长保卫城邦的人吗？"

"是的。"

"那么，首先，他们不是必定具有知识和能力，关心城邦吗？"

【d】"对。"

"嗯，一个人关心的东西就是他最热爱的东西。"

"必然如此。"

"某个人相信某样事物对他自己是有益的，并设想，要是这样事物幸福，他自己就幸福，要是这样事物不幸福，他自己也不幸福，在这种时候，他最喜爱这样事物。"

"对。"

"那么，我们必须在我们的护卫者中挑选这样的人，依据考察，他们显得最能毕生鞠躬尽瘁，为城邦的利益效劳，【e】而绝不愿做相反的事情。"

"这样的人适合做这样的工作。"

"我想，我们必须在各个年龄段观察他们，看他们是不是具有这种信念的护卫者，确定用暴力或巫术都不能消除或者忘记他们的信念，他们必须做那些对城邦最好的事情。"

"你说的消除是什么意思？"

"我会告诉你的。我觉得信念的消除可以是自愿的，也可以是不自愿的——当一个人知道这个信念是假的，这是自愿的，当一个人知道这个信念是真的，【413】这是不自愿的。"

"你说的自愿的消除我懂，但我不懂不自愿的消除。"

"什么是不自愿的消除？你不知道人们总是自愿丢弃坏东西，不自愿地丢弃好东西吗？拥有真理是好事，受到蒙蔽不是坏事吗？或者说，你不认为相信这些事物是有的就是拥有真理吗？"

"对，我确实相信人们的真意见被剥夺是不自愿的。"

【b】"但是他们的真意见不是也能被盗窃、巫术、逼迫所夺走吗？"

"嗯，我又不懂了。"

"我想必是在以悲剧诗人的口吻讲话！所谓'盗窃的牺牲品'，我指的是那些被说服而改变了他们的心灵的人，或者是那些忘记了信念的人，在后者是由于时间，在前者是由于论证，他们的意见被剥夺了，但他们并不自知。现在你懂了吗？"

"是的。"

"所谓'逼迫'，我的意思是人们在受苦受难中改变了他们的心灵。"

"我懂了，你说得对。"

"至于'巫术的牺牲品'，我相信你会同意的，【c】就是那些处于享乐的诱惑或恐惧之下而改变了他们的心灵的人。"

"在我看来，凡是带有欺骗性的东西，都像是在发咒语。"

"那么，如我刚才所说，我们必须找出那些有着坚定信念的最优秀的护卫者，相信自己必定在做自认为对城邦最好的事情。我们必须从他们童年开始就考察他们，并且给他们指派一些任务，完成这些任务最容易遗忘这样的信念，或者受到欺骗，我们必须选择那些能够牢记这一信念的人、不容易上当受骗的人，【d】而把做不到这一点的人去掉。你同意吗?"

"是的。"

"我们必须劳其筋骨、苦其心志,让他们参加我们能够观察他们品性的竞争。"

"对。"

"那么,我们还必须建立第三种方式的竞争,在这种竞争中人们会被剥夺他们的信念,这种方式就是巫术。就像把小马驹带到嘈杂喧哗的地方,看它们会不会受惊,【e】我们要让年轻人面对恐惧和快乐,更加彻底地对他们进行考验,胜过用火炼金。如果某人在各种诱惑下能坚强不屈,能守身如玉,那么他会是一名好护卫者,因为他已经接受过音乐和诗歌的教育,如果他在各种情况下都能表现出韵律与和谐,那么对他自己和对城邦来说他都是最好的人。任何人在童年、青年、成年经受了这种方式的考验,无懈可击,【414】都要被立为统治者和护卫者;生前要给他荣耀,死后要给他建造坟墓,竖立纪念碑。但那些不能在这种考验中证明自己的人都要被抛弃。在我看来,格老孔,统治者和护卫者必须要用这种方式来挑选和任命,尽管我们提供的只是一个总的模式,没有具体细节。"

"在我看来也一样,必定要用这种方式来挑选他们。"

【b】"那么,把这些人称作最完善的护卫者不是最正确的吗?因为他们对外抵抗敌人,对内监护朋友,使前者缺乏力量、使后者缺乏意愿去伤害城邦。从今往后,我们要把这些被称作护卫者的年轻人称作辅助者和护卫者信念的支持者。"

"我同意。"

"那么,我们怎么能够发明我们前面谈论过的有用的虚假呢?① 在最好的情况下它是一个高尚的谎言,【c】可以用它来说服统治者,如果不可能,则用它来说服城邦里的其他人。"

"什么种类的虚假?"

---

① 参阅本篇 382a 以下。

　　"这没有什么新鲜的，只是一个腓尼基人①的故事，讲某件事情发生在许多地方。至少，诗人们是这么说的，他们也说服许多人相信它。这种事在我们中间没有发生，我不知道它是否会发生。要想让人们相信它，肯定要费很多口舌。"

　　"你好像吞吞吐吐不愿讲这个故事。"

　　"你听了以后就明白我为什么犹豫不决了。"

　　"你讲吧，不要担心。"

　　【d】"好吧，我会讲的，尽管我不知道上哪儿去弄这么大的胆子，甚至不知道我要用什么样的语言。首先我要试着说服统治者和士兵，然后说服城邦里的其他人，我们说要抚养和教育他们，以及他们后来获得的经验，这就像是一场梦，实际上，他们本身、他们的武器，以及其他匠人的工具，是在大地中抚养和塑造出来的，【e】大地是他们的母亲，大地母亲在完成了这项工作以后，就把他们全都送到这个世界上来了。因此，如果任何人进攻他们居住的土地，他们必定要捍卫它，因为这块土地是他们的母亲和保姆，他们也把其他公民视为同一块土地生养的兄弟。"

　　"讲述这样的虚构，你没什么可害羞的。"

　　【415】"大概是这样的吧。不管怎么说，你先把故事听完。'这个城邦里的所有人都是兄弟'，在讲故事的时候，我们会对他们说，'但在神塑造你们的时候，在那些适宜担当统治的人身上掺了一些黄金，因为他们是最珍贵的。神在那些辅助者身上掺了一些白银，在农夫和其他匠人身上掺了铁和铜。【b】在大多数情况下，你们会生下像你们本人的子女，但是，由于你们全都相互有联系，银的孩子偶尔会有金的父母，反之亦然，其他各式人等亦能互生。所以神给统治者下的命令中首要的一条，就是要他精心保护和关注自己的后代，不让他们的灵魂混入低贱的金属，如果他们儿子的灵魂中混入了一些废铜烂铁，【c】那么他们决不能姑息迁就，而应当把这些儿子放到与其本性相对应的位置上去，安

———————

① 腓尼基人（Φοινικας）。

置在匠人或农夫之中。还有，如果匠人和农夫竟然生了一个金的或银的儿子，那么他们就要重视这个儿子，提升他，让他担当护卫者或助手的职责。须知有个神谕说，铜铁之人当政，邦国便要倾覆。'所以，你有什么办法使我们的公民相信这个故事吗？"

【d】"我没有任何办法使他们本人相信，但也许他们的子孙后代、他们的子孙后代的后代会相信。"

"我很明白你的意思，但即便如此，这个故事也有助于他们更加关心城邦和相互关心。然而，不管这个故事是怎么说的，让我们把它搁下。现在让我们来装备我们的这些大地的子孙，引导他们服从统治。他们行军的时候，可以让他们在城邦范围内寻找最适宜的地方安营扎寨，【e】从那里，他们对内可以镇压不法之徒，对外可以抗击虎狼之敌。驻扎下来进行了恰当的献祭之后，他们必须给自己找个睡觉的地方。你说对吗？"

"我同意。"

"这些驻地在冬季和夏季要能恰当地保护他们吗？"

"当然，因为我想你指的是他们住的房子。"

"对，是士兵的房子，不是挣钱人的房子。"

【416】"你做这样的区别是什么意思呢？"

"我会试着告诉你的。对牧人来说，世上最可怕、最可耻的事情莫过于他们喂养的、用来辅助放牧的牧羊犬，由于缺乏管束、饥饿，或者品性有缺陷，而对羊群作恶，变得不像牧羊犬，倒像是豺狼。"

"这种事情确实很可怕。"

【b】"因此，我们有必要用各种方法提防我们的辅助者对公民做这种事情，因为他们是强者，他们会变得不再是温和的助手，而是野蛮的主人，不是吗？"

"必须这样做。"

"对他们进行一种真正良好的教育不就能预防这种事情吗？"

"但是，他们真的受过这种教育。"

【c】"我们也许不能如此武断，格老孔。我们能够肯定的是我们刚才说的，要想使他们相互之间友好，对他们正在保卫的人友善，他们必须接受正确的教育，而无论这种教育是什么。"

"没错。"

"嗯，除了这种教育，任何一位有常识的人都会说，应该为他们准备住房和一些财产，这些东西既不会妨碍他们成为最优秀的护卫者，【d】也不会鼓励他去对其他公民为非作歹。"

"没错。"

"那么，请你们考虑，要让他们成为我们描述过的这种人，他们是否应当过这样的生活？第一，除了生活必需品，他们中任何人都不得拥有私人财产。第二，他们中任何人都不得拥有其他人不能随意进出的房屋或仓库。【e】第三，城邦按照节制和勇敢的武士加运动员的标准向他们提供食物，每个年度，既不会有剩余，也不会有短缺，城邦向其他公民征税，发给护卫者当薪金。第四，他们要有共同的宿舍，住在一起，就像士兵的营帐。我们要告诉他们，他们的灵魂中已经有了来自诸神的金银，不再需要凡人的金银。【417】确实，我们要告诉他们，把来自神的金银同世俗的金银混杂在一起是不虔诚的，因为以往许多不虔诚的行为都与人们使用金钱有关，而他们自己的金银是纯洁无瑕的。因此，在这个城邦的居民中间只有他们经手金银是不合法的。他们一定不要与金银同处一室，佩戴金银首饰，或者用金银酒器喝酒。只有这样，他们才能拯救他们自己和这个城邦。但若他们获取了私人的土地、房屋或金钱，他们就成了业主和农夫，而不是护卫者——【b】他们是与其他公民敌对的暴君，而不是他们的辅助者。他们会生活在仇恨和被仇恨、打倒和被打倒之中，在恐惧中度日，害怕城邦居民超过害怕外部的敌人，加速使他们自己与整个城邦一起走向毁灭。由于这些理由，让我们说，必须以这种方式给护卫者提供这样的住处和其他供给，把它当作法律确立起来。或者说，你不同意吗？"

"我肯定会这样做的。"格老孔说。

第 四 卷

【419】这个时候阿狄曼图插话了。他说："苏格拉底，要是有人对你说，你不是在使这些人过得非常幸福，而他们不幸福的原因在于他们自己的过错，那么你会如何为自己辩解？城邦确实属于他们，但他们不能从中得到任何好处。其他人有自己的土地，建造漂亮宽敞的住宅，置办各种适用的家具，用私人的献祭来讨得众神的欢心，款待宾客，当然了，还拥有你刚才提到过的金银财宝，以及其他人认为最幸福的人应当拥有的一切。还有人会说，你的护卫者只是驻扎在城邦里，就像一些雇佣兵，【420】除了站岗放哨以外无所事事。"

我说："是的，更有甚者，他们的工作只能使他们活命，而不能像其他人那样领取薪酬。因此，要是他们想去其他地方私人旅行，他们无法做到，他们也没有什么东西可以拿去给情妇送礼，没钱可以花在他们想花的地方，就像那些被视为幸福的人那样。你把这些批评以及诸如此类的批评都省略了，而依据你的指责，这些也都是事实。"

"好吧，那就让他们把这些指责都添上。"

【b】"然后，你问我们该如何为自己辩解吗？"

"是的。"

"我想，要是按照和前面相同的路径，我们会发现该怎么说的。我们会说，如果这些人确实是最幸福的，那不值得奇怪，然而，在建立我们的城邦时，我们关注的目标不是使任何一群人特别幸福，而是尽可能使整个城邦幸福。我们想到，在这样的城邦里，我们最容易发现正义，拿它和一个由最坏的人统治的城邦进行对照，我们最容易发现不正义，通过对这两个城邦的观察，我们能够对我们考察了那么长时间的问题下判断。【c】然后，我们自己再来塑造这个幸福的城邦，我们不是要挑选几个幸福的人，把他们纳入城邦，而是要使整个城邦幸福。我们很快就会来考察与此相反类型的城邦。①

　　"所以，假定我们是在给一座塑像着色，有人走过来指责我们，说我们没有给塑像最美丽的部分涂上最美丽的色彩，因为眼睛作为塑像最美丽的部分没有涂成紫色，而是涂成了黑色。【d】我们会认为提供下列辩解是合理的：'你别指望我们会把眼睛涂成这个样子，乃至于使它们根本不像眼睛，也别指望我们对塑像的其他部分这样做。倒不如说，请你一定要注意，我们给塑像的各个部分涂的颜色是适宜的，我们在使整座塑像显得美丽。'同理，你一定不要强迫我们给予我们的护卫者这样的幸福，乃至于使他们成为其他人，而根本不成其为护卫者。【e】我们知道如何让农夫身穿紫袍、头戴金冠，告诉他们可以在高兴的时候才去地里干活。我们也知道如何让我们的陶工斜倚卧榻，围着火炉吃喝玩乐，想去制作陶器时才去干活。我们可以用同样的方式让其他人幸福，这样一来，整个城邦也就幸福了。【421】然而，你别催促我们这样做，因为我们要是这样做，那么农夫将不成其为农夫，陶工将不成其为陶工，其他各种人也将不再能为城邦做他们原先所做的那种类型的工作。现在，要是皮匠变得低劣了、腐败了，并宣称他们是他们不是的那种人，那么不会给城邦带来多大危害。因此，就他们和与他们相似的那些人而言，我们的论证不必太关注。但若我们的法律和城邦的护卫者只是被人相信是护卫者，而实际上却不是，那么你肯定会看到他们将彻底毁灭城邦，正如只要他们有机会，他们就会很好地统治城邦，使城邦幸福。

　　"如果我们正在塑造真正的护卫者，那么他们是最不会对城邦作恶的，【b】又若提出这种指责的人在谈论的是在宴席上饮酒作乐的农夫，而不是城邦的农夫，那么他就根本不是在谈论城邦，而是在谈论其他事情。记住这一点，我们在任用这些护卫者时应当考虑我们的目标是否给他们最大的幸福，或者说——由于我们的目标是被视为一个整体的城邦是否拥有最大的幸福——我们必须敦促和说服辅助者遵循我们的其他

---

① 　对相反类型城邦的考察在445c处宣布，但到第8卷才开始。

政策，【c】竭尽全力做好自己的工作，当一名匠人，对其他各种人也一样。以这种方式，有了整个城邦的发展和良好治理，我们必须让天性来为每一群人提供他们的那一份幸福。"

"我认为你说得很好。"他说。

"等我提出与这个要点有紧密联系的下一个要点，你也会认为我说得很好吗？"

"到底是什么要点？"

【d】"考虑一下，下面这些事情会不会腐蚀其他匠人，使他们变坏。"

"什么事情？"

"富裕和贫穷。"

"它们是怎么腐蚀其他匠人的？"

"是这样的！你认为一名变得富有的陶工还会愿意去关注他的手艺吗？"

"肯定不会。"

"他不会变得比从前懒惰和马虎吗？"

"肯定是这样。"

"那么他不会变成一个比较差的陶工吗？"

"是的，大大退化。"

"如果贫穷使他买不起从事这门手艺的工具和他需要的东西，那么他肯定生产不出很好的陶器，【e】也会把他的儿子或他教的其他人教成很差的匠人。"

"当然。"

"所以贫穷和富裕会使匠人和他的产品较差。"

"显然。"

"那么，看起来我们已经指出我们的护卫者必须以各种方式小心提防的其他事情，要防止这些事情不知不觉地潜入城邦。"

"什么事情？"

【422】"富裕和贫穷。前者造成奢侈、懒散和革命，后者造成粗野、

低劣，以及革命。"

"这当然是对的。但是请你考虑一下，苏格拉底，我们的城邦要是没有钱，如何能够进行战争呢，尤其是不得不对一个富有而又强大的城邦开战？"

"显然如此，要对一个这样的城邦开战很困难，【b】要对两个这样的城邦开战比较容易。"

"你什么意思？"

"首先，如果我们的城邦不得不对你提到的一个这样的城邦开战，它难道不是一场武士兼运动员对富裕者的战争吗？"

"是的，就此范围而言。"

"好，那么，阿狄曼图，你不认为一名训练有素的拳击手能够轻易对付两名富裕的、肥胖的拳击手吗？"

"也许不能把他们同时打倒。"

"甚至不能逃脱他们。但也许他能转身用拳头打那个最先追上来的，要是这名拳击手能够后退，【c】在烈日下反复这样做，在这种情况下，他也不能对付两名以上这样的人吗？"

"这肯定没什么可奇怪的。"

"你不认为富裕的人拥有的拳击方面的知识和经验比战争方面更多吗？"

"我看是的。"

"那么，以所有同样的方式，我们的运动员在战争中将轻易地战胜两三倍于他的对手。"

"我同意，因为我认为你说得对。"

"要是他们派遣使节去另一个城邦，【d】把下列真相告诉那里的人，那会如何？他对他们说：'金子和银子对我们没有用，拥有金银对我们不合法，但是你们可以拥有金银，所以请和我们一起参战，你们可以把那些反对我们的人的财产当作你们的战利品。'你认为，有谁听了这些话会选择与精瘦的猎犬厮打，而不是加入猎犬去攻击肥胖而又温和的绵羊呢？"

"不，我不会。但若所有城邦的财富都汇聚到一个城邦里，【e】我们来观察一下，这样做是否会伤害你的没有财富的城邦。"

"如果你认为我们正在建立的这种城邦以外的任何东西配得上被称作'城邦'，那么你真的是太天真了。"

"你什么意思?"

"我们必须为其他城邦寻找一个更大的名称，因为它们各自都是许多城邦，而不是一个城邦，如人们在游戏中所说。不管怎么说，它们中每一个都由两个相互敌对的城邦组成，一个是穷人的城邦，【423】一个是富人的城邦，各自又包含许多部分。如果你把它们当作一个城邦来处理，你会犯下大错。但若你把它们当作多个城邦来考虑，赋予一个城邦金钱、权力，把居民给予另一个城邦，那么你会总是拥有最多的盟友和最少的敌人。只要你的城邦按照我们刚才安排的方式来进行有节制的统治，哪怕只有一千个人为它战斗，它也将是最伟大的城邦。这种伟大不是名声方面的伟大，我说的伟大不是这个意思，而是事实上的最伟大。【b】确实，你在希腊人或野蛮人中找不到一个这么伟大的城邦，尽管许多规模比它大许多倍的城邦看起来似乎是伟大的。你不同意吗?"

"不，我肯定不会不同意。"

"那么，这也可以成为我们的护卫者在确定城邦大小时的最佳限度。他们应当为那么大小的城邦划定足够的土地，而不会谋求更多的领土。"

"这个限度是什么?"

"我假定是我下面说的这个限度。只要它还是一个城邦，它就可以继续成长，【c】但不能超过这个限度。"

"这是一个很好的限度。"

"然后，我们要向我们的护卫者下达另一项命令，也就是说，除了让城邦拥有足够的土地和居民，还要在名声方面守护它，既不要让它太小，也不要让它太大。"

"不管怎么说，他们要执行这个命令是相当容易的。"

"执行我们前面提到过的那个命令甚至更加容易，我们说过，如果护卫者的后裔是低劣的，就必须把他降级，成为其他公民，同样，如果其他等级的子孙很能干，就应当把他提升为护卫者。【d】这就意味着，其他等级中的每一位公民都在做适合其天性的一样工作，他就不是变成多，而是变成一，而整个城邦本身也就天然地变成一，而不是变成多。"

"这项命令比其他命令更容易执行。"

"我们给他们下的这些命令，阿狄曼图，不像有些人想象得那么多、那么重要。确实，它们其实是无足轻重的，只要，如俗话所说，他们注意一件大事就行，尽管我宁可称之为充分的，【e】而非称之为重大的。"

"这是什么事呢？"

"他们的教育和培养，因为有了良好的教育，他们就能成为通情达理之人，就很容易看清这些和他们有关的事情，也能看清我们省略了的其他所有事情，比如婚姻、嫁娶，【424】以及生儿育女必须尽可能按照古谚来管理，'朋友间应当共同拥有一切'。"

"这样做是最好的。"

"当然了，一旦我们的城邦有了一个良好的起点，它就会像车轮转动一样前进。良好的教育和培养，有了很好的保存，就能产生良好的品质和有用的品质，而具有良好品质的公民再接受这种教育，成长为比他们的前辈更加优秀的人，既在于他们生育的后代，又在于其他方面，【b】这在其他动物身上也是一样的。"

"好像是这样的。"

"简要说来，那些掌权者必须关注教育，看它是否已经腐败而他们自己还没有注意到，他们必须守护教育，防范一切。尤其是，他们必须小心翼翼尽力提防音乐、诗歌或体育锻炼中的新方式搅乱已经建立起来的秩序。他们应当害怕听到有人说，'人们非常在意这首歌，它是出自这位歌手之唇的最新的歌'。① 有人也许会赞扬这样的话，认为诗人在这里指的不是新歌，【c】而是唱歌的新方式。这样的事情不应当赞扬，也不要误解诗人是这个意思，因为护卫者必须提防音乐形式的改变，它会威胁到整个制度。我相信达蒙所说的话，没有城邦法律最重要的变

① 荷马：《奥德赛》1：351—352。

化，音乐模式决不会发生改变。"

"你可以把我算作相信这句话的人。"阿狄曼图说。

"那么，看起来，我说，在音乐和诗歌中，【d】我们的护卫者必须布防设哨。"

"不管怎么说，这种非法的事情会悄然潜入，不容易被发现。"

"是的，就好像音乐和诗歌只是一种游戏，不会造成什么危害。"

"它是无害的——当然，除非那些非法的事情已经在那里确立，悄悄地渗入心灵和生活方式。然后，它逐渐增强，进入私人契约，再从私人契约出发，苏格拉底，它肆无忌惮地进入法律和政制，【e】直至推翻一切，无论是公共事务还是私人事务。"

"嗯，是这样的吗？"

"我相信是的。"

"那么，如我们开始所说，我们的孩子们的游戏从小就应当更加符合法律，如果他们的游戏变得违法，那么孩子们也会学着违法，【425】长大以后也就不能成为品行端正的守法公民了，不是吗？"

"当然是这么回事。"

"但若孩子们从小就玩守法的游戏，从音乐和诗歌中吸取守法的精神，那么这种守法精神会在各种事情上支配他们，并影响他们的成长，矫正城邦以前发生的错误——换言之，它所起的作用与违法的游戏正好相反。"

"没错。"

"这些人也会发现那些已被前辈们废弃了的看起来微不足道的规矩。"

"哪些规矩？"

"是这样一些规矩：年轻人在他们的长者面前应该肃静，【b】长者到来时要为他们让路，或者要起立，对父母要尽孝道，要注意发式，穿着要得体，行为举止要得当，以及诸如此类的事情。你不同意吗？"

"我同意。"

"我认为把这些事情都加以立法是愚蠢的。口头的或书面的法令不会让人们遵守这些规矩，也不会持久。"

"怎么可能呢？"

"不管怎么说，阿狄曼图，一个人从小所受的教育已经决定了后面的事情。【c】同类不是始终在鼓励同类吗？"

"是的。"

"我想我们会说，教育的最终结果是一个新的完成了的人，他要么是好的，要么正好相反。"

"当然。"

"由于这个原因，我不去尝试给这种事情立法。"

"这是个好理由。"

"那么，众神在上，商业事务如何？比如，人们在市场上相互交易，【d】或者与雇工订立合同，还有侮辱和伤害案件的发生、提起民事诉讼、陪审团的建立，市场和海港需要征收的赋税，市场、城邦、港口的规则，以及其他诸如此类的事情——我们是不是都要为之立法呢？"

"为好人制定那么多法律是不恰当的。【e】他们自己就能轻易发现这些事情中哪些需要立法。"

"是的，只要神保障我们已经描述过的这些法律得以保存。"

"要是不能保存，他们将用其一生来制定其他许多法律，然后加以修订，相信这样做能够得到最好的法律。"

"你的意思是说他们会像病人一样生活，由于纵欲而得病，但又不愿抛弃他们不健康的生活方式？"

"没错。"

【426】"这样的人会以一种十分可笑的方式继续下去，不是吗？他们就医服药，但毫无效果，只会使疾病更加复杂和加重，他们老是希望有人能向他们推荐一种新药，吃了就能治好他们的病。"

"这种人确实就是这个样子的。"

"他们把对他们讲真话的人当作最凶恶的敌人，不是也很可笑吗？也就是说这些人会对他们说，如果不停止大吃大喝，寻花问柳，游手好闲，那么无论是药物、烧灼法、外科手术，【b】还是咒语、护身符，或别的任何方法，都不能给他们带来什么好处。"

"一点儿也不可笑，因为恐吓威胁讲真话的人不可笑。"

"你似乎并不赞同这样的人。"

"我肯定不赞同，神明在上。"

"那么，要是整个城邦以我们所说的这种方式行事，你也不会赞同。当城邦用死亡的痛苦来警告它们的公民，要他们不要扰乱城邦的整个政治制度时，你不认为他们的行为就是这个样子的，这样的城邦治理得很不好吗？【c】而那些善于奉承巴结、揣摩上意、巧妙逢迎的人在这种治理不良的城邦里被看重，被视为能臣和大哲，被赋予荣耀。"

"城邦肯定会以这种方式行事，我无论如何不会表示赞同。"

"那些愿意为这样的城邦服务的人如何呢？【d】你能不敬佩他们的勇敢和坦然吗？"

"我敬佩他们，除了那些受到众人欺骗，乃至于相信自己是真正的政治家的人。"

"你这是什么意思？你不同情这样的人吗？或者说你认为某个不懂测量的人会不相信其他许多同样不懂测量的人说他有四肘① 高？"

【e】"不，他会相信的。"

"那就别对他们太苛刻了，这样的人肯定是最可笑的。他们为我们刚才列举的那些事情立法，然后修订它们，总认为能找到办法来杜绝合约和我讲过的其他事情中的欺骗，不明白他们这样做实际上是在砍许德拉② 的脑袋。"

【427】"然而，他们就是这么做的。"

"所以我想，真正的立法者一定不要操心法律或体制的形式，无论是一个治理不好的城邦，还是一个治理良好的城邦——因为在前者，法律和体制无济于事，而在后者，无论谁都能发现这些东西，而其他人也会自动遵循我们已经建立起来的生活方式。"

---

① 四肘（τετράπηχύς），约 200 厘米。

② 许德拉（Ὕδρα），神话中的怪物，九头水蛇，砍去一头又生两头。

【b】"那么在立法方面还有什么事情留下来要我们处理呢?"

"我们没有了,不过德尔斐①的阿波罗神还有事要做,他要制定最伟大、最精致、最重要的法规。"

"是哪些法规呢?"

"这些法规涉及如何建造神庙,如何献祭,如何崇拜众神、精灵和英雄,还有如何安葬死者以及博取它们青睐的祭祀仪式。我们没有关于这些事情的知识,【c】在建构我们的城邦时,如果我们还有理智,我们就不会被说服,相信它们,而不相信祖先的指导。这位神,坐在位于大地中央的那块脐石②上,在那里为所有人解释这些事情,这无疑就是祖先的指导。"

"你说得很好。这是我们必须做的。"

"好吧,【d】阿里斯通之子,你们的城邦现在可以说已经建立起来了。下一步要做的事情是到什么地方去借点光明来,招呼你的兄弟,以及波勒玛库斯和其他人,一起来看它的里面,看正义和不正义会在它的什么地方、正义和不正义有什么区别,想要幸福的人必须拥有正义还是不正义,一切众神和凡人是否知道他拥有的是正义还是不正义。"

"你在胡说,"格老孔说,"你许诺要亲自找到正义和不正义,因为你说你要是不以你能做到的任何方式拯救正义,【e】那就是不虔敬的。"

"没错,答应了的事情我必须做到,但是你们要助我一臂之力。"

"我们愿意。"

"我希望用这样的方法找到它。我认为我们的城邦,若是真的已经正确地建立起来,那么它是全善的。"

"必然如此。"

"所以,它显然是智慧的、勇敢的、节制的和正义的。"

"显然如此。"

"那么,要是我们发现了这些性质中的某一种性质,那么剩下的就

---

① 德尔斐 (Δελφοί),地名,希腊宗教圣地。
② 亦即德尔斐圣地的那块圣石,古希腊人相信它位于大地中央的肚脐眼处。

是我们还没有找到的吗?"

【428】"当然。"

"然而，就像其他任何四样东西，要是我们在某个事物中寻找它们中的任何一样，而且首先认出它来，那对我们来说就足够了，但若我们首先认出了其他三样，这也足以使我们认出我们正在寻找的那一样来。它显然不可能是别的什么，而只能是剩下来的那样东西。"

"你说得对。"

"因此，由于有四样美德，我们不是必须以同样的方式寻找它们吗?"

"这很清楚。"

"嗯，我想我在城邦中能够清楚地看见的第一样东西是智慧，【b】而且看起来有点儿奇特。"

"奇特在什么地方?"

"我想我们描述过的这个城邦的确是有智慧的。这是因为它有良好的判断，不是吗?"

"是的。"

"嗯，就是这样东西，良好的判断，显然是某种智慧，因为通过知识而不是由于无知，人们能够作出良好的判断。"

"显然如此。"

"但是在这个城邦里有许多种知识。"

"当然。"

"那么，是由于城邦的木匠拥有的知识使这个城邦被称作有智慧的和判断健全的吗?"

【c】"根本不是。凭这种知识它只能被称作在木作方面技艺娴熟的。"

"所以，城邦被称作有智慧的不是由于拥有木作的知识，凭这种知识能够安排制造最好的木器。"

"不，确实不是。"

"制造铜器或其他一些器物的知识如何?"

"不是，无论制造哪种器物的知识都不行。"

"也不是由于拥有从地里获取丰收的知识，因为拥有这种知识城邦可以被称作耕作技艺娴熟的。"

"我也应当这样想。"

"那么，有没有某些知识被我们刚刚建立起来的这个城邦里的某些公民所拥有，这些知识不是用来对某些具体事务下判断，而是把城邦作为一个整体来下判断，【d】考虑如何维护它的良好关系、内部的关系和与其他城邦的关系呢？"

"确实有。"

"这种知识是什么？谁有这种知识？"

"这种知识是监护术，由我们刚才称之为完善的护卫者的统治者拥有。"

"那么，这种知识使你会说这个城邦具有什么性质？"

"它有良好的判断，是真正有智慧的。"

【e】"在我们的城邦里，铜匠、铁匠、金匠多，还是这些真正的护卫者多？"

"铜匠、铁匠、金匠要多得多。"

"确实，在所有那些由于拥有某种专门知识并有特定称呼的行业中，护卫者不是人数最少的吗？"

"是的，少得多。"

"那么，一个按其本性建立起来的完整城邦是有智慧的，乃在于它的这个人数最少的阶层和最小的组成部分，亦即它的统治阶层。这个阶层按其本性来说似乎人数最少，但在各种知识中，【429】只有属于它的知识才被称作智慧。"

"你说得完全正确。"

"那么，我们已经发现了四种美德之一，以及它在城邦中的位置，尽管我不明白我们是怎么发现它的。"

"我们发现它的方法在我看来似乎相当好。"

"那么，勇敢和它在城邦中的那个部分，那个使城邦能被称作勇敢的部分，不难看见。”

“何以见得？”

【b】“把一个城邦称作怯懦的或勇敢的，除了看它的战斗部分和代表它打仗的人以外，谁还会去看其他地方吗？”

“无人会去看其他地方。”

“不管怎么说，我不认为城邦其他公民的勇敢或怯懦能使整个城邦本身被称作勇敢的或怯懦的。”

“对，不能。”

“那么，城邦是勇敢的，乃在于它的这个拥有力量的部分能在任何可怕的情况下保持它的信念，知道要害怕哪些事情和哪类事情，【c】亦即立法者在教育过程中谆谆教诲过的那些事情。或者说，你不把这一点称作勇敢？”

“我没有完全听懂你的意思。请你再说一遍。”

“我的意思是勇敢是一种保持。”

“什么样的保持？”

“由法律通过教育所确立起来的信念的保持，有关要害怕哪些事情和哪类事情。‘在任何情况下’保持这种信念，【d】我的意思是不会由于痛苦、快乐、欲望或恐惧而抛弃这种信念。要是你喜欢，我可以打个比方来说明一下。”

“我喜欢。”

“你知道，染匠如果想要把羊毛染成紫色，一开始总是从有许多颜色的羊毛中挑选白色的羊毛，然后再加以精心整理，经过这个预备性的阶段，才能使羊毛尽可能地着色，到了这个时候，他们才用上紫色的染料。【e】以这种方式染色，被染的东西着色快——洗涤时无论用的是不是碱水，① 都不易褪色。但你也知道，要是不这样做会发生什么事，未经整理就上色，要么是染花了，要么是极易褪色。”

“我知道织物褪色是什么样子，看上去很可笑。”

---

① 古人用草木灰泡成的碱性水洗衣服。

"所以，你应当明白，我们挑选我们的战士，并对他们进行音乐教育和体育锻炼，这也是在尽力做同样的事情。【430】我们的努力所要达到的目标无非就是让他们拥有恰当的天性，让他们得到培养，让他们有可能以最好的方式吸收法律，就好像羊毛吸收染料，所以，他们很快就能拥有信念，知道哪些事情是他们应当感到害怕的，他们的其他信念也能很快具备，哪怕处于快乐、痛苦、恐惧和欲望中，他们的信念也不会褪色——要知道快乐比任何碱水或苏打水更能使信念褪色。【b】这种在任何情况下保持正确的、法律所灌输的信念的力量，知道害怕什么和不害怕什么，就是我所谓的勇敢，当然了，除非你有不同的说法。"

"我没有什么不同的要说，因为我假定你没有考虑到关于这些相同事情的正确信念，这些事情你在野兽或奴隶的身上也会发现，但它不是教育的结果，也不是由法律灌输的，你不把它称作勇敢，而把它叫作别的什么东西。"

【c】"你说得对极了。"

"所以，我接受你对勇敢的解释。"

"接受它，而不是把它当作我对公民勇敢的解释，那么你就对了。如果你喜欢，我们将在其他时间更加充分地讨论勇敢。我们当前考察的主要目标不是勇敢，而是正义。就我们的目的而言，我们说的这些已经足够了。"

"你说得相当正确。"

"现在还剩下两样东西要我们在这个城邦里寻找，【d】亦即节制①和正义——我们整个考察的目标。"

"正是。"

"有没有这样一种方法，使我们能够发现正义，而不必自找麻烦先去发现节制呢？"

"我不知道有没有，如果这样做意味着我们不用再考察节制了，那么我不希望正义先出现。所以，要是你想让我高兴，那就先考察节制。"

---

① 节制（σωφροσύνη），这个希腊词还有自控、明智、合理等含义。

【e】"我肯定愿意。不这样做是错的。"

"那就让我们来寻找吧。"

"我们会的。从目前来看，节制比前面的那些美德更像某种协和或和谐。"

"何以见得？"

"节制肯定是一种秩序，是对快乐和欲望的某种把握。人们常用'自我控制'和其他相似的短语来表达这个意思。我不知道他们这样说到底是什么意思，但是他们这样说确实像是在追溯或查证节制留在语言中的痕迹。不是这样吗？"

"绝对如此。"

"然而，'自我控制'这种表达不是很可笑吗？进行这种控制的强者本身和被控制的弱者本身变得相同了，【431】因为在所有这样的表达中只涉及一个人。"

"当然。"

"不过，这种表达显然试图说明，人的灵魂中有一个较好的部分和一个较差的部分，天性较好的部分控制着天性较差的部分，说一个人是自我控制的，或者说是他自己的主人，这些表达法想要表达的就是这个意思。不管怎么说，称一个人是自我控制的，这是在赞美他。但另一方面，当较小的和较好的部分，由于缺乏良好的教养或陪伴，被较大的部分所压制，这就叫作自败或放纵，【b】这样说是一种谴责。"

"好像是这么回事。"

"现在把你的目光投向我们的新城邦，你会在其中发现这些美德中的一个。你会说，如果较好的部分统治较坏的部分可以被恰当地称作节制的或自我控制的，那么可以正确地把它称作自我控制的。"

"我在看，你说得对。"

"嗯，你可以看到各种各样的欲望、快乐和痛苦，【c】主要出现在儿童、妇女、家奴，以及大多数被称作自由人的低劣者身上。"

"正是这样。"

"但是你会碰到简单而有节制的欲望，这些欲望受理智的指引，有正确的信念伴随，只在少数生来拥有最佳天性和教育的人身上出现。"

"对。"

"那么，你看不到在你们的城邦里也是这样，【d】为数众多的低劣者的欲望被少数卓越者的智慧和欲望所控制吗？"

"我看到了。"

"因此，要是有任何城邦可以被称作是自我控制的，有它自己的快乐和欲望，那么就是这个城邦了。"

"绝对如此。"

"因此，由于所有这些原因，它不也是节制的吗？"

"是的。"

"还有，要说确实有哪个城邦的统治者和被统治者，【e】在应当由谁来进行统治这一点上拥有相同的信念，那么也只有这个城邦了。或者说你不同意？"

"我完全同意。"

"当公民们以这种方式达成一致，你会说节制存在于哪部分公民身上？在统治者身上还是在被统治者身上？"

"我假定两部分人都有节制。"

"所以，你瞧，我们刚才预言节制像是某种和谐有多么正确？"

"为什么会这样呢？"

"因为，不像勇敢和智慧各自居于城邦的某个部分，分别使城邦勇敢和有智慧，节制散布于整个城邦。【432】它使最弱者、最强者和居间者——无论是在理智、体力、人数、财富方面，还是在其他所有方面——全都同唱一首歌。明确由两个部分中的哪个部分来统治城邦和每一个人，把这种一致同意，这种天性较差和天性较好的人之间达成的一致意见称作节制是正确的。"

【b】"我完全同意。"

"好吧。我们已经在我们的城邦中找到了四种美德中的三种，至少依据我们当前相信的观点来看是这样的。那么，这个剩下来能使城邦进一步共享的美德是什么样的呢？确实，很清楚，它就是正义。"

"这很清楚。"

"所以，格老孔，我们自己必须像猎人一样包围这片丛林，集中精力观察，别让正义逃脱我们的视野，消失在迷雾之中，因为它显然就在附近。所以，【c】睁大你的眼睛，努力去发现它，如果你比我先看到，请你赶快告诉我。"

"我希望我能做到，但若你把我当作一名随从，能看见你指给我看的东西，你就能更加有效地使用我了。"

"那么你就跟我来吧，但愿我们能发现。"

"你只管头里走，我会跟来的。"

"我当然会这样做，尽管这个地方好像无法穿透，到处是阴影。这地方确实很暗，很难搜索。但无论如何，我们必须前进。"

【d】"确实，我们必须这样做。"

"然后我看见了什么东西。哈哈！格老孔，这里好像有踪迹，所以看起来我们的猎物不会逃脱了。"

"这是个好消息。"

"要么就是它了，要么是我们太愚蠢了。"

"为什么？"

"因为我们正在寻找的东西似乎从一开始就在我们脚下滚来滚去，但是我们没看见，【e】我们真的太可笑了。就好像人们有时候在寻找他们拿在手里的东西，所以我们没有朝着正确的方向看，而是盯着远处看，这也许就是我们看不到它的原因。"

"你这样说是什么意思？"

"我的意思是，尽管我们一直在以某种方式谈论和聆听正义，但我想我们不明白我们在说什么，或者不明白我们正在谈论正义。"

"对于急于想听到答案的人来说，你的开场白太冗长了。"

【433】"那么你就听着，看我说得是不是有点儿意思。我想，正义就是我们在建立城邦时说的必须在整个城邦建立起来的东西——要么是正义，要么是正义的某种形式。我们说过，也经常重复，如果你还记得，在这个城邦里每个人必须从事一项最适合其天性的职业。"

"对，我们确实不断地这么说。"

"还有，我们听许多人这样说过，我们自己也经常这样说，正义就是做自己的工作，不涉足不是他自己的工作。"

【b】"是的，我们说过。"

"那么结论就是，做自己的工作是正义的——假如它以某种方式发生。你知道我要用什么来佐证吗？"

"不知道，请你告诉我。"

"我想，在这座城邦里发现了节制、勇敢和智慧之后，剩下来的就是它了。它是使这些美德有可能在城邦里成长，并能在那里长期保持的力量。【c】当然了，我们说过，正义就是我们发现了其他三样美德以后还剩下的那样美德。"

"是的，必定如此。"

"当然，要是我们必须决定这四样美德中哪一样凭借它的呈现使城邦成为善的，那么确实很难决定。它是统治者和被统治者之间的一致信念吗？或者说它是战士心中保持的由法律灌输的该怕什么、不该怕什么的信念吗？【d】或者说它是统治者的智慧和监护权吗？或者说它就是这样一个事实，每一个儿童、妇女、奴隶、自由人、工匠、统治者和被统治者，做他自己分内的事，不去干涉其他人的事！"

"这一点怎么会变得那么难以决定呢？"

"所以，这种存在于每个人做他自己分内的事的力量与对城邦美德有所贡献的智慧、节制和勇敢似乎是对手。"

"确实是。"

【e】"你不会把这种与对城邦美德有所贡献的其他美德是对手的东西称作正义吧？"

"绝对不会。"

"让我们以这种方式来看一下，要是你想信服，你不会命令你的统治者在这个城邦的法庭上担任法官吗？"

"当然会。"

"他们的唯一目的不就是下判断吗？没有一个公民可以占有属于其

他人的东西，他自己拥有的东西也不能被剥夺。"

"他们只有这一个目的。"

"因为这样做是正义的吗？"

"是的。"

【434】"然而，依据这一观点，拥有自己的东西和做自己分内的事会被当作正义的来接受。"

"对。"

"那么，考虑一下，看你是否同意我的下列看法。如果一名木匠试图做鞋匠的工作，或者一名鞋匠做木匠的工作，或者他们相互交换工具或者称号，或者同一个人试图做两样工作，其他各种人也都这样交换，你认为这会给城邦带来巨大危害吗？"

"这种危害不太大。"

"但是，我假定，某个人生性就是匠人或某种挣工钱的人，但却因为富有，或者由于得到了大多数选票，或者凭他自己的体力，或者凭借其他优势，试图进入武士等级，或者一名低劣的武士试图进入法官和护卫者的等级，【b】相互交换他们的工具和称号，或者同一个人试图做所有这些事情，那么我想你会同意，这样的交换和干涉会把城邦带向毁灭。"

"绝对同意。"

"那么，这三个等级之间的干涉和交换是对城邦最大的伤害，【c】这种事情可以正确地被称作一个人能对城邦所做的最坏的事情。"

"确实如此。"

"你不会说一个人对他的城邦做了最坏的事情是不正义的吗？"

"当然会说。"

"那么交换和干涉就是不正义。或者换个方式来说，挣工钱的人、辅助者和护卫者在城邦里各自做他自己的工作，是正义的。这就是正义，不是吗，也使城邦正义？"

【d】"我同意。这就是正义，它不是别的什么东西了。"

"让我们先别把这一点当作十分确定的，但若我们发现同样的形式，在每个人身上，也被接受为是正义的，我们才能这样说。其他我们还能说什么呢？但若它不是我们要找的东西，我们必须寻找其他东西来当作正义。然而，现在还是让我们来完成当前的考察。我们前面想到，① 要是我们首先试图在某些包含正义的较大的事物中观察正义，那么在个人身上观察正义就会变得比较容易。我们在前面同意，这个较大的事物就是城邦，所以我们尽力建构了一个最好的城邦，我们非常明白正义会存在于一个好的事物中。【e】所以，让我们把在城邦里发现的东西应用于个人，如果它在个人身上也适用，那么万事大吉。但若在个人身上看到了某些不同的事情，那我们还得回到城邦中来，对它再作试验。如果我们这样做了，【435】让它们相互对照、相互砥砺，那就好比火石碰撞发出火星，照见了正义。等它这样显露出来的时候，我们就能为自己牢牢地掌握它了。"

"你在遵循我们确定的道路，我们必须按你说的做。"

"嗯，好吧，以同一名称来称呼的事物，无论与其他同名事物相比较大还是较小，就此名称所适用的范围而言，它们是相同的还是不同的？"

"是相同的。"

"那么，就正义的形式而言，一个正义的人和一个正义的城邦不会有任何区别；【b】倒不如说，他和这个城邦是相同的。"

"是的。"

"但是，一个城邦之所以被认为是正义的，乃是因为在城邦里天然生成的三个等级各自做它自己的工作，而它被认为是节制的、勇敢的和智慧的，乃是由于它们的某些其他条件和状态。"

"对。"

"那么，要是一个人的灵魂也有三个相同的部分，这些部分也具有相同的条件，那么我们希望也能用那些用于城邦的名称来正确地称呼他。"

---

① 参阅本文 368c 以下。

【c】"必然如此。"

"那么，我们再次遇到一个容易的问题，灵魂有没有这样的三个部分？"

"在我看来这个问题并不容易。也许，苏格拉底，有句老话有几分真理，每样好事情都是难的。"

"显然如此。但你应当知道，格老孔，在我看来，用我们现在讨论中使用的方法，我们决无可能得到精准的答案——【d】尽管还有另外一条更加漫长的道路通向这样的答案。但也许按照我们先前的陈述和考察标准，我们能够得到一个答案。"

"这不就令人满意了吗？在我看来这就够了。"

"要是这样的话，我也够了。"

"那就别厌倦，而是继续探讨。"

"嗯，那么我们肯定要同意，我们每个人身上都像城邦一样有相同的组成部分和品性吗？【e】它们是从其他什么地方来的呢？要是有人认为城邦的品性不是来自这样的个人，那就太可笑了，比如说色雷斯人、西徐亚①人，以及生活在我们北面的人被认为拥有激情，或者说认为他们热爱智慧是不对的，这种品性主要与我们居住的这个区域的人有关，【436】或者说他们有热爱钱财的品性，我们可以说这种品性最有可能在腓尼基人和埃及②人那里看到。"

"这样的看法是挺可笑的。"

"事情就是这样，不难理解。"

"当然不难。"

"但是下面的问题很难。我们做这些事情是用我们自己的同一个部分，还是用我们自己的三个不同的部分？我们用我们自己的一个部分来学习，用另一个部分来生气，用第三个部分来欲求食、饮、性方面的快乐，以及与它们密切相关的其他快乐吗？或者说，当我们开始做某件

① 西徐亚（ΣKυθία），地名。
② 埃及（Aἴγυπτ），地名。

事情的时候，在各种情况下，我们的整个灵魂都在参与我们的行动吗？
【b】这才是按照我们论证的标准难以决断的地方。"

"我也这样想。"

"那么好吧，让我们以这种方式，试着确定这些组成部分是相同的还是不同的。"

"我们该怎么办呢？"

"就同一事物而言，它显然不会或不愿意在它本身的同一部分同时做或从事相反的事情。所以，要是我们发现灵魂中发生了这样的事情，【c】我们就知道在这里起作用的不是一样东西，而是多样东西。"

"对。"

"那么请考虑一下我还会说些什么。"

"你就继续往下说吧。"

"同一事物自身的同一部分，有可能在同一时间既静止又运动吗？"

"完全不可能。"

"为了避免以后的争执，让我们把我们同意了的事情说得更加准确一些。如果有人说，一个人站着不动，但他的手和头在动，因此可以说他既静止又运动，那么我想，我们不会认为他应当这样说。他应当说，这个人的一部分在静止，另一部分在运动，【d】难道不是吗？"

"是这样的。"

"如果我们的谈话人变得更加可笑，很巧妙地说陀螺固定在一个地方旋转，整个陀螺同时既动又静，对其他任何围绕同一地点旋转的物体也都可以这么说，那么我们也不会表示同意，因为在这种情况下我们说的静止和运动并非与这个物体的同一部分相关。【e】我们会说，这个物体有一条贯穿轴心的直线和边线，论及这条直线，如果它不向任何方向倾斜，那么它是静止的；如果着眼于边线，那么它在作圆周运动；但若物体的轴心线在转动时前后左右地摇摆，那么这个物体也就无论如何谈不上静止了。"

"我们的说法是对的。"

"那就别让诸如此类的说法把我们搞糊涂，或者使我们相信同一事物能够同时做或从事相反的事情，在同一个方面，【437】并就同一事物而言。"

"至少不会使我相信。"

"不管怎么说，为了避免逐一考察诸如此类的说法，花很长时间去证明它们是错误的，让我们假定我们的说法是正确的，然后继续我们的论证。但是我们同意，要是我们的说法显示出有什么不对的地方，那么我们从这个假设中推导出来的所有结论也都是无效的。"

"我们应当同意。"

【b】"那么，你不会把下面这些事情都当作相反的对子吧，赞同和异议、追求和拒绝、吸引和排斥？"

"会的，它们是相反的。"

"这些事情如何？你不会把口渴、饥饿作为整体的欲望，【c】以及希望和愿意，包括在我们提到的类别里吗？你不会这样说吧，有欲望的、正在追求他所希望的东西的人的灵魂，对任何呈现于他的事物表示认同，努力想要得到这样东西，就好像在回答问题？"

"我会这样说的。"

"但你对不愿意、无希望、无欲求又怎么看呢？它们不是正好处在这些对子之中吗——在这些情况下，灵魂拒绝和排斥这些事物？"

【d】"当然。"

"那么，我们不会说有一类事物叫作欲望，饥饿和口渴是其中最明显的例子吗？"

"我们会这样说。"

"一种欲望就是想要得到食物，另一种欲望就是想要得到饮品吗？"

"是的。"

"那么，就渴而言，我们之所以说它是一种欲望，乃是因为它是灵魂的一种欲求吗？比如，渴就是想要得到热饮或冷饮，想要得到多些或少些，简言之，就是想要喝某种东西，是吗？【e】或者倒不如说，在热以及渴呈现的地方，就会产生对某些冷饮品的欲求，在冷呈现的地方，就会产生对某些热饮品的欲求，这种欲求越大，渴的程度越大，这种欲求越小，渴的程度越小，是吗？但是渴本身决不会追求其本性要它追求的东西以外的东西，亦即，它想要喝，而对饿本身来说也是这样，它想要吃。"

"事情就是这样，每一种欲望本身只要求得到其本性所要得到的东西，而对某些特定事物的欲求是一种依赖于其上的附加。"

【438】"然而，别让任何人对我们发动突然袭击或者把我们搞糊涂了，说没有人拥有喝的欲望，而只有喝好饮品的欲望，没有人拥有吃的欲望，只有吃好食物的欲望，以此为基础，每个人都有所追求善物的欲望，所以，渴若是一种欲望，它就是一种追求好饮品或无论什么好东西的欲望，其他欲望也相似。"

"不管怎么说，这个人说得有几分道理。"

"但是在我看来，就一切事物均与其他某些事物相关联而言，那些属于某个具体种类的事物总是与某种具体事物相关联，【b】而就那些事物本身而言，它们只与一样事物相关联，亦即与它自身相关联。"

"我不懂你的意思。"

"你不懂较大者之所以较大，乃是因为它比某个事物大吗？"

"当然。"

"比较小者大？"

"是的。"

"大得多就是比小得多的事物大得多，不是吗？"

"是的。"

"曾经较大就是比曾经较小的事物大吗？将要较大就是比将要较小的事物大吗？"

"确实如此。"

【c】"较多和较少、双倍和一半、较重和较轻、较快和较慢、较热和较冷，等等，不都是这样吗？"

"当然。"

"各种各样的知识如何？不也是同样的道理吗？知识本身是关于能学习的事物本身的知识（或者是关于任何事物的知识），而特定种类的知识，是关于特定种类的事物的知识。例如，造房子的知识出现时，【d】它不就和其他种类的知识有了不同，所以被称作建筑的知识吗？"

"当然。"

"这不就是它与其他所有知识不同的原因吗？"

"是的。"

"不是由于它是关于某种特定事物的知识，所以它本身成为一种特定的知识吗？对其他所有技艺和知识种类来说，不也是对的吗？"

"是的。"

"那么好吧，这就是我试着想要表达的意思——如果你现在懂了的话——我前面说过，一切事物均与其他某些事物相关联，事物本身只与它自身相关联，而那些属于某个具体种类的事物总是与某个具体种类的事物相关联。【e】然而，我的意思不是说这里讲的种类必须与它们都相同。比如，关于健康和疾病的知识不是健康的或有病的，关于善与恶的知识本身不会变成善的或恶的。我的意思是，当知识变得不是事物本身的知识，而是某些具体种类的事物的知识时，结果就是知识本身变成了某种具体种类的知识，使它不再能够不加限定地被称作知识，而是——添加某些相关的种类——被称作医药知识或其他什么知识。"

"我懂了，我认为是这样的。"

"那么，就渴而言，你不把它归入与某事物相关联的事情中去吗？【439】渴肯定与某样事物相关联。"

"我知道了，它与饮相关。"

"因此，一种具体的渴与一种具体的饮相关。但是渴本身不会追求多或少、善或恶，而是追求一种具体的饮。或者倒不如说，渴本身因其本性只追求饮本身。"

"绝对如此。"

"因此，渴的人的灵魂，就其渴而言，想要的无非就是饮，【b】它渴望饮，有这种冲动。"

"这很明显。"

"然而，要是灵魂渴的时候有什么东西把它拉回来，那么这样东西一定与使它口渴的东西和驱使牲畜去喝水的东西不同吗？我们说，它不可能是同一事物，它不能以其自身相同的部分，与同一事物有关，在相同的时间，做正好相反的事情。"

"不，它不能。"

"以同样的方式，我以为，说某个弓射手的双手既拉弓又推弓是不妥的。我们应当说他的一只手在推弓，另一只手在拉弓。"

【c】"绝对正确。"

"那么，我们可以说有些人在某些时候虽然口渴但并不想饮吗？"

"当然可以，这种事经常在许多不同的人那里发生。"

"那么，对这种事情应当说什么呢？这岂不表明灵魂中有一种东西在吩咐他们饮，有另一种不同的东西在禁止他们饮，并且支配着吩咐他们饮的那个东西吗？"

"我认为是这样的。"

"在这样的情况下，这种禁止起作用吗——要是它能起作用——作为一种理智算计的结果，【d】而牵引和驱使他们饮的东西则是情感和疾病的结果？"

"显然。"

"因此，我们说它们是相互不同的两样东西并非不合理。我们把灵魂用于算计的部分称作理智，把灵魂用于感受性爱、饥饿、口渴之骚动的部分称作非理智的欲望部分，伴以某种放纵和快乐。"

【e】"是的。确实，这样想是合理的。"

"那么，就让我们明确区分灵魂中的这两个部分。嗯，使我们愤怒的激情部分是第三个部分，或者说它和其他两个部分有着同样的性质？"

"它也许像欲望部分。"

"但是，我听说过这样一件事和它有关，我相信这个故事。阿格莱翁①之子勒翁提乌斯②从庇莱厄斯上城里去，路过北城墙外，看到行

---

① 阿格莱翁（Ἀγλαΐωνος），人名。
② 勒翁提乌斯（Λεότιος），人名。

刑者脚下躺着几具尸体。他有一种想要看的欲望，但又感到厌恶而转过身去。他忍了又忍，并且把脸蒙上，【440】最后屈服于这种欲望，他睁大双眼，跑到那些尸体跟前，并且恶狠狠地咒骂自己说：'你自己看吧，你这个邪恶的家伙，把这美景看个够！'"

"我也听说过这个故事。"

"这个故事证明了愤怒向欲望开战，相互对抗。"

"是有这个意思。"

"此外，我们不是还在许多其他场合看到过这样的事情吗？欲望迫使某个人与理智算计对抗，此时他会咒骂自己，【b】并对支配着他内心的欲望表示愤怒，所以这两个部分是在进行一场内战，也就是说激情与理智结盟？但我不认为你能说，你从来没有在你自己身上或在其他人身上看见过激情本身与欲望结盟，做理智已经决定一定不能做的事情。"

"神灵在上，我不能这样说。"

【c】"当一个人认为自己做了某件不正义的事情时会如何？他愈是高尚，他对自己所受到的饥饿、寒冷或其他由他人给予他的苦楚就愈少感到愤怒吗，因为如我所说，他的激情不肯激动？"

"没错。"

"但是，如果相反，要是他相信自己受到不公正的待遇，情况又会怎样呢？他灵魂中的激情不会沸腾和愤怒，为他所相信的正义去战斗吗？他不能忍受饥饿、寒冷，以及其他痛苦，直到取得胜利，【d】他不会停止战斗，直到胜利或者死亡，或者听到内在理智的呼唤方能冷静下来，就像牧羊犬听到牧人的呼唤方才折回吗？"

"激情确实就是这个样子的。当然了，我们已经在我们的城邦里让辅助者像狗一样服从统治者，统治者自己就像城邦的牧人。"

"你对我的意思理解得很透彻。但你也注意到下一步的要点了吗？"

【e】"什么要点？"

"这个激情部分的地位似乎与我们以前的想法正好相反。刚才我们认为它是某种欲望，但是现在大不相同了，因为在这场灵魂的内战中，它宁可站在理智一边。"

"绝对如此。"

"那么它和理智部分还有什么不同吗，或者说，它是理智的一种形式，所以灵魂只有两个部分——理智部分和欲望部分——而不是三个部分？或者倒不如说，就像在城邦里有三个等级使城邦形成一个整体，挣工钱的、辅助者和谋划者，【441】在灵魂中激情部分也是一个第三者，依其本性它是理智部分的助手，只要它还没有被不良教养所腐蚀，是吗？"

"激情必定是第三者。"

"是的，除非我们能够表明它与理智部分不同，就像我们在前面看到它与欲望部分不同。"

"要表明它的不同并不困难。哪怕在儿童身上，都能看到他们一出生就充满激情，【b】而对理智的算计而言，有些孩子似乎从来没有得到过理智，而大部分孩子要很迟才有理智。"

"你说得很好。在动物身上也能看出你说得对。此外，我们早先引用过的荷马的诗可以引以为证，'他捶胸叩心对自己说'。① 因为在这里，荷马显然认为，【c】这个算计好坏的部分与那个愤怒的没有算计的部分是不同的。"

"你说得完全正确。"

"好吧，我们现在已经历尽千辛万苦，艰难地穿越了这片论证的海洋。我们已经很好地达成了一致意见，这个城邦阶层的数量和种类在每个人的灵魂中也出现了。"

"是的。"

"由此必然可以推论，个人的明智的方式与城邦是一样的，个人的智慧所处的部分与城邦也是一样的。"

"没错。"

"个人的勇敢的方式与城邦是一样的，个人的勇敢所处的部分与城邦不也是一样的吗？【d】其他与美德有关的一切事物在个人和城邦里不

---

① 荷马：《奥德赛》20：17。本篇第三卷 390d 处引用过。

也是这样的吗？"

"必然如此。"

"还有，格老孔，我假定我们会说一个人得以正义的方式与一个城邦得以正义的方式是相同的。"

"这也是完全必然的。"

"但我们千万别忘了，城邦之正义在于构成城邦的三个阶层各司其职。"

"我不认为我们会忘了这一点。"

"我们还必须记住，我们中的每个人都要使自身的每个部分各司其职，【e】以便使自己是正义的，做自己分内的事。"

"当然，我们必须记住。"

"那么，既然理智是聪明的，能够代表整个灵魂进行谋划，那就让它来统治，让激情服从它、协助它，这不是很恰当吗？"

"当然是恰当的。"

"那么，如我们所说，一方面是音乐和诗歌的混合教育，另一方面是体育锻炼，使理智和激情这两个部分和谐，通过文雅的言辞和知识扩展养育理智部分，通过舒展的故事安抚激情部分，通过和音与节奏使激情部分温和，【442】难道不是吗？"

"一点儿没错。"

"这两个部分受到这样的哺育和教养，学会了真正意义上的各司其职，将会统治欲望部分，而欲望在每个人的灵魂中是最大的部分，欲望的本性就是贪婪。它们会监视欲望，以免它被所谓的肉体快乐充斥或污染而变得很强大，【b】不愿再守本分，乃至于试图奴役和统治那些它不应该统治的部分，从而颠覆人的整个生活。"

"对。"

"那么，这两个部分不也能很好地完成护卫整个灵魂和身体的工作吗——理智出谋划策，激情投入战斗，跟随它的领导，凭借它的勇敢去执行统治者的意图？"

"是的，没错。"

"我假定，正是由于这个激情部分，我们可以把一个人称作勇敢的，
【c】也就是说，无论处于快乐还是处于痛苦之中，激情都能保持不变，
都能牢记理智给它的信条，知道应当惧怕什么和不应当惧怕什么。"

"对。"

"我们把他称作聪明的，乃是因为他身上的那个起统治作用的小部
分，这个部分制定了那些信条，使他有了知识，知道什么对每个部分有
益，什么对整个灵魂有益，灵魂就是由这三个部分组成的社团。"

"确实如此。"

"不正是由于这些相同部分之间的友好和谐关系，他才被称作有节
制的吗？亦即统治者和被统治者都相信应当由这个理智的部分来统治，
【d】不参与反对它的内战吗？"

"节制确实就是这种关系，而不是别的什么，既在城邦里，又在个
人身上。"

"还有，当然了，一个人得以正义，正是由于我们已经多次提到的
各司其职，以这种方式。"

"必定如此。"

"嗯，那么，我们身上的正义是不清晰的吗？它似乎与我们在城邦
里发现的正义不同？"

"我好像没感到有什么不同。"

"要是我们的灵魂对此还有什么疑惑，诉诸一些平常的事例，
【e】那么我们可以排除这些疑问。"

"哪些平常的事例？"

"比如说，要是我们必须对这样一件事情达成一致意见，我们城邦
里的某位天性和训练相同的人盗用或鲸吞了一笔托付给他保管的金银财
宝，【443】那么你认为，谁会认为是他做了这件事，而不是那些不像他
的人做了这件事？"

"没人会有这种看法。"

"他和盗窃圣物、偷东西、在私人场合或城邦公共事务中出卖朋友
这些事情有什么关系吗？"

"没有，一点儿关系都没有。"

"还有，在恪守誓言和遵守协议方面，他是非常守信的。"

"他怎么会违反呢？"

"通奸、忤逆父母、藐视众神，更像是拥有其他品性的人做的事，而不是他做的事。"

"没错。"

"所有这些事情的原因不就在于他的每一个部分都在各司其职，【b】无论是在统治，还是在被统治吗？"

"是的，不会再有其他原因了。"

"那么，除了把这种力量，这种创造了我们已经描述过的人和城邦的力量视为正义，你还想在此之外寻求正义吗？"

"不，我肯定不会这样做。"

"那么我们的梦想已经完全实现了——在建构我们的城邦之初，我们就猜想①，【c】有某位神的帮助，我们能够发现正义的起源和类型。"

"确凿无疑。"

"确实，格老孔，这条原则是正确的，鞋匠只做他生来适宜的鞋匠的活，而不去做别的事，木匠只做木匠的活，其他人也一样，它就是正义的一种形象——由于这个原因，它是有益的。"

"这很清楚。"

"看起来，正义似乎真的就是这样一种东西。【d】然而，它与某人外在的各司其职没什么关系，而主要涉及他的内在的各司其职，和他本身有关，和他自己的事情有关。一个正义的人不允许自己灵魂的各个部分相互干涉，做其他部分该做的事。他很好地规划安排他自己的事情，统治他自己。他使自己有序，做他自己的朋友，让他自己的三个部分相互协调，就好像在音程中设定了三道限制——高音、低音、中音。他把这些部分和其他居间的东西安排在一起，【e】使之成为一个有节制的、和谐的整体。仅仅到了这个时候，他才采取行动。在这个时候他做任何

---

① 参阅本文 432c—433b。

事情，无论是获取财富、照料身体、从事政治，还是处理私人事务——在所有这些事务中，他相信他的行动是正义的和高尚的，都能保存或帮助产生这种内在的和谐，也可以称它为正义，把它当作智慧或指导这种行为的知识。他相信摧毁这种和谐的行为是不正义的，也可以称它为不正义，【444】把指导这种行为的信条当作愚昧无知。"

"苏格拉底，你说得完全正确。"

"那么，好吧，要是我们声称已经发现了正义的人、正义的城邦，在它们之中的正义是什么，那么我不会假设我们好像撒了一个弥天大谎。"

"不，我们肯定不会这样假设。"

"那么，我们要宣布吗？"

"我们要。"

"那就这样吧。现在，我设想我们必须寻找不正义。"

"显然应当这样做。"

【b】"不正义当然就是三个部分之间的内战，干预其他部分的工作，灵魂的某个部分反叛整个灵魂，为的是不恰当地统治灵魂。造反的这个部分依其本性就适合当奴隶，而其他部分依其本性不是奴隶，而属于统治阶层。我假定，我们会说事情就是这样的，这些部分的混乱和偏离常规就是不正义、放纵、懦怯、无知，简言之，就是完全的恶。"

"它们是这样的。"

"所以，要是我们真的明白了什么是正义和不正义，也就明白了什么是正义地行事，什么是不正义地行事，【c】什么是做不正义的事。"

"为什么会这样？"

"因为，对灵魂来说正义的行动和不正义的行动没有什么区别，胜过对身体来说健康的事物和不健康的事物没有什么区别。"

"以什么方式没有区别？"

"健康的事物产生健康，不健康的事物产生疾病。"

"是的。"

"那么，正义的行动在灵魂中产生正义，【d】不正义的行动在灵魂中产生不正义，不是吗？"

"是的，必定如此。"

"产生健康就是在身体的组成部分中建立一种符合天性的控制与被控制的关系，而产生疾病就是建立一种违反天性的统治与被统治的关系。"

"是的。"

"那么，产生正义就是在灵魂的组成部分中建立一种符合天性的控制关系，由一个部分去控制另一个部分，而产生不正义就是建立一种违反天性的统治与被统治的关系，不是吗？"

"的确如此。"

【e】"由此看来，美德似乎是灵魂的一种健康，一种良好的状态，一种强大，而恶德则是灵魂的一种疾病，一种可耻的状态，一种虚弱。"

"是这样的。"

"那么，良好的生活方式引导人拥有美德，可耻的生活方式引导人拥有恶德，不是吗？"

"必然如此。"

"所以，现在好像还剩一个问题需要考虑：正义地行事、【445】良好地生活、做正义的人，无论别人知道不知道，这样做有利呢？还是不正义地行事、做不正义的人，只要能够逃避惩罚和指责，更加有利？"

"但是，苏格拉底，现在正义和不正义已经被我们说成这个样子，再进行这种考察在我看来似乎很可笑。一个人哪怕拥有各种食物和饮品，拥有大量的财富，拥有各种统治的权力，身体的天性要是毁坏了，这样的生活也会被认为不值得过。【b】所以，哪怕有人能做他希望做的任何事情，只要他能免除恶德和不正义，能使他获得正义和美德，当他的灵魂——他赖以活着的这样东西——被毁灭或处于混乱之中时，他的生活怎么能是值得过的呢？"

"是的，是可笑。但不管怎么说，我们已经行进得相当远，足以看清事情的真相了，所以我们一定不要放弃。"

"这绝对是我们必须做的最后一件事。"

【c】"那么，你就到这儿来吧，这样你就能看到恶德有多少种形式，我认为这些事情还值得考察。"

"我跟得上，你就只管告诉我吧。"

"嗯，从我们已经达到的论证高度来看，美德似乎有一种形式，而恶德有无数种形式，值得提起的恶德有四种。"

"你这话是什么意思？"

"看起来，有多少种灵魂的类型，就有多少种政体的类型。"

"有多少种？"

【d】"有五种政体，也有五种灵魂。"

"哪五种？"

"有一种政体我们已经描述过了。它有两个名称。如果在统治者中出现一位杰出人物，它就叫作王政；如果杰出人物不止一个，它就叫作贵族政体。"

"对。"

"然而，我说这是政体的一种形式。无论统治者中出现的是一位杰出人物还是多位杰出人物，这个城邦的法律不会有重大的变化，【e】如果他们遵循我们描述过的培养和教育。"

"可能不会。"

第 五 卷

【449】"那么，就是这种城邦和政体我称之为好的和正确的，对这种人也一样。确实，要是这种类型是正确的，那么所有其他类型——无论是城邦政府，还是个人灵魂的组织——是坏的和错误的。它们的'坏'有四种形式。"

"哪四种？"他说。

【b】我正要按照递进的秩序列举四种形式的坏，① 坐在阿狄曼图不远处的波勒玛库斯伸出手去抓住阿狄曼图的肩膀，拉他靠近，低声耳语了一番。我们只听到他说，"我们让他过关呢，还是怎么样？"其他的什么都没听清。

"我们肯定不让他过关。"阿狄曼图这时候喊得很响。

我问道："你们不想让谁过关？"

"不让你过关。"

【c】"有什么具体理由吗？"

"我们认为你在敷衍了事，你骗了我们，讨论中有一个重要的部分你丝毫没有涉及。你以为我们不会注意到——以为这是件微不足道的小事——也就是，你提到妻子与孩子的时候说，每个人都明白'朋友间应当共同拥有一切'②。"

"难道我说的不对吗，阿狄曼图？"

"你说得对。但是，这个'对'也像我们讨论过的其他事情一样，要有个解释——在这里要具体解释以什么方式共同拥有，因为做这件事情可以有许多方式。【d】所以，别对我们省略你心里想的是哪一种方式。确实，我们已经等了好久，希望聆听你对生儿育女的高见——怎么把他们生下来，生下来以后又怎么抚养他们——听你解释共同拥有妻子

---

① 这一任务在第八卷进行。

② 参阅本文 423e—424a。

儿女这整个主题。我们认为这会带来很大差别——确实，带来各种差别——而无论体制是正确的还是不正确的。所以，现在，你在充分讨论这些事情之前就开始讨论另一种体制，所以我们决定，你已经听见了，【450】不让你过关，直到你把这些事情全都一样样解释清楚。”

“把我也算上，”格老孔说，“我也支持你们的决定。”

“事实上，苏格拉底，”塞拉西马柯说，“你可以把它看成我们大家的一致决定。”

“你们这是在干什么？”我说，“要和我过不去！你们提议要我进行的论证，实际上就是要重头开始讨论体制！我刚才还很高兴，以为这个问题前面已经讲过，也很满意这些事情都已经被接受。你们不明白，你们的提议就像捅了马蜂窝，【b】引出一大群论证，要我现在来作解释。我早就料到会有这个结果，所以当时绕开这个话题，省去了许多麻烦。”

“嗨，”塞拉西马柯说，“我们是在这里淘金子①，还是在听论证？”

“是后者，”我说，“在理智的范围内。”

“我们是在理智的范围内，苏格拉底，”格老孔说，“对任何有理智的人来说，聆听这种论证是他们一生的事情。所以，你别替我们担心，只要你自己不厌倦。或者倒不如说，把你的想法详细告诉我们吧，我们刚才要你谈论这个主题，【c】亦即护卫者应当如何共同拥有妻子和孩子，如何从小开始抚养儿童，因为从出生到开始接受教育，这一时期似乎是最困难的时期。所以请你试着告诉我们，这种抚养必定是什么样子的。”

“要解释这个主题可不容易，因为它会比我们前面已经讨论过的主题引来更多疑点。人们可能不相信我们说的事情是可能的，哪怕他们认为有可能，但也不相信这样做是最好的。由于这个原因，我犹豫不决，不知要不要提出这个主题，【d】也就是说，我们的论证也许只是一种不切实际的空想。”

---

① 这个谚语式的表达指的是，为了某些更加迷人但较少获利的追求而忽略手头的任务。

"你不必犹豫不决，因为你的听众对你并非漠不关心，不信任，敌视你。"

"你这样说是在鼓励我吗？"

"是的。"

"嗯，结果可能适得其反。要是我对自己要讲的事情既有知识又充满自信，那么你的鼓励很好，能和一些既聪明又亲密的朋友待在一起，谈论我们大家都关心的头等大事，在这种时候讲真话，可以说是既安全又理直气壮。【e】但要是像我现在这样，一边讲一边怀疑自己的看法，视之为一种探讨，那么这样做真的是既可怕又危险。【451】我怕的不是别人的嘲笑——如果是这样的话，那太幼稚了。我怕的是迷失真理，在最不应该摔跤的地方摔个大跟斗，自己跌倒了不算，还要拉着我的朋友统统摔倒。所以，格老孔，我要向阿德拉斯忒①鞠躬，求她宽恕我将要说的话。因为我确实认为，失手杀人其罪尚小，而误导他人对优秀、良好、正义的体制的看法，罪莫大焉。要冒这种险，【b】最好在敌人中间干，不要在朋友中间干，你确实很好地鼓励了我！"

格老孔笑着说道："好吧，苏格拉底，就算你在论证中犯了错误，给我们带来伤害，我们也会把你当作误杀案中的犯人给放了，赦你无罪，不会把你当作骗子。所以你就大胆地说吧。"

"我会说的，因为法律说，不自愿的杀人者被受害方宽恕就可以免罪开释。所以，我的情况符合这条法律。"

"把它当作你为自己做的辩护吧，你往下讲。"

【c】"那么，我不得不回过头来，讲那些按顺序非讲不可的事情，尽管这种做事情的方式也许是正确的，男演员的表演完成之后，再让女演员登台——尤其是你们显得那么着急。"

"由于我们已经描述过男子的出生和教育，所以在我看来，除了遵循我们原先的道路，否则无法确定妇女儿童的归属和使用。在论证中，我们试图把男子立为整个人群的护卫者。"

---

① 　阿德拉斯忒（Αδράστεια），专司报应的复仇女神。

"是的。"

【d】"那就让我们给他们这种出生和抚养，看这样做是否合适。"

"怎么个给法？"

"是这样的。我们认为我们的那些护卫者的妻子也应当担负男护卫者的工作，与他们一道狩猎，做其他相同的工作吗？或者说我们应当让妇女待在家里，因为她们做不了男护卫者的工作，她们必须像母犬一样生养小狗，而让公犬去照管整个畜群吗？"

【e】"所有事情都应当相同，除了母犬较弱，公犬较强。"

"如果你不对它们进行同样的驯养和教育，有可能用任何犬做同样的事情吗？"

"不，不可能。"

"因此，要是我们使用女人做和男人相同的事情，【452】那么她们也必须接受同样的教育。"

"是的。"

"嗯，我们给男子音乐和诗歌，以及体育训练。"

"是的。"

"那么，我们给女子这两门技艺，还要让她们打仗，像使用男人一样使用女人。"

"根据你说的似乎可以推论出这一点来。"

"但也许我们说的这些事情有许多与习俗不同，要是真的像我们说的那样去实施，会引来人们的嗤笑。"

"确实如此。"

"你看其中最可笑的事情是什么？不就是女子也要和男子一道赤身裸体地在体育场里锻炼吗？不仅年轻女子要这样做，而且年纪大的妇女也要这样做——像体育场里的老头一样，【b】尽管已经皱纹满面，让人看了很不顺眼，但仍旧喜爱体育锻炼？"

"是的，现在说的这些事情确实可笑。"

"但是，既然我们已经开始讲述我们的想法，就不要害怕那些耍小聪明的人的俏皮话，他们会说的无非就是音乐和诗歌的变化、体育训练和文化教育，还有——最后的，但并非最不重要的——【c】携带兵器和骑马。"

"你说得对。"

"既然我们已经开始谈论这个问题，就要继续朝着更加艰难的法律部分前进，请那些人不要轻薄（尽管这也是他们自己的工作），而要严肃地对待这些事情。他们应当记住，就在不久以前，希腊人自己也认为男子赤身裸体给人家看是可耻的和可笑的（就像大多数野蛮人现在仍旧认为的那样），当初克里特人和后来拉栖代蒙人开始体育运动，【d】也被那些个时代耍小聪明的人当作笑柄。或者说，你不这样认为？"

"我认为是这样的。"

"但是我想，既然在实践中已经发现赤身裸体比遮蔽全身要好，那么对眼睛显得可笑的事物必将在被论证表明是最优秀的事物面前消失。这就清楚地表明，把任何内在事物当作坏的，这样想是愚蠢的，试图嗤笑任何内在的东西，把它当作坏的或恶的，也是愚蠢的，【e】换句话说，不严肃地以好为标准，而以其他任何标准来衡量优美的东西是愚蠢的。"

"绝对如此。"

"然而，我们不是必须先对我们的建议是否行得通达成一致意见吗？我们不是必须告诉任何一位希望有机会向我们提问的人——无论是开玩笑还是认真的——女子按其天性能够胜任男子的一切工作，【453】或者一样都不能胜任，或者能够胜任几样，不能胜任另外几样，我们要问打仗属于哪个阶层的工作？以此作为一个良好的出发点，不也像是能得到最圆满的结论吗？"

"当然。"

"那么，我们要不要代表那些有这种想法的人向我们自己发问，以免他们的问题由于他们不在场而落空呢？"

【b】"没有任何理由不让你这样做。"

"那么，让我们代表他们说：'苏格拉底和格老孔，没有必要让别人来和你们争论，因为你们自己在开始创建你们的城邦时已经同意，每个人都必须按其天性做他自己的工作。'"

"我认为我们肯定会表示同意。"

"你们能够否认女人的天性与男人的天性有很大差别吗?"

"当然不能。"

"那么按其天性给他们每个人指派不同的工作有什么不妥呢?"

【c】"当然可以这样做。"

"那么,你们犯了自相矛盾的错误,既认为男人和女人必须做同样的事情,又承认他们的天性有巨大差别,不是吗?"

"你对这样的责难有什么要辩护的吗?"

"要应对这项突如其来的责难不是一件易事,所以我想请你代表我们这一方来解释这个论证,无论解释成什么样。"

"诸如此类的难题,格老孔,我早已有了预见,所以我犹豫不决,想要回避有关拥有和抚养妇女儿童的立法问题。"

【d】"宙斯在上,这好像不是一件易事。"

"当然不是。但是事实上,一个人既然已经跌入水中,那么不管是在小水池里还是在大海中央,他必须游泳。"

"他肯定要游。"

"所以,我们也必须游泳,试着在这片论证的汪洋大海中拯救我们自己,希望能有海豚来把我们托起,① 或者说其他还有什么救命的办法。"

【e】"好像是这样的。"

"那么,来吧。让我们来看是否能找到出路。我们已经同意不同天性的人必须遵循不同的生活方式,男人的天性和女人的天性是不同的。但是我们现在说,这些不同的天性必须遵循相同的生活方式。这不是我们自相矛盾的地方吗?"

"确实是的。"

【454】"哈哈! 格老孔,争论这门技艺的力量的确伟大!"

---

① 参阅希罗多德:《历史》1.23—24,阿里翁(Αριον)被海豚救起的故事。

"为什么要这样说?"

"因为许多人违背自己的意愿,跌入这个泥坑。他们以为他们不是在争论,而是在谈话,因为他们不能使用按照类型来划分的方法来考察已经说过的话。因此,他们只知道寻找字面上的矛盾,他们是在进行争论而不是在谈话。"

"这种情况确实发生在许多人身上,但是,我们现在不是这样的,是吗?"

【b】"我们肯定是这样的,在我看来,不管怎么说,我们正在违背我们的意愿,跌入争论的泥坑。"

"怎么跌入的?"

"我们勇敢地坚持天性不同的人必须遵循不同的生活方式的原则,但只在字面上进行争论。但是,当我们把不同的生活方式指定给具有不同天性的人、把相同的生活方式指定给具有相同天性的人时,我们没有考察我们心里想的天性之间不同与相同的形式,或者我们区分的是哪个方面。"

"对,我们没有考察这些问题。"

【c】"因此,我们好像可以问自己,秃头的男人和长发的男人的天性是相同的还是不同的。如果我们同意他们是不同的,那么要是秃头的男人做鞋匠,我们就得禁止长发的男人做鞋匠,要是长发的男人做鞋匠,我们就得禁止秃头的男人做鞋匠。"

"要是这样的话,那真是可笑极了。"

"我们落入这种可笑的境地,不就是因为我们当时没有引入天性不同和相同的各种形式,而只专注于一种与具体的生活方式本身相关的相同和不同的形式吗?我们认为,比如说,【d】男医生和女医生都拥有同样天性的灵魂。或者说,你不这样认为?"

"我是这样看的。"

"但是,医生和木匠具有不同的天性吗?"

"完全不同,我肯定。"

"然而,要是从某种具体技艺或生活方式来看男性和女性是不同的,那么我们会说必须给他们规定相关的技艺或生活方式。但若他们仅在下面这个方面不同，女性受精生子而男性授精，那么我们会说在我们正在谈论的这些方面，没有证据表明男女之间有什么差别，【e】我们要继续相信我们的护卫者和他们的妻子必须拥有相同的生活方式。"

"应该这样。"

"下面，我们要让那些持有相反观点的人来指点我们，涉及那些与城邦体制有关的技艺或生活方式，男人和女人的天性是不同的，【455】还是相同的？"

"不管怎么说，这个问题挺公平合理。"

"他也许会像你刚才那样说要马上作出回答不是一件易事，但若有足够的时间考虑这个问题并不难。"

"是的，他也许会这么说。"

"我们要请那个提出反对意见的人跟随我们，【b】看我们能否向他表明，有哪一种与城邦管理有关的生活方式对女人来说是独特的？"

"当然。"

"我们会对他说：'来吧，回答我们的问题，这就是你的意思吗，一个人天性适合做某件事情，另一个人天性不适合做这件事情？一个人学起来很容易，另一个人学起来很难；一个人稍加点拨就能自己去发现，而另一个人学了很长时间也还记不住他学的东西；一个人的身体能够很好地为他的思考服务，而另一个人的身体反对他的思考。【c】除了这些事情以外，你还有什么事情可以用来区分哪些人天性适合做某些事情，哪些人天性不适合吗？'"

"没有人会宣称还有其他事情。"

"你知道有什么凡人从事的工作，男性在所有这些方面并不优于女性吗？或者说，我们必须详细提及纺织、烤饼和烹调这些事情吗，人们相信女性擅长做这些事情，【d】女性要是做不好这些事情会成为笑柄？"

"没错，一种性别几乎在所有事情上都要卓越得多，尽管有许多女人在许多事情上比许多男人强，但总的说来，是你说的这个样子。"

"所以，没有哪一种与城邦管理有关的生活方式是专门属于女人的，因为她是一个女人，或者专门属于男人的，因为他是一个男人，而是各种天性都以同样的方式对男人和女人都有所贡献。女人凭其天性可以按各种生活方式生活，就像男人一样，【e】但是总的说来，女人比男人要弱一些。"

"当然。"

"那么，我们要把所有生活方式都指定给男人，而一样也不指定给女人吗？"

"我们怎么能这样做呢？"

"我假定，我们会说，按其天性来说，一个女人是医生，另一个不是，一个女人是乐师，而另一个不是。"

"当然。"

【456】"然而，我们不会说一个女人喜欢运动或爱好打仗，而另一个女人不喜欢打仗，也不是体育训练的爱好者吗？"

"我假定我们会这样说的。"

"还有，我们不会说一个女人喜欢哲学或者是智慧的爱好者，而另一个女人恨智慧吗？我们不会说一个女人有激情，另一个女人没有激情吗？"

"我们也会这样说。"

"所以，一个女人具有护卫者的天性，而另一个女人没有，这些天性不正是我们在挑选出来担任护卫者的那些男人身上寻找的吗？"

"当然。"

"然而，男人和女人在护卫城邦方面的天性是一样的，只不过女人弱一些，男人强一些罢了。"

"显然如此。"

【b】"所以，这种女子必须选来与同样类型的男子住在一起，共同担负护卫者的职责，因为她们都适合承担这项任务，在天性上与男子相同。"

"当然。"

"我们一定不要把同样的生活方式指定给同样天性的人吗？"

“我们一定要。”

“那么，再回到我们前面讲过的意思上来，我们同意，让护卫者的妻子们接受音乐和诗歌的教育，接受体育锻炼，这样做并不违反天性。”

“绝对如此。”

【c】“所以，我们的立法不是不可能的，也不是不切实际的空想，因为我们建立的法律是合乎天性的。倒不如说，当前的一些事情反倒是这样的，是违反天性的。”

“好像是这样。”

“嗯，我们不是在试图确定我们的建议既是可能的又是乐观的吗？”

“是的，我们是在这样做。”

“我们不是已经同意它们是可能的吗？”

“是的。”

“那么，我们下面不是必须就它们是否是乐观的达成一致意见吗？”

“显然是的。”

“我们应当进行一种教育以造就女护卫者，然后进行另一种教育以造就男护卫者吗，【d】尤其是他们从一开始就拥有相同的天性？”

“不。”

“那么关于这一点你是怎么想的？”

“什么？”

“一个男人比较好，另一个男人比较差。或者说，你认为他们全都一个样？”

“当然不一样。”

“在我们正在建造的这个城邦里，你认为谁会被证明是比较好的男人，是接受了我们所说的这种教育的护卫者，还是接受了制鞋教育的鞋匠？”

“你的问题很可笑。”

【e】“我明白你的意思。确实，这些护卫者不是最优秀的公民吗？”

“他们比其他公民要好得多。”

“女护卫者如何？她们不是最优秀的女人吗？”

"是的，她们比其他女人要好得多。"

"对一个城邦来说，拥有这些可能是最优秀的男人和女人做它的公民，还有比这更好的事情吗？"

"没有。"

"不就是音乐、诗歌、体育锻炼以我们说过的方式提供了支持，【457】才带来这样的结果吗？"

"当然。"

"那么我们建立的法律不仅是可能的，而且对城邦来说也是乐观的吗？"

"是的。"

"那么担任护卫者的女子必须裸体操练，因为她们以美德为衣，而非穿着布服。她们也必须同男子一起参战，履行护卫者在城邦里的其他职责，而不做其他事情。但是必须派她们承担比较轻的工作，因为她们的性别较弱。嘲笑女子裸体操练的男子顶多就是在'采摘不熟之果'，①【b】自己不智，反笑人愚，他好像不知道自己在笑什么或做什么，因为，有益的是美好的，有害的是丑陋的，这句话现在是至理名言，将来也是至理名言。"

"绝对如此。"

"那么，我们能说，在我们有关女子立法的讨论中，我们已经躲过了一波批判的浪潮，我们没有遭受灭顶之灾，因为我们确定男护卫者和女护卫者必须共享他们的整个生活方式，【c】而在表述这样做既是可能的又是有益的时候，我们的论证是前后一致的。"

"你躲过的这波浪潮可不算小。"

"要是看到后面跟来的波浪，你就不会说第一波浪潮大了。"

"你继续说，让我来决定大不大。"

"我假定，下面这条法律与最后的法律是一致的，其他法律先于这

---

① 柏拉图在这里借用了品达的一句诗，"采摘不熟的智慧之果"，参阅品达：《残篇》209。

条最后的法律。”

“哪一条法律是最后的法律？”

【d】“所有女子归全体男子共有，没有一位女子可以与任何男子私下生活，儿童也一样，他们被共同拥有，所以没有哪个父母知道他自己的子女，或者没有哪个孩子知道他自己的父母。”

“这一波浪潮比前面那一波大得多，因为会有人怀疑它的可能性，或者怀疑它是否有益。”

“要是这条法律确实是可能的，那么我不认为它的有益性会遭到驳斥，或者有人会否认共同拥有妇女儿童是最大的善。而我认为关于它是否可能会有许多不同的意见。”

【e】“我认为这两个方面都会引起激烈的争论。”

“你的意思是我要腹背受敌了。我原来以为，要是你相信这个建议是有益的，那么我就可以避开这个方面，只需要处理它是否可能。”

“但你不可能开溜而不被人注意，所以你必须为这两个方面提供论证。”

“那么好吧，我必须认罚，但是求你开恩。让我像过节一样，做那些独自徘徊的思想懒汉做的事。【458】不是去发现这些事情实际上是怎么发生的，而是放过这个问题，以避免自寻烦恼去考虑它们是否可能。他们假定他们期望的东西是现成的，于是就开始安排其他事情，快乐地思考一旦拥有他们想要的东西他们会做的一切，但这样一来会使他们原先懒惰的灵魂变得更加懒惰。【b】现在，我自己也变得软弱了，所以我想推迟考虑我们的建议的可行性。有你的允许，我会假定它是可行的，并且考察统治者在实施时如何安排这些事情。我会试着说明，没有其他事情比这些安排对城邦和它的护卫者更加有益了。这就是我要和你一道首先考察的事情，然后我会处理其他问题，但仅当你允许我以这种方式这样做。”

“你得到了我的许可，所以开始你的考察吧。”

“我假定，我们的统治者和辅助者——如果他们确实配得上这些名称——【c】会分别自愿地发布命令和服从命令。在某些事情上，统治者本人要服从我们的法律，在其他一些事情上，亦即在我们留给他们自行决定的事情上，他们会按照我们法律的精神发布指示。"

"可能是这样的。"

"那么你，作为他们的立法者，就像你挑选男子一样，会挑选一些本性尽可能与男子相同的女子，把她们交给这些男子。由于他们拥有共同的住所和饮食，而不是分开居住，【d】共同生活，一起参加体育锻炼，所以我假定，他们会在成长过程中，在内在的必然性的引导下进行两性结合。或者说，你不认为我们在这里谈论的事情是必然的？"

"这种必然不是几何学中的必然，而是爱欲的必然，他们在说服和强迫大多数人的时候，可能会做得比其他人好。"

"没错。但是，格老孔，下一个要点是，在一个幸福的人的城邦里，两性之间的乱交是不虔诚的，【e】统治者不会允许这种事发生。"

"不会，因为这种事情是不对的。"

"那么很清楚，我们的下一项任务就是使婚姻尽可能神圣。神圣的婚姻是最有益的婚姻。"

"绝对如此。"

"那么，婚姻怎样才能是最有益的呢？告诉我，格老孔，【459】我看到你家里养着一些猎犬和一群纯种斗鸡。你留意过它们的交配与繁殖方面的事情吗？"

"哪些事情？"

"首先，尽管它们全都品种纯正，但还是有一些是最好的，并证明它们自己是最好的吗？"

"有。"

"你会让它们都繁殖，还是试着尽可能让那些最好的繁殖？"

"我会试着让那些最好的繁殖。"

【b】"你会让最年轻的繁殖，还是让最老的繁殖，或者让那些处于壮年的繁殖？"

"选那些处于壮年的。"

"你认为，要是不这样选种，你的猎犬和斗鸡就会退化吗？"

"是的。"

"马和其他牲口的情况如何？会和猎犬、斗鸡有什么不同吗？"

"要是有什么不同，那才怪呢。"

"天哪！要是人的繁殖也是这样，我们确实极为需要卓越的统治者。"

【c】"人的繁殖确实也是这样的。但那又怎样？"

"因为我们的统治者到那时不得不使用大量的药物。一名低劣的医生不恰当地处理那些不需要吃药、但愿意按规定节食养生的人，我们知道这个时候需要一名比较大胆的医生。"

"没错。不过你心里想的到底是什么？"

"我的意思是，为了那些被统治者的利益，我们的统治者好像不得不说假话，欺骗他们。我们说过，【d】诸如此类的虚假是有用的，可以当作一种形式的药。"①

"我们是对的。"

"嗯，我们好像是对的，尤其是涉及婚姻和生育子女。"

"为什么是对的？"

"从我们的前提可以推论：首先，最优秀的男子要和最优秀的女子尽可能频繁地交配，反之，最差的男子要和最差的女子交配；其次，如果我们的种群要具有最高品质，前者生育的后代必须抚养，【e】而后者生育的后代一定不要抚养。为了让我们的护卫者群体避免相互争吵，除了统治者，这件事情不能让其他人知道。"

"绝对正确。"

"因此通过立法制定某些节日和献祭，在此期间我们把新郎和新娘带到一起来，我们会指示我们的诗人创作一些适宜的赞美诗到场致贺。【460】我们把婚姻的数量留给统治者去决定，而他们要考虑到战争、疾病以及其他因素，要让男性的数量尽可能保持稳定，以便使这个城邦尽可能既不变大，也不缩小。"

---

① 参阅本文 382c 以下，414b 以下。

"对。"

"那么，会有某些巧妙的抽签办法引进，这样的话，在每次婚姻的时候，我们提到过的那些较差的人会责怪自己运气不好，而不是责怪统治者没选上他们。"

"会有这种办法的。"

"擅长打仗和其他事务的年轻人会得到荣誉和奖励，【b】我们必须允许他们有更多的机会与女人交配，以此作为对他们的一项奖励，因为这也是一项很好的借口，让他们能够尽可能多地生下后代。"

"对。"

"那么，孩子生下来以后，要交给专门负责这件事情的官员，他们既可以是男的，也可以是女的，或者男女都有，因为这些职务对两性都开放。"

"对。"

【c】"我想，他们会把优秀的父母生的孩子送到负责抚养孩子的保姆那里去，在城里的某个独立的部分建有育婴棚，而那些低劣的父母生的孩子，或者其他天生就有缺陷的孩子，他们会把这些孩子隐藏在一个秘密的、不为人知的地方，这样做是恰当的。"

"为了保持护卫者这个等级的品种纯洁，这样做是恰当的。"

"保姆们不也要监管给孩子喂奶的事情吗，母亲们有奶水的时候，就带她们到育婴棚里来给孩子喂奶，但要提防她们认出自己的亲生孩子，【d】要是母亲奶水不够，就另找奶妈？他们不也要操心让母亲们喂奶时间合理，以及让奶妈和其他护工去处理孩子夜间不眠之类的麻烦事吗？"

"你让护卫者的妻子生孩子变得很容易。"

"只有这样做才是恰当的，所以让我们来谈我们建议的下一件事情。我们说过，这些孩子的父母应当处于壮年。"

"对。"

【e】"你赞同女人的壮年大约延续二十年，男人的壮年大约延续三十年吗？"

"你是怎么算的?"

"女人从二十岁到四十岁为城邦生孩子,男人从他刚过跑得最快的时候起一直生到五十五岁。"

【461】"不管怎么说,这是身心两方面的壮年。"

"那么,要是为城邦生育的人比我们说的这个年龄年轻或者年老,我们会说他们冒犯了法律,他们的行为既不是虔敬的又不是正义的,因为即使他们能偷偷地把孩子生下来,这些孩子也得不到男女祭司在婚礼上提供的那种祷告和祝福,整个城邦也要求孩子们的优秀父母始终能够证明自己仍旧是比较好的和更加有益的。"

【b】"没错。"

"同样的法律也适用于这样的情况,一名仍旧处于生育期的男子与一名处于生育期的女子苟合生子,未经统治者的批准。我们会说他给城邦送来了一个不合法的、未经批准的、褒渎神明的孩子。"

"绝对正确。"

"然而我想,当女子和男子过了生育年龄,我们就给他们与自己的意中人过性生活的自由,【c】除了对男人来说,不能与他的女儿、他的母亲、他的女儿的孩子、他的母亲的祖辈有这样的关系,对女人来说,不能与她的儿子、她的儿子的后代、她的父亲、她的父亲的祖辈有这样的关系。得到了这些指示,他们应当十分小心,不要让一个胎儿见到阳光,但若迫不得已生下了婴儿,他们必须自己处理,要知道城邦不会抚养他。"

"你讲得很有道理。但是他们怎样才能识别他们的父亲和女儿,【d】以及你刚才提到的其他人呢?"

"他们无法识别。但是一个男人可以把在他结婚以后第十个月或第七个月里出生的所有孩子都叫作他的儿子,如果他们是男的,把那个时候出生的所有孩子都叫作他的女儿,如果她们是女的,这些孩子都叫他父亲。他会把这些孩子生的子女叫作孙子和孙女,而这些孙子和孙女都会叫他和他的同辈为祖父或祖母。同一个时候出生的他们的父母有了孩子,他们都称之为兄弟姐妹。【e】就这样,如我们所说,这些相关的群体之间就可以避免性关系了。但若通过抽签，并有庇提亚①的批准，那么法律允许兄弟姐妹有性关系。"

"绝对正确。"

"所以，格老孔，这就是你的城邦的护卫者如何共同拥有妻子和孩子。我们现在必须确认，这种安排与这种体制的其他部分是一致的，而且是最好的办法。或者说，我们要开始确认还有其他方式吗？"

【462】"以同样的方式。"

"那么，我们达成一致意见的第一步不就是问自己，在设计这个城邦的时候，什么是最大的善——立法者在立法时当作目标的那个善——和什么是最大的恶吗？下一步不就是考察我们刚才描述过的制度适合这种善而不适合这种恶的路径吗？"

"当然。"

"对一个城邦来说，我们能够提出什么比搞分裂更大的恶吗？【b】或者说，我们能够提出什么比城邦的团结和统一更大的善吗？"

"没有，我们不能。"

"当全体公民都能尽量做到为同样的成功或失败而欢乐或悲伤的时候，这种同甘共苦不就是维系城邦团结的纽带吗？"

"绝对是这样的。"

"但是，当同一件事情在这个城邦里或在它的民众中发生，有些人极为痛苦，有些人极为欢乐，【c】那么这种快乐与痛苦的个体化不会瓦解城邦吗？"

"当然会。"

"每当'我的''不是我的'这样一些词被异口同声地说出来时，这种事情不就发生了吗？与此相同的不是还有'别人的'这个词吗？"

"确实是这么回事。"

"那么，治理得最好的城邦里的大多数民众对同样的事物会以同样的方式说'我的'和'不是我的'吗？"

---

① 庇提亚（Πυθία），德尔斐阿波罗神的女祭司。

"确实会。"

"与个人非常相似的城邦如何？比如，我们中间某个人的手指受了伤，把身体与灵魂结合为一个完整有机体的那个内在的统治部分知道手指受了伤，这个整体能与受伤的部分一起感到痛苦。【d】对一个人的任何部分都可以这样说，无论是受伤害感到痛苦，还是缓解时体验到快乐。"

"当然是这样的。不过，还是回到你的问题上来，治理得最好的城邦最像一个这样的人。"

"所以，每当有一位公民碰上了一件好事或坏事，这样的城邦里的其他所有公民都会说这个受影响的部分是他自己的，【e】都会作为一个整体来分享快乐或痛苦。"

"如果它有良好的法律，事情必定如此。"

"现在该回到我们自己的城邦里来了，在它那里观看我们已经同意了的这些特点，确定是它还是其他某些城邦在最大程度上拥有这些特点。"

"我们必须这样做。"

"其他那些城邦如何？在那些城邦里不也有统治者和民众吗，【463】就像我们的城邦一样？"

"有。"

"除了公民同胞外，那些城邦里的民众把统治者叫作什么？"

"在许多城邦里，民众把统治者叫作君主，而在民主制的城邦里，统治者只称统治者。"

"我们的城邦里的民众如何？除了公民同胞外，民众把他们的统治者叫作什么？"

【b】"护卫者和辅助者。"

"他们又怎样称民众？"

"供给与税赋的提供者。"

"在其他城邦里，统治者怎样称呼民众？"

"奴隶。"

"统治者相互之间又怎么称呼呢?"

"共治者。"

"我们的统治者相互之间又怎么称呼呢?"

"共同护卫者。"

"你能告诉我吗,在其他那些城邦里,一名统治者是否会把他的某些共治者当作他的亲戚,【c】而把另外一些共治者当作外人?"

"是的,许多统治者会这样做。"

"这样的统治者不是在把他的亲戚当作他自己,而把那些外人不当作他自己吗?"

"是这样的。"

"你们的护卫者如何?他们中间有人会把一名共治者当作外人,或者这样称呼他吗?"

"肯定不会,因为无论碰上谁,他都知道他碰到的是他的兄弟或姐妹、父亲或母亲、儿子或女儿,或者是这些人的前辈或后代。"

"你说得好极了。不过请你告诉我,你的法律仅仅需要使用这些亲属的名称,还是也要求做与之相应的事情?【d】他们必须尊敬、关心、照顾、服从他们的'父亲'吗,就像我们按照法律的要求对我们的父母所表现的那样?如果他们不这样做,那么他们在众神和凡人手中不是相当糟糕吗,就像那些行为既不虔敬又不正义的人?这些事情就是全体公民从小就听到的神谕般的格言吗,或者说关于他们的父亲——或者被告知是他们的父亲的那些人——和其他亲戚,他们会听到其他一些事情?"

【e】"是前者。要是他们只有亲属之空名而不做相应的事情,那么是很荒谬的。"

"所以,在我们的城邦里,而非在别的城邦,他们会更多地、异口同声地使用我们刚才提到的那些词。而当他们中的任何人做相应的事情做得好或坏,他们会说'我'做得好或者说'我'做得坏。"

"绝对正确。"

"嗯,我们不是说,【464】拥有和表达这种信念与后续的同甘共苦紧密相连吗?"

"是的，我们这样说是对的。"

"那么，我们的公民比其他任何人更多地拥有一种共同的东西吗，他们把这种东西称作'我的'？有了这种共同的东西，他们不是比其他任何人更多地拥有同甘共苦吗？"

"当然。"

"还有，除了其他体制，护卫者们共同拥有妻子与儿女不也是产生这种情感的原因吗？"

"这肯定是一个主要原因。"

【b】"但是，我们同意过，同甘共苦对城邦来说是最大的善，我们已经把一个治理良好的城邦比作身体，我们讲过身体对它的任何一个部分遭受的痛苦或快乐会作出的反应。"

"我们表示同意是对的。"

"那么，我们这个城邦的最大的善的原因已经显示出来，它就是辅助者共同拥有妻子儿女。"

"是这么回事。"

"当然了，这一点与我们前面说过的话是一致的，因为我们在某个地方说过，如果他们想成为护卫者，他们一定不能私人拥有房屋、财产或所有物，而必须从其他公民那里得到供养，【c】作为他们担任护卫者的薪酬，共同享有。"①

"对。"

"那么，正如我宣称过的那样，把我们现在说的和我们前面说的放在一起，从他们中间造就更加好的护卫者，防止他们由于不把同样的事情称作'我的'而分裂城邦，不也是对的吗？要是不同的人把这个词用到不同的事情上，一个人就会把他能从其他人那里弄到手的东西都拿回自己的房子里，另一个人就会把东西都拿回不同的房子，给不同的妻子儿女，【d】这样做就会使快乐与痛苦成为私人的事情。但是我们的民众，另一方面，会把相同的事情当作他们自己的，旨在同一目标，尽可

---

①　参阅本文 416d 以下。

能地同甘共苦。"

"务必如此。"

"还有，法律诉讼和相互指控如何？这样的事情在他们中间不会消失殆尽吗，因为除了他们自己的身体，其他一切都是共有的？因此，他们会避免人们之间由于拥有金钱、【e】子女和家庭而产生纷争。"

"他们肯定会避免。"

"他们中间也不会产生因行凶斗殴而引发的法律诉讼，因为我们会宣布，同龄人之间的自卫是一件好事，是正义的，因为这会迫使他们保持身体强健。"

"对。"

【465】"这条法律是正确的还有另外一个原因，要是一名充满激情的人以这种方式发泄了他的怒气，也就不会更加严重地争吵了。"

"当然。"

"但是，应当授权给一位年长者去统领和惩罚所有年纪较轻的人。"

"显然应当如此。"

"当然了，一名年纪较轻的人显然不能对年长者动武或者殴打他，也不能以其他方式羞辱他，除非统治者命令他这样做，因为有两名护卫足以防止他们这样做——羞耻与恐惧。羞耻可以防止他对他的父母动手，恐惧会让其他人来帮助受害人，【b】前来援助的有的是他的儿子，有的是他的兄弟，有的是他的父亲。"

"它们会产生这样的效果。"

"所以，在各种情况下，这些法律不会引导人们相互之间和平地生活吗？"

"就是这样的。"

"要是护卫者中间没有纷争，那么城邦里的其他人就不会有爆发内战的危险，要么是与护卫者，要么是在他们中间。"

"肯定不会。"

"我有点儿犹豫，不知该不该提起这样一些护卫者应当避免的小事，因为他们好像不会有这种事：穷人奉承有钱人、【c】抚养子女的辛苦、挣钱养家糊口、借钱和还债、想尽各种办法搞到足够的钱，交给他们的妻子和家奴去管。人们在这些事情上要忍受各种麻烦，这些事显然都是卑微的，不值得讨论。"

【d】"甚至连瞎子也能明白这个道理。"

"他们将免除所有这些麻烦，他们的生活比奥林比亚① 赛会的胜利者还要幸福。"

"怎么会呢?"

"奥林比亚赛会的胜利者被认为是幸福的，但他们的幸福只有一小部分适用于我们的护卫者，因为护卫者们的胜利更加伟大，对他们的公费供养更加全面。他们获得的胜利是使整个城邦得以保存，他们本人及其子女得到供养和生活必需品是他们的胜利花冠。他们生前从城邦得到奖赏，【e】死后得到哀荣备至的安葬。"

"这些事情善莫大焉。"

"你还记得吗，在我们前面的讨论中，有人——我忘了是谁——使我们震惊，说我们没有使我们的护卫者幸福，他们有可能拥有属于公民的一切，但他们自己一无所有?【466】我们说，我想，要是这个问题问得恰到好处，我们会加以思考的，但我们当时所关心的是使我们的护卫者成为真正的护卫者，尽力使这座城邦成为最幸福的城邦，而不是只寻找这个城邦的某个群体，使它幸福。"②

"我记得。"

"那么好，要是我们的辅助者的生活比奥林比亚赛会胜利者的生活还要好得多，【b】我们还需要拿他们的生活与鞋匠、农夫，或其他匠人的生活作比较吗?"

"我不这样想。"

"那么，在此不妨把我当时说的话重复一下，要是一名护卫者以这样一种使他不再成其为护卫者的方式追求幸福，不满足于过一种节制、

---

① 奥林比亚（Ὀλυμπία），地名。

② 参阅本文 419a 以下。

稳定、高尚的生活——如我们所说——而是被一种愚蠢而又幼稚的幸福观所捕获，在它的怂恿下，利用他的权力在城邦里为自己攫取一切，【c】那么他会知道赫西奥德说的话确实有智慧，'一半在某种意义上多于全部'。"①

"如果他接受我的劝告，他会保持他自己的生活方式。"

"那么，你同意女子和男子应当在教育中相互联系，一起做与子女有关的事情，按我们描述的方式保卫其他公民；无论是待在城邦里，还是去打仗，他们必须一起警卫，像猎犬一样一道狩猎【d】，尽可能共享一切；这样一来，他们会把事情做得最好，而且既不违反女子与男子相比而言的那些天性，也不违反男女之间的天然联系。"

"我同意。"

"那么，剩下来有待我们确定的问题，不就是有无可能像在其他动物中那样在人中间建立这样的联系，并说出这种联系怎样才能建立吗?"

"你说了我正想说的话。"

【e】"就战争而言，我认为，他们会怎样参加战争是清楚的。"

"怎么个清楚法?"

"男子和女子会一起参战。他们还会带上那些强健的孩子，让孩子们像其他工匠的孩子一样，从小观看他们自己长大以后必须做的事情。除了观看，孩子们也能承担各种军中勤务，帮助他们的父母。【467】你没注意到在其他技艺中，比如，陶工的孩子在自己正式制作陶器以前，如何长时间地当助手和观看吗?"

"我确实注意到了。"

"这些匠人应该比我们的护卫者更加在意通过恰当的经验和观察训练他们的孩子吗?"

"当然不，要是这样的话，那就太可笑了。"

【b】"另外，每一种动物在打斗时，只要有幼崽在场，都会更加勇猛。"

---

① 赫西奥德:《工作与时日》40。

"是这样的。但是，苏格拉底，这样做在打败仗的时候相当危险——这样的事情在战争中很容易发生——他们会失去子女，自己也送了命，这样一来其他人想要复兴城邦也就不可能了。"

"你说得对。但你认为我们应当给他们规定的第一件事情是避免一切危险吗？"

"我决不是这个意思。"

【c】"那么好，要是人们必须面对某些危险，而他们顺利通过了，那么不就可以使他们有所长进吗？"

"显然如此。"

"你认为，对那些将要成为武士的男子来说，让他们在还是孩子的时候就观看战争会产生很小的差别，因此不值得让他们冒险去这样做吗？"

"我不这样看，这样做会产生你在谈论的这些区别。"

"那么，以此为前提，那些观看战争的孩子，要是我们采取措施保证他们的安全，这样做就万事大吉了，不是吗？"

"是的。"

"嗯，那么，首先，他们的父亲们不能是愚昧无知的，不知道哪些战役有危险，【d】哪些战役没危险，而是有这方面的知识，像其他任何人那样，不是吗？"

"可能是这样的。"

"那么，有些战役他们会带孩子去，有些战役不会带孩子去，对吗？"

"对。"

"他们会安排一些官员来管理他们，这些官员在年龄和经验两方面都配做他们的领袖和导师吗？"

"这样做是恰当的。"

"但是，如我们所说，经常会发生不可预见的事情。"

"的确如此。"

"想到这一点，我们必须给孩子们从小装上翅膀，让他们遇到危险就可以振翼高飞，脱离险境。"

【e】"你这是什么意思？"

"我们必须尽可能早地让孩子们学习骑马——不骑那种好斗的劣马，要骑那种跑得快而又容易驾驭的良马——等他们学会了骑马，再带他们去观看打仗。以这样的方式，他们会很好地观看他们自己将来要做的事情，若有需要，他们也能遵循以往较早得到的指示，安全撤离。"

"我认为你说得对。"

【468】"战争本身如何？你的士兵们应该如何对待自己人和敌人？关于这一点我的想法对不对？"

"先把你的想法告诉我。"

"若他们中有一人擅离职守，或者扔掉他的盾牌，或者由于胆怯而有其他诸如此类的行为，那么不应当把他降为工匠或农夫吗？"

"务必如此。"

"还有，不应当把任何一名被活捉的敌人留下，作为送给捕获者的礼物吗？"

【b】"务必如此。"

"但是，你不认为任何一位卓越超群的人在战役中就应当赢得高度尊敬，每一位成年人和随队出征的儿童都会为他戴上花冠吗？"

"我是这样想的。"

"伸出右手握手如何？"

"这也是应该的。"

"但我认为你可能想不到下面这个行为？"

"什么行为？"

【c】"他应当亲吻每个人，每个人也应当亲吻他。"

"这是最应当做的事情。我要把这一条添加到法律中去：只要战争还在延续，他想亲吻谁就亲吻谁，无论谁都不许拒绝，这样一来，要是他们中的某一个正好与另一个相爱，无论是男还是女，他都会更加渴望赢得这种对勇敢的奖赏。"

"好极了。我们已经说过，由于他是一个好人，更多的婚礼在等着他，他比其他人有更多的机会被挑选来做这样的事情，这样一来，他会尽可能多地生育子女。”

“是的，我们确实说过这件事。”

“确实，按照荷马的说法，【d】这只是用来荣耀那些优秀的年轻人的方法，因为他说埃阿斯[①] 打仗非常勇猛，‘在宴席上受到全副里脊肉的款待’。[②] 这是对年轻勇士的一种恰当的荣耀，因为这样做也能增强他的体力。”

“绝对正确。”

“所以，我们至少要在这些事情上把荷马当向导。只要那些好人表明他们自己是优秀的，我们就在献祭时荣耀他们，在所有这样的场合为他们唱颂歌，‘荣耀的席位、肉食和满杯的葡萄酒’[③]，以及用我们提到过的所有其他方式，【e】还有，除了荣耀优秀的男人和女人外，我们还要继续训练他们。”

“这样做很好。”

“行。至于那些战死沙场的人，我们会说，首先，要是他们死得壮烈，那么他们不属于黄金种族吗？”

“我们一定会这样说。”

“我们不会相信赫西奥德的话吗，他说这个种族的人死后成为‘生活在大地上的神圣的精灵，【469】高贵的精灵，抗拒邪恶的护卫者，会说话的凡人的卫士’[④]？”

“我们肯定会相信。”

“所以，我们要去询问这位神[⑤] 应当给这些像精灵和神一样的凡人举行什么样的葬礼，我们会遵循他的指示。”

---

① 　埃阿斯（Αἴας），特洛伊战争中的希腊英雄。

② 　荷马：《伊利亚特》7：321。

③ 　荷马：《伊利亚特》8：162。

④ 　赫西奥德：《工作与时日》122 以下。

⑤ 　指阿波罗神，参阅本文 427b。

"当然。"

"在以后的日子里，我们要祭扫他们的坟墓，像祭拜神灵一样祭奠他们。【b】我们还要把同样的祭仪用于任何一位我们判定一生杰出的人，无论他死于年迈还是别的原因。"

"只有这样做才是公正的。"

"嗯，敌人如何？我们的士兵应当如何对待他们？"

"在哪个方面？"

"首先是奴役。你认为希腊人奴役或尽力去奴役希腊城邦公正吗，他们甚至不允许其他城邦这样做，而习惯于宽恕希腊人，作为一项警示，【c】以免被野蛮人奴役？"

"以各种方式宽恕希腊人，这是最好的。"

"那么，护卫者不去获取希腊人当奴隶，也劝告别的希腊人不要这样做，不是最好的吗？"

"务必如此。以这样的方式，他们更像是会团结起来，抗击野蛮人。"

"掠夺死者如何？战斗取胜以后，除了拿走敌人的武器，还要剥取敌人尸体上的一切，是一件好事吗？或者说，胆小鬼不会以此为借口，不去追击敌人吗——【d】就好像他们对着尸体低头弯腰是在做某件极为重要的大事似的？不是有许多军队由于只顾攫取战利品而遭到失败吗？"

"是的，确实如此。"

"你不认为剥取死尸身上的物品是一种卑鄙龌龊的行为吗？把死尸当成你的敌人，而让真正的敌人丢下武器逃走，这不是女流之辈胸襟狭隘的表现吗？【e】你认为，这种行为与狗儿朝着扔来的石头狂吠，而不顾扔石头的人，又有什么两样呢？"

"一模一样。"

"那么，我们的士兵可以剥取敌人尸体身上的物品，或者拒绝敌方取回他们的死者吗？"

"不，宙斯在上，肯定不可以。"

"还有，我们不要把敌人的武器捐献到神庙里去，【470】要是我们在意其他希腊人的善意，我们尤其不要把从希腊人那里缴获的武器当供品。倒不如说，我们担心要是把这样的物品捐到神庙里去我们会亵渎神灵，当然了，除非神吩咐我们这样做。"

"绝对正确。"

"蹂躏希腊人的土地和烧毁他们的房屋如何？你的士兵们会对他们的敌人做这种事情吗？"

"我很乐意听听你的看法。"

【b】"嗯，我认为他们这两样事情都不应当做，而只是摧毁敌方一年的收成，要不要我把理由告诉你？"

"当然要。"

"在我看来，我们好像有两个名称，'战争'和'内战'，所以有两样事物，这两个名称分别用来表示在它们中间产生的两种不同的分歧。这两种分歧我指的是，一种发生在自己内部和亲属中间，另一种发生在外部和陌生人中间。'内战'这个名称表示和自身敌对，而'战争'这个名称表示和陌生人敌对。"

"你说得很中肯。"

【c】"那么你看我这个观点是否也很中肯：希腊人对希腊人来说就是它自身和亲属，但对野蛮人来说，希腊人是陌生人和外人。"

"对。"

"那么，希腊人对蛮族人开战，或者蛮族人对希腊人开战，这时候我们要说他们是天敌，这样的敌对称作战争。而当希腊人与希腊人开战，我们要说他们是天然的朋友，在这样的情况下，希腊生了病，分裂成许多部分，【d】这样的敌对称作内战。"

"无论如何，我同意以这种方式来考虑这个问题。"

"现在，请注意，每当这种被通称为内战的事情发生，城邦发生分裂，各个派别互相蹂躏对方的土地，焚烧对方的房屋，这样的内战应当受到诅咒，双方都不是真正的爱国者，否则他们就不会如此残忍地伤害作为自己衣食父母的城邦。然而，要是胜利者只毁掉敌方当年的收成，这样的做法被认为是恰当的。无论如何，这表明他们心里想着将来有一天能够言归于好，【e】不愿意进行没完没了的内战。"

"这种想法远比其他想法文明。"

"你正在创建的城邦如何？它是希腊的，不是吗？"

"它一定是。"

"那么，你的公民不都是善良和文明的吗？"

"他们确实是。"

"那么，他们不热爱希腊吗？他们不把希腊当作他们自己的，不与其他希腊人共享这种宗教吗？"

"不，他们确实热爱。"

"那么，他们不考虑他们与希腊人的分歧吗——那些不是自己人的希腊人——不是作为战争，而是作为内战？"

"当然。"

【471】"他们的争吵就像那些知道将来有一天会言归于好的人的争吵吗？"

"确实如此。"

"那么，他们会以一种朋友的精神去矫正他们的对手，而不会奴役和毁灭对方，因为他们是矫正者，不是敌人。"

"对。"

"作为希腊人，他们不会蹂躏希腊，或焚烧她的房屋，他们不会同意希腊任何一个城邦里的所有居民——男女老少——是他们的敌人，而无论有什么分歧产生，都是由少数敌人引起的，任何一个城邦都不可避免地包含这样的敌人。由于这个原因，由于大多数人是友好的，他们不会蹂躏这个邦国，或者摧毁房屋，【b】他们会继续争吵，但会适可而止，只要那些内战的无辜受害者能够迫使挑起争端的人付出代价，也就可以了。"

"我同意，我们的公民必须以这种方式对待他们的对手，他们也必须以希腊人之间流行的相互对待的方法对待野蛮人。"

"那么，我们也要对我们的护卫者立下这条法律吗，【c】不得蹂躏邦国，不得焚烧房屋?"

"就算这条法律已经立法了。让我们也假定这条法律和以前的法律全都很好。但是我想，苏格拉底，要是我们让你继续谈论这个主题，你决不会想起你为了谈论这些内容而暂时搁置的那个问题，亦即这样一种体制有无可能产生，它能以什么样的方式实现。我同意，要是有这种体制，我们提到的所有事情对这个城邦来说都是好的，这些事情就在这个城邦发生。哪怕有些地方你说漏了，我也能替你补足。护卫者会是最杰出的抗击敌人的战士，因为他们最不想要相互抛弃，他们知道他们相互之间是兄弟和父子，用这些名称来相互称呼。【d】还有，要是他们的妇女也参战，或者是与他们并肩作战，或者是站在后面震慑敌人，在需要的时候帮助他们，我知道，这会使他们无往而不胜。我还看到，你省略了他们在家时的种种好事。【e】就算我同意，要是这种体制已经产生，那么所有这些事情，以及其他无数的事情，都会发生，所以对这个主题不用再多说了。现在，倒不如试着让我们自己信服它是可能的，问它如何可能，其他一切暂时免谈。"

【472】"这是你对我的论证发起的突然袭击，你对我的拖延没有表示半点同情。你也许不明白，就好比我好不容易才避开前两波批判的浪潮，你又对我发起了第三波——这一波是最大的，也是最难的。等你看到或者听到，你肯定会对我非常同情，明白我为什么犹豫不决，不愿陈述和考察这样一个自相矛盾的观点。"

"你越是这样推诿，我们就越不让你过关，你必须告诉我们这种体制的产生何以可能。【b】所以你就说吧，别浪费时间。"

"那么好吧，我们首先必须记住，我们是在试图发现正义和不正义是什么样的时候碰到这个问题的。"

"我们必须记住。但那又怎么样呢?"

"不怎么样。但若我们发现了正义是什么样的，那么我们也要坚持正义的人与正义本身没有什么差别，所以他在各方面都像是正义的吗?或者说，要是他比其他人都要尽可能近地接近正义本身，分有更多的正义，我们会满意吗?"

【c】"我们会满意的。"

"那么，我们想要发现正义本身是什么样的，一个完全正义的人是什么样的，要是这样的人产生了，他会是一个什么样的人，以同样的方式还涉及不正义本身和最不正义的人，这样做我们为的是发现一个样式。我们认为，通过考察它们与幸福和不幸的关系，我们自己就会被迫同意，最像正义或不正义的人会拥有一份最像正义或不正义的幸福或不幸。【d】但是，我们试图发现这些事情并非为了证明它们的产生是可能的。"

"没错。"

"如果有人画了一幅最精美的人像，每个细节都尽善尽美，但他不能证明这样一个人能够产生，你认为这样的人是个糟糕的画家吗？"

"不，宙斯在上，我不会。"

"那么我们自己这个事例怎么样？我们不是说过① 我们正在尝试创造一个良好城邦的理论样板吗？"

【e】"当然说过。"

"所以，要是我们不能证明创建一个和我们的理论一模一样的城邦是可能的，你认为我们的讨论就不那么有理了吗？"

"当然不会。"

"那么，这就是事情的真相。不过，为了使你高兴，我也非常乐意说明在一种什么样的体制下最有可能创建这样一个城邦，然后，为了实现这一证明的目的，你也要对我作出同样的让步。"

"哪些让步？"

【473】"在实践中有可能做和理论中一样的事情吗？或者说实践中掌握的真理要少于理论中掌握的真理，哪怕有些人并不这样认为？你首先是否同意这一点？"

"我同意。"

"那么你就不要再强迫我说明我们在理论中描述的事物能够丝毫不

---

① 参阅本文 369a—c。

差地在现实中实现。倒不如说，要是我们能够发现一个城邦如何能以最接近我们的描述方式进行治理，那就让我们说我们已经说明了你命令我们要说明的问题，亦即，我们的城邦产生是可能的。或者说，你不满意这样的说明？【b】对这样的说明我是满意的。"

"我也感到满意。"

"那么，接下去，我们好像应当试着去发现并指出，在现在这些治理得很差的城邦里，是什么东西在妨碍它们按照我们所描述的方式进行治理，有什么样最小的变化就使我们的城邦不能建成我们这种体制——要是可能，那就进行一项改变，要是一项不行，那就两项，要是两项不行，那就进行最小数量和最小程度的改变。"

【c】"绝对正确。"

"在我看来，我们能够指出有一项改变就能完成这一过程。它肯定不是小的，也不是容易的，但它是可能的。"

"这项改变是什么？"

"嗯，我现在已经面临这个最大的自相矛盾的浪潮了。但我还是不得不说，哪怕这个浪头把我冲走，把我淹死在讥笑和藐视的浪涛之中。所以，你要注意听我下面说的话。"

"你就说吧。"

"直至哲学家作为国王进行统治，或者那些现在被称作国王和领袖的人真正而又恰当地哲学化了，亦即，【d】直至政治权力与哲学完全衔接，而那些只追求其中一样事物的许多人被阻止这样做，格老孔，我们城邦里的罪恶就不会平息，我认为，整个人类也不能远离罪恶。【e】除非这一点发生，我们已经在理论上描述过的这种体制决无可能诞生，得见天日。由于我明白这个说法有多么自相矛盾，所以我踌躇了很久，因为我们很难面对这样一个事实，在其他任何城邦里不可能有任何幸福，无论是公共的还是私人的。"

"苏格拉底，你对我们洋洋洒洒地讲了这么一番大道理，发表了这样一篇演讲，你肯定预见到会有一大批人（他们并非不杰出、不聪明的）扔掉外套、脱去衣裳，随手抄起可以用作武器的东西，【474】向你发起进攻，打算对你下手。所以，除非你能用论证来约束他们，让他们离开，否则你就会受到惩罚，成为众人嘲笑的对象。"

"嗯，把我搞得这么尴尬的就是你。"

"我这样做是对的。然而，我不是在出卖你，反倒是在尽力保护你——凭我的善意，凭我对你的鼓励，也许凭我比其他人更能提供恰当的回答。所以，知道我要帮助你的诺言，你就试着告诉那些不相信的人，【b】事情就是像你说的这样。"

"那么，我必须试试看，尤其是你答应要做我的伟大的同盟者。若要逃避你提到的这些人，我想我们需要为他们下一个哲学家的定义，告诉他们谁是我们大胆地说必须进行统治的哲学家。【c】一旦这一点清楚了，我们应当能够为自己辩护，指出我们说的这些人天性适宜从事哲学和统治城邦，而其他人天性适宜离开哲学，跟随他们的领袖。"

"现在就是个好时候，把你的定义提出来吧。"

"好，跟我来吧，让我们来看有没有一种方式可以恰当地解决这个问题。"

"你就开始吧。"

"你需要提醒吗，或者说你还记得？要是说某人爱某样东西，那么他必定不会爱它的一部分，不爱它的另一部分，而是必定爱它的全部。"①

【d】"我想你必须提醒我，因为我根本不懂你的意思。"

"这对别人来说是个恰当的回应，格老孔。但对一名充满爱欲的男子来说是不合适的，他不会忘记所有风华正茂的美少年都能拨动爱慕娈童者的心弦，都值得他去关注并产生快乐。或者说，这不就是你们这些人对美少年的反应吗？你们看到塌鼻子的，赞美他面容妩媚；看到高鼻子的，说他长相英俊；看到鼻子不高不低的，说他长得恰到好处；看到皮肤黢黑的，说他有男子气质；看见皮肤白嫩的，说他神妙秀逸。【e】至于皮肤像蜜色的男孩，你认为这种说法发明出来不就是为

_____

① 参阅本文 438a—b。

了使恋爱中的人容易宽容肤色苍白吗，只要伴随着青春年少？总之，
【475】你会发现各种各样的说法和借口，以便不拒斥任何一位青春期
的美少年。"

"要是你坚持和我谈话，把我当作这种充满爱欲的男子的典型，那
么为了论证的缘故，我愿意充当这个角色。"

"再说，你没看到爱喝酒的人的行为也是一样的吗？他们不是爱喝
各种酒，而且总能找到借口吗？"

"是这样的。"

"我认为你会看到热爱荣耀的人，要是不能当上将军，【b】那就当
个队长；要是不能得到大人物的荣耀，那么一些微不足道的小人物的荣
耀也行，因为他们想要得到整个荣耀。"

"确实如此。"

"那么你是否同意我的这个观点？当我们说一个人想要得到某样东
西时，我们的意思是他想要得到这种东西的全部，还是想要得到它的一
个部分，不想得到另一个部分？"

"全部。"

"那么我们不是也要说哲学家不会想要得到智慧的一部分，不想得
到另一部分，而是想要得到全部智慧吗？"

"是的，没错。"

"至于一名学习的挑剔者，尤其当他还年轻，还不能判断什么有用，
什么没用的时候，【c】我们不会说他是一名知识的爱好者或者一名哲学
家，因为我们不会说一名挑剔食物的人饿了，或者说他有食欲，或者说
他是一名食物的热爱者——我们只会说他挑食。"

"我们这样说是对的。"

"要是一个人打算涉猎各种学问，乐意学习各种知识，不知满足，
那么称他为哲学家，不对吗？"

【d】"要是这样的话，许多稀奇古怪的人都会是哲学家了，那些喜
爱观看的人似乎也包括在内，因为他们乐意学习各种事情。声音的爱好
者是非常奇怪的人，也要被当作哲学家包括在内，他们决不愿意参加一

场严肃的讨论，或者把时间花在这个方面，但凡有狄奥尼修斯节①的庆祝活动，他们从来不愿错过，无论是在城里还是在乡下，就好像他们的耳朵已经租了出去，每一场合唱必听。我们要说这些人——以及那些学习同类事情或微不足道的技艺的人——【e】是哲学家吗？"

"不，他们只是像哲学家罢了。"

"那么谁是真正的哲学家呢？"

"那些乐意观看真理的人。"

"没错，但你这话到底是什么意思呢？"

"要是对别人作解释，那么很难讲清楚，但我想你会同意我的观点。"

"什么观点？"

"由于美是丑的对立面，所以它们是两样东西。"

【476】"当然。"

"由于它们是二，所以它们各自为一吗？"

"我也同意这一点。"

"对正义与不正义、善与恶，以及其他所有'型相'②做相同的解释也是对的。就其自身而言，它们各自是单一的，但由于它们无处不在，

---

① 狄奥尼修斯节（Διονυσίοις），酒神节。

② 型相（εἶδος，复数 εἴδη），柏拉图哲学的核心概念。这个词的主要含义是：（1）看到的东西、形式、形状、人的形象、外貌、体格、体质；（2）一般的形状，如数的图形、装饰的图形、音阶、原子的形状、几何图形；（3）相似的形式、种类、性质、类型、文风；（4）类、种，特别是亚里士多德逻辑意义上的种类，引申为形式因、本质。柏拉图本人在其著作中交替使用 εἶδος 和 ἰδέα 这两个词，早期和中期对话用 ἰδέα 多一些，晚期用 εἶδος 多一些，其意义没有严格区别。中国学者从 20 世纪 20 年代开始翻译柏拉图对话，先后尝试过的译名有理型、埃提、理念、观念、概念、形、相、形式、意式、通式、原型、理式、范型、模式、榜样、模型、式样，等等。中文多卷本《希腊哲学史》的作者基于对柏拉图本义的理解，将 εἶδος 译为"型"，将 ἰδέα 译为"相"，并强调要从柏拉图对话的上下文去确定它的具体含义。

与行为、物体相连，相互之间又联系在一起，各自呈现为杂多。"

"对。"

"所以，我作下列区分：一边是你刚才说的爱观看者、爱技艺者，以及从事各项实业的人，另一边是我们正在论证的人，【b】只有这种人才配称为哲学家。"

"你这是什么意思？"

"看与听的热爱者喜欢美妙的声音、色彩、形状，以及用它们塑造出来的一切，但他们的思想不能观看和把握美的事物自身的本性。"

"确实如此。"

"事实上，只有很少人能够抵达美的事物本身，凭借美本身观看美的事物。不是吗？"

【c】"当然是这样的。"

"某个人相信美的事物，但不相信美的事物本身，不能追随能够引导他获得这种知识的人，这个人怎么样？你不认为他活在梦中而是清醒的吗？这不就是在做梦吗？无论是睡是醒，认为相似不是相似，反倒是事物本身是相似的。"

"我肯定认为这样想的人是在做梦。"

"但有个人情况正好相反，他相信美本身，他能够看见美本身和分有美本身的事物，他不相信分有美本身的事物就是美本身，或者美本身就是分有美本身的事物——【d】他是在做梦还是清醒的？"

"他清醒得很。"

"所以我们把他的思想称作知识是对的，因为他知道。然而，我们应当把其他人的思想称作意见吗，因为他发表了他的见解？"

"对。"

"要是这个只有意见而没有知识的人对我们发火，驳斥我们所说的真理，那又如何？有什么办法我们可以对他好言相劝，【e】然后婉转地让他知道他的心智不太正常吗？"

"肯定有办法。"

"那么，考虑一下，我们该对他说什么。我们不该这样向他发问吗？

首先，我们要告诉他，没有人妒忌他可能拥有的知识，我们乐意发现他知道的事物。然后我们会说：'告诉我们，这个有知识的人知道某物还是一无所知？'你来代他回答一下。"

"他知道某物。"

"某物存在^① 还是不存在？"

【477】"某物存在，因为不存在的事物如何能被知？"

"那么，我们对这一点有了恰当的把握吗：无论我们考察它有多少种方式，完全存在的事物是完全可知的，不以任何方式存在的事物以任何方式都不可知？"

"这样说是最恰当的。"

"好。现在，要是某物既存在又不存在，那么它一定介于完全存在和绝对不存在之间吗？"

"是的，它介于二者之间。"

"那么，由于知识建立在存在之上，而无知必然建立在不存在之上，我们不是必须发现一个建立在存在与不存在之间的居间者之上的、介于知识与无知之间的居间者吗，【b】要是有这样的东西？"

"务必如此。"

"我们说，意见是某物吗？"

"当然。"

"与知识相比，它是一种不同的力量，还是相同的力量？"

"不同的力量。"

"那么，按照它们各自的力量，意见建立在一样事物之上，知识建立在另一事物之上。"

"对。"

"嗯，知识不是按其本性建立在存在者之上，知道存在者是存在的

---

① 存在（εἶναι），希腊语动词 εἰμί 的不定式。这个词有"存在"、"真"、"是"等多种含义，中国学术界有关争论参阅王晓朝：《跨文化视野下的希腊形上学反思》，人民出版社 2014 年版。

吗？不过，我们最好还是先说得详细一些。”

“怎么会这样？”

【c】“力量是这样一类事物，这些事物使我们——或其他任何事物——能够做我们有能力做的任何事情。比如，看和听就属于力量，要是你明白我正在涉及的这种事物。”

“我明白。”

“关于这些力量我的想法是这样的。力量既没有颜色，又没有形状，也没有许多其他事物拥有的特性，我曾经用这些特点来区分这些事物。就力量而言，我只用它建立在什么之上和它做什么为标准，【d】涉及我称之为力量的事物：建立在相同事物之上的、做相同事物的，我称之为相同的力量；建立在不同事物之上的，做不同事情的，我称之为不同的力量。你同意吗？”

“我同意。”

“那么，让我们备份一下。知识是一种力量吗，或者说你会把它归入什么类别？”

“它是一种力量，是一切力量中最强大的。”

【e】“意见如何，它是一种力量还是其他类别的事物？”

“它也是一种力量，因为它使我们能够发表见解。”

“你刚才同意知识和意见是不同的。”

“一个有理智的人怎么会认为一种会有错误的力量和一种绝对无误的力量是相同的呢？”

【478】“对。那么我们同意，意见显然与知识不同。”

“它们是不同的。”

“因此，它们各自依其天性建立在不同的事物之上，做不同的事情吗？”

“必然如此。”

“知识建立在存在之上，知道它是存在的吗？”

“是的。”

“意见发表见解吗？”

"是的。"

"它发表知识知道的那些事物的见解，所以可知的事物和可发表见解的事物是相同的，或者说这是不可能的？"

"依据我们同意的前提，这是不可能的，因为不同的力量建立在不同的事物之上，意见和知识是不同的力量，【b】所以可知的事物与可发表见解的事物不可能相同。"

"所以，要是存在者是可知的，那么可发表见解者必定是存在者以外的其他事物吗？"

"必定如此。"

"那么，我们对不存在的事物发表见解吗？或者说，对不存在的事物发表见解是不可能的？想一想吧。不是有人把他的意见建立在某个事物之上并对之发表见解吗？或者说有可能发表见解，然而却不对着任何事物？"

"这是不可能的。"

"但是，某个发表见解的人针对某个事物发表见解吗？"

"是的。"

【c】"要说明这一点的最精确的用语肯定不是'某个事物'，而是'无'吗？"

"当然。"

"但我们不得不把无知建立在非存在之上，把知识建立在存在之上吗？"

"对。"

"所以，某人既不对存在也不对非存在发表见解吗？"

"别的还能怎么样？"

"那么，它能超越这两种情况吗？它不是比知识更清楚，或比无知更黑暗吗？"

"是的，两种情况都是。"

"那么，意见比知识黑暗，比无知清晰吗？"

"是的。"

【d】"那么，意见介于二者之间吗？"

"绝对如此。"

"嗯，我们说过，要是某物能被显示为同时既存在又不存在，它就介于纯粹的存在和绝对的非存在之间，知识或无知都不能建立在它之中，但是介于无知和知识之间的东西可以建立在它之上吗？"

"对。"

"我们称之为意见的那个事物介于知识和无知之间吗？"

"是的。"

【e】"那么显然，我们剩下来要做的事情就是发现这个分有存在和非存在的事物，为的是，要是有这样的事物，我们可以正确地称它为可对之发表见解的，籍此我们把位于两端的事物联系起来，把居间的这个事物建立在居间者之上。不是这样吗？"

"是这样的。"

"现在，这些要点已经建立，我想对我们的朋友提一个问题，【479】他不相信美本身，也不相信美本身的任何型相在任何方面都始终保持相同，而只相信有许多美的事物——热爱观看者不允许任何人说美本身是一，正义者是一，等等。'我亲爱的伙伴'，我们会说，'在众多美的事物中，难道就没有一样会显得丑吗？或者说，在诸多正义的事物中，难道就没有一样也会显得不正义吗？或者说，在诸多虔敬的事物中，难道就没有一样事物也会显得不虔敬吗？'"

"有的，因为它们必定会以一种方式显得美，【b】也以一种方式显得丑，你问的其他事物也是这样。"

"许多'两倍'如何？它们会显得是'两倍'的一半吗？"

"不会。"

"所以，许多大事物和小事物、轻事物和重事物，会有哪一个事物显示出与自身相反的性质吗？"

"不，它们中的每一个事物都始终拥有两种相反的性质。"

"那么，在我们说的如此众多存在的事物中，有哪一个会比他说的存在的事物更多存在吗？"

"不，这很像那些在宴席上用模棱两可的话语来逗趣的把戏，或者像给儿童猜的那个太监打蝙蝠的谜语——【c】他用什么去打，蝙蝠停在什么上面，等等，① 这些事情都非常晦涩，人们无法理解它们，不能确定它们到底存在还是不存在，或者确定它们既是存在的又是不存在的，或者它们既不是存在的又不是不存在的。"

"那么，你知道该如何对付它们吗？或者说，你能找到一个比介于存在和不存在之间更加恰当的位置安放它们吗？确实，它们不能比存在者更存在，也不能比不存在者更不存在，因为显然没有任何事物比不存在更加黑暗，【d】或者比存在更加清晰。"

"你说得很对。"

"我们现在似乎已经发现，大多数民众对美一类事物的传统看法，在非存在与纯粹的存在之间滚动。"

"我们发现了。"

"我们在前面同意，任何一个这样的事物都必须称作可发表见解的，而不可称作可知的——这种游移的居间者要用居间的力量来把握。"

"我们同意。"

"至于那些学了许多美的事物但看不到美本身的人和不能跟随他人的指导看到美本身的人、【e】那些看见许多正义的事物但看不到正义本身的人，以及看见其他各种事物的人——我们要说，这些人对一切事物发表见解，但对他们发表了见解的任何事物没有知识。"

"这是必然的。"

"那些能在各种情况下研究永恒不变的事物本身的人如何？我们不会说他们知道但不发表意见吧？"

"这也是必然的。"

"那么，我们要说这些人热爱和拥抱知识建于其上的那些事物，就

---

① 这个谜语是，一个男人（又不是男人）看见（又没看见）一只鸟（又不是鸟）停在一根树枝（又不是树枝）上，他用一块石头（又不是石头）去打它。谜底是，一位太监瞥见一只蝙蝠停在一根芦苇上，他用一块石头片去打它。

像其他人热爱和拥抱意见建于其上的那些事物一样吗？【480】你还记得我们说过后者观看和热爱美的声音、颜色等等，但就是不允许美本身存在吗？"

"对，我们都记得。"

"那么，要是我们把这样的人称为爱意见者，而非哲学家或爱智者，不算冒昧吧？我们这样称呼他们，他们不会生气吧？"

"要是他们听从我的劝告，那么他们不会生气，因为对道出真理的人生气是不对的。"

"至于那些在各种情况下拥抱事物本身的人，我们必须称之为哲学家，而非爱意见者吗？"

"务必如此。"

第 六 卷

【484】"所以，格老孔，经过这么漫长而又困难的讨论，哲学家和非哲学家都已经显出他们是谁了。"

"是的，你要知道，欲速则不达呀。"

"你说得没错，但我还是认为，为了发现正义的生活与不正义的生活之间的差别，要是我们只讨论一个问题，而不是讨论所有剩下来要处理的问题，那么事情会得到更好的解决。"

【b】"我们下一个主题是什么呢?"

"除了循序渐进，我们还能怎么办? 既然能够在所有方面把握永恒不变的事物的人是哲学家，而那些做不到这一点、在众多事物中迷失方向的人不是哲学家，那么哪一种人应当成为城邦的领袖呢?"

"怎样回答这个问题才算合理?"

"我们应当把那些显然能够护卫城邦的法律和生活方式的人确立为城邦的护卫者。"

【c】"对。"

"还有，负责看管的护卫者应当视力敏锐而不是瞎子，这不是很清楚吗?"

"当然很清楚。"

"那么，你认为瞎子和那些真的被剥夺了有关每样事物的知识的人有什么区别吗? 后者在他们的灵魂中没有清晰的原型，所以他们不能——以画家为例——观看最真实的事物，不能不断地以原型为榜样，尽可能精确地研究它。【d】因此，需要在世上建立有关美、正义和善的法则时，他们无法建立，而一旦这些法则建立起来，需要他们守护这些法则。"

"宙斯在上，他们之间没有多少区别。"

"那么，我们应当让这些瞎子当我们的护卫者，还是让那些知道每样事物存在的人当我们的护卫者，他们在经验和美德的其他部分不比其他人差?"

"要是他们在这些方面确实不比其他人差,那么不挑选这些有知识的人担任护卫者是荒谬的,因为他们表现卓越的这些方面是最重要的。"

【485】"那么,我们不应当解释一个人如何可能同时具备这两种品性吗?"

"应当。"

"那么,如我们在这场讨论之初所说,[1] 首先要理解这些要拥有两种品性的人的本性,因为我认为,要是我们对此能取得相当一致的看法,我们也会同意同一个人能够拥有两种品性,不是其他人,而只有他们,应当成为城邦的领袖。"

"怎么会这样呢?"

"让我们同意,哲学的本性永远酷爱这种使他们能够弄清永恒存在者的本性的学问,【b】不会在生成和衰亡之间徘徊。"

"还有,让我们同意,就像我们前面描述过的爱荣耀者和有爱欲倾向的男子,[2] 他们热爱所有这样的学问,不愿抛弃它的任何部分,无论是大还是小,无论有较大的价值还是有较小的价值。"

"对。"

"下面考虑一下我们正在描述的这些人在他们的本性中也必须拥有这种品性。"

【c】"什么品性?"

"他们必须无谬——他们必须拒绝接受虚假的东西,痛恨谬误,热爱真理。"

"噢,不管怎么说,这个添加有理。"

"它不仅是合理的,而且是完全必要的,因为一个生来具有爱欲倾向的男子必定热爱他所钟爱的男孩所爱或所拥有的一切。"

"对。"

---

① 参阅本文 474b—c。

② 参阅本文 474c—475c。

"你能找到比真理更加属于智慧的东西吗?"

"当然不能。"

【d】"那么,同一个本性有可能既是哲学家——智慧的热爱者——又是虚假的热爱者吗?"

"绝对不会。"

"那么,热爱学问的人必须从小就开始尽力学习各种真理。"

"确实如此。"

"嗯,我们确实知道,当某个人对一个事物的欲求特别强烈时,他对其他事物的欲求就会削弱,就像一条河的水流分叉进入另一条渠道。"

"当然。"

"那么,当某个人的欲望流向学问和那一类事物中的每一样东西,我假定,他们的灵魂自身会充满快乐,他们会抛弃那些通过身体得来的快乐——要是他确实是一名真正的哲学家,而不只是假冒的。"

【e】"这完全是必然的。"

"这样一个人肯定是有节制的,决不会是热爱金钱者。对其他人来说,认真对待需要金钱和大量开支的事情是恰当的,但对他来说不需要这样做。"

"对。"

【486】"当然了,你在判断一种品性是否是哲学的时候,还有一种品性需要加以考虑。"

"这种品性是什么?"

"哪怕它是一种奴仆的品性,你也不应当忽视这样一个事实,因为狭隘与一颗始终向外想要把握整个神事和人事的灵魂是完全不匹配的。"

"完全正确。"

"那么,一位心灵相当崇高的思想家会终身学习,他会把活着视为重要的事情吗?"

"也许不会。"

【b】"那么他会把死亡当作一件可怕的事情吗?"

"极无可能。"

"那么，看起来胆怯和狭隘的品性在真正的哲学中没有地位。"

"在我看来没有。"

"那么，一个品性健全的人，既不贪财又无奴性，既不自夸又不胆怯，会变得不可靠、不正义吗？"

"不会。"

"还有，当你在观察一颗灵魂是哲学的还是非哲学的时候，你就是在观察它是正义的和温顺的，从年轻的时候开始，还是野蛮的和难以沟通的。"

"当然。"

【c】"还有一件事我想你不会疏忽。"

"什么事？"

"他在学习上迟钝还是聪敏。或者说，他做事情很费力，辛辛苦苦，但收效甚微，在这种情况下，你认为他还会热爱做这件事情吗？"

"不，不会热爱。"

"还有，要是他非常健忘，学过的东西一点儿也记不住，那会怎么样？到头来他不还是一个无知识的人吗？"

"他能怎么样？"

"那么，你不认为，在徒劳无益之后，他最后一定会痛恨他自己和他做的事情吗？"

"当然。"

【d】"那么，让我们决不要把健忘的灵魂纳入那些拥有足够智慧的人的行列，而要寻找有好记性的人。"

"务必如此。"

"嗯，我们肯定会说，一个人的品性中的非音乐的、不温和的成分会使他缺乏尺度。"

"当然。"

"你认为真理接近缺乏尺度的东西，还是接近有尺度的东西。"

"接近有尺度的东西。"

"那么，除了其他品性以外，让我们寻找有这种品性的人，他的思想生来就有分寸，他的心灵是温和的，很容易接受引导，关注每一存在的事物的型相。"

"当然。"

"那么，好吧，你不认为我们已经列举的这些品性相互之间是匹配的，【e】对于能够恰当、完整地把握存在者的灵魂来说，它们是必要的吗？"

【487】"这些品性全都是完全必要的。"

"那么，对这样一种追求，无人能够恰当地追随，除非他生来具有良好的记性、敏锐的理解，豁达大度、温文尔雅，是真理、正义、勇敢和节制的亲朋好友，对此你有什么反对意见吗？"

"哪怕莫摩斯① 也无可挑剔。"

"当这样的人在年纪和教育方面都已成熟，你不会把这座城邦托付给他们，而且只托付给他们吗？"

【b】阿狄曼图答道："无人能够反驳你刚才说的这些事情，苏格拉底，但是在你说这些事情的每一个场合，你的听众会以这样一种形式受到影响。他们认为，由于他们在提问和回答方面没有经验，因此他们在每个问题上都会被论证一步步地引向邪路，微小的偏差累积到讨论的最后，大得足以让他们摔跟斗，使他们的看法与原来的看法截然相反。就好像没有经验的棋手，到最后会被行家逼停，一个棋子也走不动，【c】他们到最后也会落入圈套，在这种不同种类的下棋中最后被逼得哑口无言，这种棋用的不是棋子，而是话语。然而，真理并不受这种结果的影响。我注意到我们当前的情况才这样说，因为有人可能会说，当你提出你的每一个问题时，他不能回答你，然而他看到，那些转向哲学的人——不是那些在年轻受教育时学了一点儿哲学，然后就扔下不管的人，而是那些学了很长时间哲学的人——【d】其中有许多变成了怪人，且不说他们变得十分邪恶，而那些相当优秀的人也由于进行你推荐的这种学习而变成对城邦无用的人。"

---

① 莫摩斯（Μῶμος），希腊神话中的非难指摘之神，夜女神的儿子。

听了这番话，我说："你认为这些人说的是假话吗？"

"我不知道，但我乐意听到你的想法。"

"你会听到的，在我看来他们说得对。"

【e】"嗯，这样说怎么可能是对的？直到哲学家——我们同意他们是无用的人——在他们中间实行统治，我们城邦里的邪恶不会终结。"

"你的这个问题需要用比喻或寓言的方式来回答。"

"你，当然了，不习惯讲寓言！"

"嗨！你把我撂在这里，宣布这一点很难做到，然后又来讥笑我吗？不管怎么说，你先听听我的比喻，【488】你会赞赏我的努力，会渴望听到我的的比喻。关于这些最高尚的人在处理与他们的城邦的关系时的体验，很难找到有什么体验与之相似。因此，为了找到相似的事情，为他们辩护，我必须依据多个来源，虚构一个比喻，就好像画家在画羊头鹿之类的怪物时进行拼凑。现在，想象一下在一艘或几艘船上发生了这样一些事情。船主比船上其他所有人都要高大和强壮，【b】但他的耳朵有点聋，眼睛不怎么好使，航海知识也很欠缺。于是船上的人相互之间争吵，想由自己来驾船，每个人都认为自己应当做船长，哪怕从来没有学过航海的技艺，说不出谁教过他或者是在什么时候学的。真的，他们还宣称这种技艺是不可教的，要是有谁说可以教，他们就准备把他碎尸万段。【c】他们老是缠着船主，用尽各种办法让他把船交给自己。有时候，要是他们没能成功地说服船主，让别的人当了船长，他们就把那个人杀死，扔下海去，然后用麻醉药或酒之类的东西把高贵的船主困住，他们在统治了这条船以后，就以人们通常的那种方式在船上吃喝玩乐，把船上的东西耗尽。还有，他们把那个能干的说服或迫使船主让他来统治的人称作'航海家'、【d】'船长'、'懂船者'，而把其他人当作无用的。他们不明白，一名真正的船长必须关心年份、季节、天空、星辰、风云，以及其他与他的这门技艺相关的一切，要是他真的是一艘船的统治者。他们不相信有任何技艺能使他确定如何掌舵，【e】无论是否别人想要他这样做，或者他是否有可能在学会航海的同时精通和实践航海术这门技艺。你不认为，在这样的事情发生以后，真正的船长会被那些篡夺了权力的人称作唠叨鬼、看星迷或大废物吗?"

【489】"我肯定会这样认为。"

"我不认为你需要详细考察这个寓言的细节,看这些船是否与城邦相似,看这些人对待真正的哲学家的态度,但是我想你已经听懂我的意思了。"

"确实,我懂了。"

"那么,首先把这个寓言说给那个不明白为什么哲学家在城邦里得不到荣耀的人听,试着说服他,要是哲学家得到荣耀,那才更是咄咄怪事。"

【b】"我会告诉他的。"

"其次要告诉他,他说的对,哲学家中最高尚的人对大多数人来说是无用的。告诉他,不要因为这个原因责备那些高尚的人,而要责备那些没有使用他们的人。说船长应当恳求水手接受他的领导,有智慧的人应当去叩开富人的大门,这样说是不自然的——说这些俏皮话的人搞错了。自然的是,对有病的人来说,【c】无论他是穷人还是富人,都应当叩开医生的大门,对任何需要被统治的人来说,都应当叩开那个能够统治他的人的大门。统治者,要是真的有用,不需要请求别人接受他的统治。告诉他,当前统治我们城邦的人就好像我们刚才提到的那些船上的人,那些被称作无用的看星迷的人才是真正的船长,这样想就不会犯错误了。"

"绝对正确。"

"因此,在这种状况下,这种最优秀的生活方式不容易得到那些持有相反生活方式的人的高度尊重。【d】然而,对哲学最重大、最严重的诽谤来自那些自称追随哲学生活方式的人。我指的是那些指控哲学的人,他们声称有许多哲学家是极为邪恶的,那些最高尚的哲学家是无用的。我刚才承认他说的对,不是吗?"

"是的。"

"我们还没有解释为什么高尚者是无用的吗?"

"已经解释清楚了。"

"那么，下一步你想要我们讨论为什么许多人不可避免地是邪恶的吗？并且试着说明，【e】要是我们能做到，这一点也不能归咎于哲学。"

"当然。"

"那么，让我们开始对话，回忆一下我们开始讨论要想成为优秀的人和好人必须具有哪些品性时是怎么说的。如果你还记得，首先，他必须接受真理的指引，【490】始终以各种方式追求真理，否则他就是一名江湖骗子，和真正的哲学毫无关系。"

"是的，我们说过这样的话。"

"这种看法不是与现今流行的对哲学家的看法完全相反吗？"

"确实如此。"

"那么，我们这样为他辩护不是合理的吗？真正的爱智者的本性就是努力趋向存在者，不在众多被相信存在的事物上停留，当他继续前进时，【b】他的热爱之情不会丢失，也不会降低，直到他用他的灵魂中的那个最适宜的部分把握存在者的每一本性自身，由于这种亲缘关系，灵魂的这个部分与实在的这种本性的接近与交合，产生理智和真理，他知道，真正的生命靠它们滋养——就在这个时候，而非早先——生育时的阵痛也得以缓解。"

"这是可能有的最合理的辩护。"

"那么好吧，这样的人会热爱一丁点儿虚假吗，或者说，他会完全仇恨虚假吗？"

【c】"他会仇恨虚假。"

"要是真理在引路，我想，我们决不要说有一个邪恶的合唱队在跟随。"

"怎么会呢？"

"倒不如说，跟随它的有一个健康和正义的角色，有节制在跟随。"

"对。"

"那么，还有什么必要，按其必然的秩序，重新导出哲学本性的合唱队的那些成员来呢？你记得，勇敢、聪敏、易学、强记全都属于这个合唱队。然后你表示反对，说只要摒弃这个论证，【d】观察论证所涉及的人，任何人都会同意我们所说的意思，他会说，他们中间有些人是无用的，而大多数人有各种恶行。所以，我们考察了这种诽谤的原因，而现在进到这一步，解释他们中的大多数为什么是恶的。正因为此，我们重提真正的哲学家的本性问题，并且界定它为什么必须是这样的。"

【e】"对。"

"我们现在必须考察，这种本性为什么会败坏，在许多人身上它是怎么被摧毁的，而有少数人（那些被称作无用的人，而非那些恶人）逃脱了这种被摧毁的命运。在那之后，我们必须再来考察那些模仿哲学本性的灵魂的品性，在其追求中确定它们，【491】以此来看什么样的人像是会进行这种追求，但实际上不配进行这种追求，这种追求对他们来说高不可攀，超过了他们的能力，由于他们经常奏出虚假的音调，所以给哲学带来你所说的这种无处不在的坏名声。"

"这种本性以什么方式被败坏？"

"要是我能做到，我会试着列举这些方式。我假定，任何人都会同意，只有少数人拥有我们刚才说过的所有品性，这些品性对于成为一名完整的哲学家是基本的，这种情况在凡人中极为罕见。【b】或者说，你不这样认为？"

"我当然这样认为。"

"那么，就请考虑能够败坏少数人的许多重要方式。"

"有哪些？"

"当你听我说的时候，最令你吃惊的是我们赞扬的每一样品性都有败坏自己所属的那个灵魂的倾向，使之偏离哲学。我指的是勇敢、节制，以及我们提到过的其他品性。"

"这听起来很奇怪。"

【c】"还有，所有被说成是好的事物也会败坏它，使它偏离哲学——美、财富、体力，与城邦里的强大者有关，以及与此相关联的一切事物。你明白我的意思吗？"

"我明白，要是能听到更加准确的解释，我会很高兴。"

"你要正确把握我下面的意思，它对你会是清晰的，这样一来，我前面说的就不会显得那么奇怪了。"

"你想要我做什么？"

【d】"我们知道，当任何种子被剥夺了恰当的养分、季节或地点的时候，它愈是有生命力，长成植物或动物，就愈是缺乏适合它的事物。因为恶者与善者的对立胜过非善者与善者的对立。"

"当然。"

"那么，这样说是合理的，最优秀的本性，在得到不恰当的滋养时，比平常的本性更糟糕。"

"是的。"

"那么，我们对灵魂不也可以这样说吗，阿狄曼图，【e】那些最好的本性在受到不好的滋养时会变得极坏？或者说，你认为巨大的非正义和纯粹的邪恶源于一种平常的本性，而非来自一个在滋养过程中败坏了的有生命力的本性？或者说，一种虚弱的本性就是大善或大恶的原因？"

"对，你说得对。"

"嗯，我认为，我们界定的那种哲学的本性在成长中不可避免地会拥有各种德性，【492】要是它正好得到恰当的指导，但若它在一个不适当的环境中播种、栽种和成长，那么它会以一种相反的方式发展，除非有某位神来拯救它。或者说，你同意这种一般的看法，某些年轻人实际上被智者败坏了——有某些智者通过私人教学对年轻人发挥重大影响？或者倒不如说，说这种话的人就是最大的智者，因为他们在非常完整地进行教育，【b】把男女老少转变为他们所希望的那种人，不是吗？"

"他们在什么时候做这种事情？"

"他们有许多人进入公民大会、法庭、剧场、兵营，或者其他某些公共集会，他们大呼小叫，对某些事情表示谴责或赞许，他们喧哗、鼓掌、起哄，【c】伴以岩壁和会场的回声，变得声势浩大。在这样的场合下，如他们所说，在年轻人的心里会产生什么样的效果？什么样的私人训练能够保持，不被众人指责或赞许的洪流冲走，所以他不会随波逐流，大家说美就说美，大家说丑就说丑，大家做什么他就做什么，进而成为和大家一样的人吗？"

【d】"在巨大的压力下他会这样做，苏格拉底。"

"然而，我们还没有提到那个最大的压力。"

"什么压力？"

"那些教育者和智者在无法用话语来说服的时候就用行动来强迫。你不知道他们用剥夺公民权、罚款或死刑来惩治不服的人吗？"

"他们的确是这样干的。"

"那么，其他有什么智者，或者私人的谈话，能与之对抗并取胜呢？"

【e】"我想一个也没有。"

"确实没有，甚至连试图反对他们都是极大的愚蠢，因为现在没有、过去没有，将来也不会有任何人拥有一种非同寻常的趋向美德的性格，尽管他从大众那里得到的是一种相反的教育——我指的是一种凡人的性格；而神的性格，如俗话所说，是一个例外。你应当明白，要是有什么人得救，变成我们当前体制下必须成为的那种人——你可以正确地说——【493】他就通过一种神圣的豁免得救了。"

"我同意。"

"好，那么，这一点你也应当同意。"

"哪一点？"

"这些人被称作智者，他们是收费授徒的私人教师，是其他技艺的对手，他们所教的东西无非就是如何在公众集会时对他们发表自己的信念，说服他们。确实，这些东西就是被智者称作智慧的东西。就好像某人正在了解他驯养的一头猛兽的脾气——【b】该如何接近它和掌握它，什么时候它最难接近，什么时候它最温和，如何才能使它驯服，在这两种情况下它发出什么样的吼声，什么样的声音会使它温和或愤怒。通过与这头猛兽长期相处，他把这种技能叫做智慧，把他了解到的所有情况汇集在一起，就好像这是一门技艺，然后再教给别人。实际上，他对这些信念是高尚还是卑鄙、是善还是恶、是正义还是不正义，一无所知，但他按照这头猛兽如何反应来使用这些名词——【c】把猛兽喜欢的称作善，把猛兽不喜欢的称作恶。他没有对这些术语提供其他的解释。他把自己被迫做的事情称作正义的和高尚的，因为他看不到和不能对其他人说明被迫和善之间有多么大的区别。宙斯在上，你不认为这样的人是一个奇怪的教育者吗？"

"我确实这么认为。"

【d】"那么，这个人与一个智慧的人有什么区别吗？这个人相信自己懂得从四面八方聚集起来的民众的脾气和喜好，无论他们关心的是绘画、音乐，或者是政治事务。如果有人走近民众，向他们展示自己的诗歌、其他艺术作品，或者他为城邦的服务，赋予民众很大程度的主权，那么如俗话所说，他就真的处于'狄奥墨德斯①的强迫'之下，要做民众批准了的那些事情。但是，你听到有谁提供过证明，说这样的事情是好的和美的，而不是极为荒唐的呢？"

【e】"没有，我今后也不想听到。"

"把这些话都记在心里，再思考下列问题：民众能以任何方式容忍或接受作为与众多美的事物相对的美本身的实在吗，或者说，【494】民众能容忍或接受作为与相应的众多事物相对的每一事物本身的实在吗？"

"以任何方式都不能。"

"那么，民众不能是哲学的。"

"他们不能。"

"因此，他们不可避免地要非难那些实践哲学的人吗？"

"不可避免。"

"所有那些与民众相连、试图讨好他们的人也会这样做。"

"显然如此。"

"那么，由于所有这些原因，你看到有哪个凭本性是哲学家的人能够确保正确地实践哲学，至死不渝吗？想一想我们前面说过的话。我们同意过，【b】聪敏、强记、勇敢、高尚的心灵属于哲学的本性。"

"是的。"

---

① 狄奥墨德斯（Διομήδης），弗里基亚国王，传说这位国王曾强迫俘虏和自己的女儿们同居。

"有这样本性的人不是从童年起就会在同伴中间出人头地吗，要是他的身体的本性与他的灵魂的本性相匹配？"

"他怎么会不这样呢？"

"所以我假定，等他长大成人，他的家庭和同胞公民会想要使用他，让他来处理他们自己的事务。"

"当然。"

【c】"因此，他们会跪在他面前，恳求他，荣耀他，试图通过奉承来确保他们自己的利益，预见到他将来会执掌大权。"

"不管怎么说，这种事情经常发生。"

"你认为一个像这样的人在这样的情况下会做些什么呢？尤其是他要是正好来自一个大城邦，十分富有、家世显赫、高大而又英俊。他难道不会充满不实际的期待，认为自己能够管事，不仅能管理希腊人的事务，而且能管理野蛮人的事务吗？作为其后果，【d】他不会妄自尊大、盲目空洞、骄奢自满吗？"

"他肯定会。"

"要是有人走近一位处于这种状况下的年轻人，温和地把真相告诉他，也就是对他说，他没有理智，他需要理智，除非他像奴隶一样努力工作，否则不可能获得理智，你认为处于诸多邪恶包围之中的他能听得进去吗？"

"他绝对听不进去。"

"即使有一位这样的年轻人明白问题所在，因其高贵本性和对理智的亲近而被引向哲学，【e】你认为这些人会对他做些什么？要是这些人相信自己不能利用他，不能与他结为同党。为了防止他被人说服，有什么事情是他们不会做的，有什么话是他们不会说的？或者对那些说服他的人来说，为了防止他被说服，他们有什么事不会做——无论是私下里搞阴谋，还是公开指控他——他们有什么话不会说？"

【495】"他们肯定会的。"

"那么，这样一个人还有机会实践哲学吗？"

"完全没有。"

"那么，你看我们没有说错吧，当一个有哲学本性的人的成长环境很差时，构成他的本性的那些成分本身——加上所谓的善物，比如财富，以及其他相似的利益——就会以某种方式迫使他背离对哲学的追求。"

"我看到了，我们说的对。"

【b】"那么，就是以这么多方式，最优秀的本性——如我们所说，这种本性本来已经相当稀少——被摧毁和败坏，不能追随最优秀的事业。而就在这些人中间，我们发现有些人既对城邦和个人行最大的恶——要是他们的势头能被扭转——也对城邦和个人行最大的善，因为平庸的本性决不会做什么惊天动地的大事，无论是对个人还是对城邦。"

"非常正确。"

"当这些最适宜从事哲学的人背弃哲学，使她孤独凄凉的时候，【c】他们自己也就过着一种极不恰当、极不真实的生活。然后，其他那些配不上哲学的人乘虚而入，像对待一名孤儿似的剥夺她的亲人对她的保护权，羞辱她。就是这些人要对你所说的哲学受到谴责负责，是他们把恶名强加于她，亦即，他们宣称有些从事哲学的人毫无用处，而大多数从事哲学的人活该承受诸多恶事。"

"是的，确实有人说过这样的话。"

"这样说是合理的，因为其他一些小人——最精通他们自己微不足道技艺的人——看到这个地方有空，却充满美好的名称和装饰，于是就乐意离开他们原有的小技艺而进入哲学的殿堂，【d】就像囚犯逃离监狱而进入神庙。尽管她当前处境不妙，但哲学的声誉依然超过其他技艺，所以许多本性有缺陷的人想要占有她，尽管他们的灵魂由于从事机械的工作而变得残废和畸形，就好像他们的身体由于从事这些工作和劳动而受到损伤一样。【e】这也是不可避免的吗？"

"肯定是的。"

"你认为，一个这样的人看起来不就像一个秃顶的小白铁匠吗？他因为制造假币而坐牢，刚从监狱获释，他洗了澡，穿上新衣裳，像新郎一样打扮，去和师傅的女儿结婚，这个姑娘由于家境贫寒而遭遗弃。"

【496】"像极了。"

"这样的婚姻能生出什么样的孩子来呢？难道不是不合法的、卑劣的杂种吗？"

"这是必然的。"

"当那些不配接受教育的人接近哲学，不相称地与哲学结合的时候，这该如何？我们要说的是，他们会产生什么样的思想和意见？他们产生的东西不具任何真实性，不配称作真正的智慧，不会被恰当地称作智者之术吗？"

"绝对正确。"

【b】"那么，阿狄曼图，剩下来还配得上与哲学结合的人屈指可数：比如，有一个人出身高贵、品格健全，在流放中仍能按其本性继续学习哲学，无人能够腐蚀他；又比如，有一颗伟大的灵魂生活在一个小城邦，他远离这个城邦的事务，不愿涉足琐事。有几个人，由于具有良好的本性，会脱离他们原先从事的、应受轻视的技艺，趋向哲学。有些人也许会被约束我们的朋友塞亚革斯①的马笼头拉着离开他们原先从事的其他技艺，趋向哲学——他具备偏离哲学的其他条件，【c】而他那病弱的身体使他无法从事政治。最后，我自己的情况几乎不值一提——我的灵兆②——因为在我之前没有人，或者只有很少人遇到过灵兆。现在，这个小群体的成员已经尝到了拥有哲学的甜头和幸福，同时他们也看到了民众的疯狂，简言之，他们明白公共事务中的任何行为都几乎不可能是理智的，也没有他们可以提供正义援助的盟友，使他们幸存，【d】倒不如说，在能够为他们的城邦和朋友谋利益之前，他们就会死去，他们对自己无用，对其他人也无用，就像孤身一人落入野兽群中，既不愿意参加它们行不正义之事，自身又不够强大，足以独自抗拒一般的野

---

① 塞亚革斯（Θεάγης），苏格拉底的门徒，参阅《申辩篇》33e。

② 灵兆（δαιμόνιον σημεῖονων），精灵发出的征兆，《申辩篇》31d提到精灵发出的声音（φωνή）。在希腊人的观念中，精灵的地位比神低，比凡人高，精灵能长寿，但并非不死。

蛮。由于这些原因，他们保持沉默，独善其身。就这样，就好比在矮墙之下躲避沙尘暴或大风冰雹，这位哲学家——目睹他人干不法之事——心满意足，只求洁身自好，终生无过，怀着良好的愿望和美好的期待，【e】无怨无悔地离世。"

"嗯，他在离世前能完成这些事情也不算小了。"

【497】"但也不算大，因为他没有机会碰上适合他的体制。处在一个合适的体制下，他自身的成长会比较充分，他也会拯救这个共同体和他自己。在我看来，我们现在已经明智地讨论了哲学为什么受到非议，这种非议为什么是不公正的——当然了，除非你还有什么要添加。"

"关于这一点我没什么要添加了。但是，我们当前的体制，你认为有哪一样适合哲学家呢？"

【b】"一样也没有。我的抱怨准确地说是这样的：我们当前的体制没有一样配得上哲学的本性，结果就是，这种本性被腐蚀了，改变了。因为，就像一颗外来的种子播在异乡的土地上，很像要被当地的物种克服，在当地的物种中退化，所以哲学的本性不能得到充分发展，会在那里衰退，产生不同的品质。【c】但它若能找到最优秀的体制，就像它本身一样是最优秀的，那么显然可以看到哲学确实是神圣的，而其他的本性和生活方式都只不过是凡俗的而已。很明显，你接下来要问的问题是这种最优秀的体制是什么。"

"你错了。我要问的不是这个问题，而是它是否就是我们在创建城邦时已经描述过的那种体制，或者是某个其他的体制？"

"从其他方面看，它就是我们描述过的那种制度。但我们甚至在当时① 就已经说过，在这样的城邦里肯定会有一些人拥有关于体制的理论，而当你制定法律时，【d】也会有立法家来指导你。"

"我们说过这些话。"

"是的，但我们没有给予充分强调，因为害怕你当时的反对意见，也就是有关它的证明冗长而又困难。确实，剩下来要进行的论证决非

---

① 参阅本文 412a—b。

易事。"

"什么地方不容易？"

"一个城邦如何能够参与哲学而不被毁灭，因为一切伟大的事物都有衰落的倾向，诚如格言所说，'好事物真的很难'。"①

【e】"无论如何，我们必须弄清这个问题，以完成我们的讨论。"

"要说有什么事情在阻碍我们这样做，那么不是缺乏意愿，而是缺乏能力。至少，你会看到我有多么愿意这样做，因为我要再一次热情和勇敢地说，这个城邦应当接受这种哲学的生活方式，这种方式与当前的方式是相反的。"

"如何相反？"

"现在人们从青年时期就开始学习哲学，而这个时候他们刚从儿童变成大人，将要从事各种生计，还要成家立业。【498】但是，就在他们接触到最困难的部分的时候——我指的是必须提供理性解释的部分——他们就抛弃了哲学，被当作已经充分接受了哲学训练的人。在以后的生活中，他们认为自己哲学学得不错，只有受到邀请，他们才会屈尊去听别人讨论哲学，因为他们认为这种事情只是业余活动。除了少数例外，到了老年，他们对哲学的热情熄灭了，比赫拉克利特②的太阳熄灭得还要彻底，【b】决不可能再次点燃。"

"他们应该怎么办呢？"

"完全相反。作为青少年，他们应当把心思用在教育和哲学上，在他们的身体发育为成年人的时候，他们应当注意身体，以便为哲学获得一名助手。随着年龄的增长，他们的灵魂进入成熟阶段，这个时候，他们应当强化心灵的锻炼。而当他们体力转衰，过了从事政治和军务的年龄时，他们应当自由自在地在哲学的原野上吃草，其他什么也不做——

---

① 　此格言亦出现于《大希庇亚篇》304e，《克拉底鲁篇》384a。

② 　赫拉克利特（Ἡράκλειτος），公元前 5 世纪希腊早期哲学家。亚里士多德在《天象学》（355a14）中说，赫拉克利特相信，"太阳每天都是新的"，太阳不仅是夜晚降落，而且停止存在，第二天被一个全新的太阳取代。

【c】我的意思是，这些人会过一种幸福的生活，死亡降临后，他们也能按照特定的命运，在另一个世界过他们前世有过的生活。"

"你似乎真的非常热情，苏格拉底。不过，我保证你的大多数听众，从塞拉西马柯开始，会更加热情地反对你，根本不会被你说服。"

"不要挑拨，塞拉西马柯和我已经成了好朋友【d】——过去也不是敌人。我们要不遗余力地继续努力，直到令他和其他人信服，或者，无论如何做一些对他们以后灵魂转世有益的事情，在重生时，他们会再次碰上这些论证。"

"你讲的这个时间是短暂的。"

"与整个时间相比，它不算时间。无论如何，大多数民众不会信服我们的论证，这没什么可奇怪的，因为他们从来就没有看到有一个人与我们的计划吻合（他们听说的这种合拍通常是打算做的事情，而不像这一个，仅仅是偶然的产物）。【e】也就是说，他们决不会看到一个人或一些人自己与美德吻合，尽可能与美德同化，在一个相同类型的城邦里统治。【499】或者说，你认为他们看到了？"

"我根本不这么认为。"

"他们也没有充分聆听良好而又自由的争论，这种争论为了知识的缘故以各种方式寻求真理，但是远离老于世故和吹毛求疵的争吵，这种事情在公开审判和私人集会中发生，除了名望和争论没有其他目标。"

"对，他们没有充分聆听。"

【b】"正是由于这个原因，我们预见到了这些困难，因此我们感到害怕。然而，在真理的推动下，我们要说，没有一个城邦、体制，或个人能够变得完善，直到某个机遇降临，少数几位没有恶行的哲学家（那些现在被人称作无用的人）被迫掌管城邦，无论他们是否自愿，并使城邦服从他们，或者说，直到一位神来激励当前的统治者或国王，或者激励他们的后裔，使他们对真正的哲学有一种真正的热爱。嗯，在我看来，要是不能合理地保持这一点，【c】那么两种情况都不可能；但若这些情况是可能的，那么我们应该公正地受到讥笑，因为我们在一厢情愿的思考中放纵自己。难道不是这样吗？"

"是这样的。"

"那么，要是在无限遥远的过去曾有一些最先学习哲学的人被迫掌管城邦，或者说，要是这种事情现在发生在不为我们所知的遥远的外国，或者说，要是这种事情发生在将来，【d】那么我们打算坚持我们的论证，哲学的缪斯无论何时掌控一个城邦，我们描述过的这种体制也将在那个时候存在，无论是在过去、现在，还是在将来。由于这种事情不是不可能发生的，所以我们不是在谈论不可能的事情。不过，我们同意，这种事情的发生很难。"

"嗯，这也是我的看法。"

"但是民众不会赞同你的看法——这是你下面要说的话吗？"

"他们也许不会吧。"

"你别把什么事情都归咎于民众，因为他们无疑会有不同的看法，要是你不放纵你的好胜心，不以战胜他们为目标，而是和风细雨、潜移默化地消除他们对学习的偏见，【e】向他们指出你说的哲学家是什么意思，为他们界定哲学的本性和生活方式，【500】就像我们刚才做的那样，让他们明白你说的哲学家不是他们所认为的那种人。一旦他们明白了你的方式，连你都会说他们具有和你刚才强加给他们的看法不同的见解，他们会作出不同的回答。或者说，你认为一个温和的人会严苛地对待其他温和的人吗？我料到你会如何回答，我会说，只有少数人会有这样粗暴的性格，但是大多数民众不会这样。"

【b】"嗯，当然了，我同意。"

"你不是也得同意，民众对哲学表现出来的粗暴态度是由那些不属于哲学群体的外人引起的，他们就像一群暴徒，闯进这块领地，老是喜欢相互辱骂和争吵，以一种对哲学来说完全不恰当的方式进行争论？"

"我确实要表示同意。"

"那些思想被真正导向存在者的人，阿狄曼图，【c】确实没有空闲去关心凡人的琐事，或者充满妒忌和仇恨，与人争斗。倒不如说，他会关注和学习永恒有序的事物，既不会对他人行不义之事，也不会承受不义之事，而会以一种理智的顺序，竭尽全力，摹仿永恒有序的事物，尽可能使自己与它们相似。或者说，你认为一个人对自己所尊崇的事物有可能不去摹仿吗？"

"我不这样认为。不可能。"

【d】"那么，哲学家，通过与有序神圣事物的亲密交往和藐视周边所有诽谤中伤，他本身在凡人可达的范围内变得有序和神圣。"

"确实如此。"

"要是他被迫把他看到的东西用于塑造人性，无论是一个人还是一群人，而不是仅仅塑造他自己，你认为在塑造节制、正义，以及整个公民美德方面，他是一个蹩脚的匠人吗？"

"绝对不是。"

"当民众明白我们有关哲学家的谈论是真的时候，【e】他们还会粗暴地对待哲学家吗，或者说他们还会不相信我们吗？我们说这座城邦若不经过那些使用神圣模型的画家的勾勒，决不会发现幸福。"

【501】"要是他们真的明白这一点，他们就不会粗暴了。但是，你指的是什么样的勾勒？"

"他们对待城邦和人的品性就像拿起一块画板，首先把它擦干净——这可不是一件易事。你要知道，这就是他们和其他人的明显区别，也就是说，他们拒绝动手绘制个人或城邦的品性，也不肯为之立法，直到他们得到一块干净的画板，或者得到许可，由他们自己动手把它弄干净。"

"他们拒绝是对的。"

"你不认为他们下一步要勾勒体制的纲要吗？"

"当然。"

【b】"我假定，他们在工作中会不时地左盼右顾，一面是正义、美、节制等等本性，另一面是那些他们试图植入凡人的东西。以这种方式，他们混合城邦的各种生活方式，直至造出一个人来，当这个人的形象在凡人中出现时，荷马也称之为'神的形象'。"①

---

① 参阅荷马：《伊利亚特》1：131。

"对。"

【c】"我假定，他们在绘制时会涂涂改改，尽可能把人的样子画得令神喜悦。"

"无论如何，这幅画肯定是最漂亮的。"

"那么，这对那些你说要竭尽全力攻击我们的人有说服力吗——我们正在赞扬的这个人确实是一位专门绘制体制的画家？他们感到愤怒是因为我们把城邦托付给他，听了我们必须说的这些话，他们会温和一些吗？"

"要是懂得节制，他们会温和得多。"

【d】"确实，对此他们有什么办法能加以反驳呢？他们能否认哲学家是实在和真理的热爱者吗？"

"他们要是否认，那是十分荒唐的。"

"或者说，他们能够否认我们已经描述过的哲学家的本性接近最优秀的本性吗？"

"他们也不能否认。"

"或者说，这样一种本性，要是遵循它自己的生活方式，它不是全善的和哲学的吗？或者说，被我们排除在外的那些人更是如此？"

【e】"肯定不会。"

"那么，我们说直到哲学家掌管城邦，无论城邦还是公民都不会停止作恶，我们已经在理论上描述过的体制决不会在实践中完全实现，这个时候他们还会表示愤怒吗？"

"他们的火气可能会小一点了。"

"嗯，要是可以的话，让我们不要说他们只是火气小一点，而是已经完全驯服，相信了我们的看法，所以，他们只是羞于同意我们的看法，【502】不会是别的什么情况了。"

"我可以这样说。"

"因此，让我们假定他们已经信服了这个观点。有谁会驳斥我们的观点，国王或统治者的后裔能够生来具有哲学家的本性吗？"

"没有人会驳斥。"

"有谁会宣称，要是这样的后裔出生了，他们必定会腐败吗？我们自己承认，要使他们免于腐败是一件难事，【b】但有谁能够断言在所有世代里就没有一个人能够获得拯救？"

"怎么会有人作出这样的断言呢？"

"但是这样的人只要出现一个，就足以让所有那些现在看起来不可信的东西成为现实，只要他的城邦服从他。"

"有一个就足够了。"

"要是有一名统治者制定了我们描述过的法律和制度，那么公民们自愿执行肯定不是不可能的事。"

"确实如此。"

"其他人应当像我们这么想，这有什么奇怪或者不可能吗？"

【c】"我不这样认为。"

"但是我想我们早先的讨论足以表明这些安排是最好的，只要它们是可能的。"

"它们确实是可能的。"

"那么，我们现在可以得出结论：这种立法要是可能实现，那是最好的，而它的产生是困难的，但并非不可能。"

"我们能够得出这样的结论。"

"现在这个难题已经解决，我们必须处理剩余的问题，亦即，我们体制的拯救者会以什么方式来到城邦，什么样的臣民和生活方式会产生拯救者，【d】他们会在什么年龄被找来？"

"确实，我们必须处理这些问题。"

"我在前面的讨论中省略了娶妻、生子、任命统治者这些麻烦的问题，这样做不是很巧妙，这只是因为我知道完全真实地讨论这些问题会招来非议，也难以付诸实践，而现在情况变了，我必须考察这些事情。妇女儿童的问题已经恰当地处理过了，【e】但是统治者的问题还需从头开始。要是你还记得，我们说过，他们必须证明自己是城邦的热爱者，经受过快乐与痛苦的考验，【503】在任何艰难险阻下都坚定不移。任何不能这样做的人会被淘汰，任何能够经受考验的人——就像烈火中炼就的真金——会成为统治者，生时得到尊荣，死后得到褒奖。类似的话我们前面说过，而我们的论证，由于担心激发我们现在面临的这个问题，【b】于是悄悄地转移了话题。"

"你说得非常正确，我记得。"

"我们当时躲躲闪闪，不敢说出自己的看法，而现在我们可以大胆地说了。所以，让我们现在也要勇敢地说，在护卫者这个术语最准确的意义上，那些成为我们的护卫者的人必定是哲学家。"

"让我们这样说。"

"那么，你应当明白他们的人数确实很少，因为他们必须具有我们描述过的本性，这种本性的组成部分大多数是分开来成长的，很少在同一个人身上发现。"

【c】"你这是什么意思？"

"你知道，聪明、强记、机智、灵敏，以及热忱、豁达等等灵魂的品性，很难在一个选择了安宁和稳定的有序生活的心灵中一起成长，因为那些拥有前面这些品性的人一旦有机会，就会受灵魂的引导而变得一点儿都不稳定了。"

"没错。"

"另一方面，品性稳定的人不会轻易改变，【d】在战争中不会因为害怕而动摇，由于他们的品性比较稳定，所以人们宁可雇用这种人。在学习中，他们也表现出同样的品性，不会轻言放弃。他们能够教那些头脑麻木的人，这种人一到学习的时候就想睡觉，哈欠连天。"

"是这样的。"

"然而我们说，一个人必须兼具两种品性，把两方面很好地结合起来，否则就不算接受过最真实的教育，不配得到荣誉和权力。"

"对。"

"你不认为这样的人很罕见吗？"

"当然。"

【e】"因此，他们必须经受我们刚才说过的辛劳、恐惧、快乐的考验。但是，他们也必须学习其他许多科目——这一点我们没有提到过，现在要加上——看他们能接受这些最重要的科目，还是畏惧退缩，【504】就像畏惧其他考验的胆小鬼。"

"以这样的方式考验他们是对的。但是，你说的最重要的科目是什么意思？"

"你记得，为了有助于发现正义、节制、勇敢、智慧各自是什么，我们在什么时候区分了灵魂的三个组成部分？"

"如果我连这一点都不记得，那么我就不配听其他内容了。"

【b】"在此之前的内容你也记得吗？"

"那是什么？"

"我相信，我们说过，关于这些事情，要想得到可能有的最好的观点，我们需要走一条比较漫长的道路，使处理这些事情的人能够清楚明白，而为它们的存在提供证明的可能性则取决于前面的论证标准。① 你当时说已经很满意了。而在我看来，我们当时的讨论缺乏精确性，至于你是否满意就要由你自己来说了。"

"我认为你当时给了我们一个很好的尺度，所以其他人显然也这样认为。"

【c】"这类事物的任何尺度都会因其不存在而不是一个好尺度，任何事物的尺度都有缺陷，尽管人们有时候认为，这样的处理虽不完善，但却是恰当的，然后就进行下一步不必要的考察。"

"确实，懒惰使许多人这样想。"

"城邦和法律的护卫者要履行自己的职责，不能有这种思想。"

"可能是这样的。"

"那么好吧，他必须走一条比较漫长的道路，【d】付出比体育锻炼更大的努力去学习，否则的话，如我们刚才所说，他绝不可能抵达他的目标，学习这种最适合他的最重要的科目。"

"那么，这些美德不就是最重要的事物吗？还有什么事比我们讨论的正义以及其他美德更重要？

---

① 参阅本文 435d。

"还有某个更加重要的事物。然而，哪怕对这些美德本身，仅仅观察一下它的基本轮廓而放弃最完整的解释也是不够的，就像我们前面做的那样。费尽心机去获取一些没有什么价值的其他事物的精确性和明晰性，而不考虑配得上最大精确性的最重要的事物，【e】这样做岂不荒唐？"

"的确荒唐。但是，你以为有人会不先问这种最重要的科目是什么、它是关于什么的，就放你过关吗？"

"确实不会，不过你也可以问我。这个问题的答案你肯定经常听到，所以你现在要么是不动脑子，要么就是存心找茬儿，打断我讲话。【505】我怀疑你是后一种情况，因为你经常听说善的型相是要学习的最重要的事物，凭着与善的关系，正义的事物和其他的事物才变得有用和有益。现在，你知道得很清楚，我下面要说的就是它，嗯，另外，我们对它并不具有恰当的知识。你也知道，要是我们不知道它，哪怕是最有可能的关于其他事物的知识对我们来说也是无益的。或者说，你认为拥有一切而唯独不拥有善有什么益处吗？【b】或者说，知道一切而唯独不知道善，因此对好或善一无所知，有什么益处吗？"

"不，宙斯在上，我不这么认为。"

"再说，你肯定知道大多数人相信快乐就是善，而高明一点的人相信知识就是善。"

"确实如此。"

"你知道那些相信这一点的人不能告诉我们它是哪一种知识，而到最后不得不说它是善的知识。"

【c】"这是荒唐可笑的。"

"当然是荒唐的。他们责怪我们不知道善，然后转过来与我们交谈，又把我们当作是知道善的。他们说它是善的知识——就好像我们理解他们所说的'善'这个词的意思似的。"

"完全正确。"

"那些把善界定为快乐的人如何？他们会比其他人较少思想混乱吗？甚至连他们不也被迫承认有恶的快乐吗？"

“那是一定的。”

“所以我认为，他们必须同意同样的事物既是善的又是恶的。不对吗？”

【d】“当然。”

“那么，这就清楚了，不是吗？关于善有那么多重大争论。”

“怎么能没有呢？”

“这一点不也清楚了吗？就正义和美好的事物而言，许多人满足于相信事物是正义的和美好的，哪怕它们并非真的如此，以此为基础，他们采取行动，获取和构成他们自己的信念。然而，没有人会对获得仅仅是被相信为美好的事物感到满意，而是大家都想要那些真正好的事物，鄙视简单的信念。”

“对。”

【e】“每个灵魂都在追求善，而且为了自身的缘故尽力行善。灵魂预见到善是某样事物，但它感到困惑，不能恰当地把握它的存在，或者获得像有关其他事物那样的稳定的信念，所以它错失了哪怕是其他事物可以提供的好处，要是有的话。我们允许城邦里的最优秀的人在这个重大问题上如此昏庸和糊涂吗，【506】我们把所有事情都托付给这些人？”

“这是我们要做的最后一件事情。”

“至少，我不假定公正和美好的事物会拥有这样一位护卫者，他甚至不知道这些事物以什么方式是好的。我预见到，直至知道这一点，无人会拥有关于它们的恰当知识。”

“你的预见很好。”

【b】“要是一位知道这些事情的护卫者掌管我们的城邦，那么我们的体制不就完全有序了吗？”

“这是必然的。但是，苏格拉底，你还必须告诉我们，你考虑的善是知识还是快乐，还是别的什么东西呢？”

“真有你的！其他人关于这些事情的意见显然早就不能令你满意了。”

“好吧，苏格拉底，在我看来，你愿意讲述其他人的信念而不说你自己的信念，这好像是不对的，尤其是你花了那么多时间考虑这些事情。"

【c】"什么？你认为一个人谈论他不知道的事情，就好像知道似的，这样做对吗？"

"这样做当然不对，但一个人也应当愿意讲述自己的意见。"

"什么？你没注意到无知的意见是可耻的、丑恶的吗？它们顶多就是盲目的——或者说，你认为那些无理智而表达了真意见的人和碰巧走对路的瞎子有什么不同吗？"

"没什么不同。"

【d】"当你可以从别人那里听到光明和美好的事物时，你宁愿去观看那些丑恶的、盲目的、歪曲了的事物吗？"

"宙斯在上，苏格拉底，"格老孔说，"别在快要抵达终点时抛弃我们。如果你能像讨论正义、节制，以及其他美德一样讨论善，我们会满意的。"

"我的朋友，我也会满意的，但是我担心不能抵达终点，要是这样的话，我就丢脸了，会由于进行这种尝试而遭人嗤笑。所以，让我们暂时搁置一下善本身是什么的问题，【e】因为在我看来，这个问题太大，不适合我们现在要进行的讨论。但是我愿意告诉你们，善有一个儿子，它显然很像善本身。你同意吗，或者说你宁可让我们搁置整个议题？"

"好的。下次再还清你欠的债，给我们讲这位父亲的故事。"

【507】"我希望能还清所有债务，而你能收回借款，而不是只收利息。所以，这是这位善的儿子或后裔的事。① 不过你们要小心，别让我无意中把你们给骗了，给你们一个不合法的解释。"

"我们会提高警惕，你就只管讲吧。"

"等我们达成了一致意见，我会说的，我们要回忆一下我们在这里已经说过的话，这些话在其他很多时候也说过。"

【b】"哪些话？"

---

① "儿子"和"利息"的希腊文均为 τόκος，一语双关。

"我们说，有许多美的事物，有许多善的事物，等等，以这种方式我们在语言中区分它们。"

"我们是这样做的。"

"另外，我们又反过来说美本身、善本身，以及一切我们将之确定为杂多的事物，我们按照各类事物的一个型相来确定它们，称之为各类事物的'在者'。"

"对。"

"我们说，许多美的事物和其他事物是可见的，但不可知，而型相是可知的，但不可见。"

【c】"完全正确。"

"看那些可见的事物，用的是我们的哪个部分呢？"

"用我们的视觉。"

"所以，可听的事物用的是听觉，用我们的其他感官，我们察觉其他一切可感的事物。"

"没错。"

"你考虑过我们的感官的创造者在创造这种看和被看的力量时有多么慷慨吗？"

"我不能说我考虑过了。"

"嗯，那么就以这种方式来考虑一下。听觉和声音需要另外一样东西吗？为了使前者能听，使后者能被听到，要是缺乏这第三样东西，【d】听觉就不能听，而声音也不能被听到。"

"不，它们不需要其他东西。"

"即使有什么感觉需要这样的东西，那也不会多。你能想一样出来吗？"

"我不能。"

"你不明白视觉和可见的东西有这种需要吗？"

"怎么会呢？"

"视觉可以呈现在眼睛里，有视觉的人可以尝试着使用它，颜色可以呈现在事物中，但除非有出于这个目的而自然而然地采用第三样东西呈现，【e】你知道，视觉什么也看不见，而颜色也仍旧不可见。"

"你说的这样东西是什么？"

"就是你称作光的这样东西。"

"你说得对。"

"那么，它不是一条联系视觉和可见事物的无足轻重的纽带【508】——若是光确实是一种珍贵的东西，那么它比其他任何相关联的事物得到的纽带更加珍贵。"

"嗯，当然，它非常珍贵。"

"你能指出天上的哪一位神是这件事的原因和控制者吗？它的光使我们的视觉能够以最好的方式看，使可见的事物能以最好的方式被看。"

"我会指出的神与你和其他人会指出的神是一样的。显然，你的问题的答案是太阳。"

"视觉按其本性不以这种方式与这位神相连吗？"

"什么方式？"

"视觉不是太阳，视觉本身也不是它从其中产生的那个器官，【b】亦即眼睛。"

"不，它肯定不是。"

"但我认为，它是所有感觉中最像太阳的。"

"确实如此。"

"它从太阳那里接收到它拥有的力量，就像一块宝石溢出的一股射线。"

"当然。"

"太阳不是视觉，但它不是视觉本身和事物被看见的原因吗？"

"是的。"

"那么，让我们说，这就是我所说的善的后裔，善生育的与它相似的后代。善本身处于可知的领域，与理智和可知的事物相关，太阳处于可见的领域，【c】与视觉和可见的事物相关。"

"怎么会这样？你再解释一下。"

"你知道，当我们把眼睛转向那些不再被日光照耀，而是被夜晚的光线照耀的事物时，我们的眼睛感到模糊，就像瞎了一样，好像原有清晰的视力已经不复存在。"

【d】"当然。"

"然而，当我们把眼睛转向日光照耀的事物时，眼睛就看得很清楚，视力在同样这些眼睛里又出现了，是吗？"

"确实如此。"

"好吧，让我们以同样的方式来理解灵魂：当它凝视由真理和实在照耀的事物时，它能理解和知道，它显然拥有理智，而当它凝视晦暗不清的、有生有灭的事物时，它会发表模糊不清的意见，也会时不时地改变它的意见，似乎丧失了理智。"

"确实好像是这样的。"

"所以，是这个善的型相把真相给予被知事物，把认知的力量给予知者，【e】尽管它是知识和真理的原因，但它也是知识的对象。真理和知识都是美好的事物，而善是另外一样事物，比它们更美好。在可见领域里，把光和视觉考虑为像太阳一样是正确的，但认为它们就是太阳是错误的，所以，在这里认为知识和真理像善一样是正确的，【509】但认为它们就是善是错误的——因为善更应当得到褒奖。"

"你正在谈论一样难以置信的美妙事物，要是它既能提供知识和真理，又在美的方面优于二者。你肯定不会认为这样的事物就是快乐。"

"安静一下！让我们来比较具体地考察它的形象。"

【b】"怎么个考察法？"

"我想，你会愿意说，太阳不仅给可见的事物提供了能被看见的力量，而且也给它们提供了能出生、成长、被滋养的力量，尽管出生的不是太阳本身。"

"怎么会是呢？"

"因此，你也应当说，不仅是知识对象的可知归于善，而且它们的存在也归于善，尽管善不是存在，而是在等级和力量上优于存在的东西。"

【c】格老孔面带讽刺地说，"阿波罗在上，这真是一种魔鬼般的优越性！"

"这要怪你，是你在强迫我，要我把我的意见告诉你。"

"我也不想让你停下来。所以，继续解释这个太阳的比喻，要是你有什么遗漏。"

"我确实省略了很多内容。"

"好吧，不要省略，哪怕最小的细节。"

"我想我不得不省略许多内容，但是现在进到这一步，我不会有意识地省略任何东西。"

"你不要省略。"

【d】"那么，你要明白，如我们所说，有这样的两个事物，一个主宰着可知的事物和区域，另一个主宰着可见的事物和区域（我不说天①，免得你认为我像智者那样玩弄词藻）。不管怎么说，你有了两类事物：可见的和可知的。"

"对。"

"它就像一条线，分成了两个不相等的区域。② 然后，对每个区域——亦即可见的区域和可知的区域——按同样的比例再作划分。【e】现在，根据它们的清晰度来比较一下，可见的区域的一个部分由影像组成。所谓影像，我首先指的是阴影，其次是水面或光滑物体反射出来的影子，或其他类似的东西，【510】要是你懂的话。"

"我懂。"

"在可见的区域的另一个部分，放上这些影像的原本，亦即我们周围的动物、所有植物，以及所有人造物。"

"就这么放吧。"

---

① "天"的希腊文是 Οὐρανός，"可见的"的希腊文是 ὁρατός，二者拼写相似。

② 柏拉图的"线喻"（509c—511e），图示如下：

想象（εἰκᾰσία）信念（Πίστις）思想（διανοία）理智（νόησις）

"至于真和不真，你愿意说划分是按这样的比例来进行的吗？就像可发表意见的对可知的，所以相同的对相似的。"

【b】"当然。"

"现在考虑一下可知的区域如何划分。"

"怎么个分法呢？"

"这样划分：在一个部分中，灵魂，使用先前被摹仿的事物作为影像，被迫从假设出发进行考察，但不是从第一原则开始，而是从一个结论开始。然而，在另一个部分中，灵魂趋向一个不是假设的第一原则，从一个假设开始，但没有前面那个部分所使用的影像，它使用型相本身，通过它们进行考察。"

"我还没有完全弄懂你的意思。"

【c】"让我们再试一下。在你听了下面这些预备性的解释以后，你会理解得好一些。我想你是知道的，那些学几何、算术一类学问的学生，首先假设有奇数与偶数、各种图形、三种角，以及与他们的考察相关联的其他事物，就好像他们知道这些事物似的。他们作出这些假设，不认为必须对它们作出任何解释，无论是对他们自己还是对其他人，就好像它们对任何人都是不证自明的。从这些第一原则出发，再通过其余的步骤，【d】他们最后达到完全一致的看法。"

"我确实知道得很多。"

"那么，你也知道，尽管他们使用可见的图形，讲述对图形的看法，但他们的思想不是被导向这些图形，而是被导向那些与图形相似的其他事物。他们为了正方形本身或对角线本身的缘故而讲述，而不是为了他们画的对角线的缘故而讲述，其他东西莫不如此。【e】他们制作或绘制的图形，在水中会留下阴影或者反射出影像，他们现在把这些图形用作影像，寻求看见其他那些不能看只能思的事物本身。"

【511】"对。"

"所以，这就是我说的这类事物，一方面它们是可知的，另一方面，灵魂被迫要使用假设来对它们进行考察，但不是抵达第一原则，因为它不能超越它的假设，而是把它们下面那个部分的事物当作影像来使用，与它们自己的影像相比，这些事物被认为更加清晰，更有价值。"

【b】"我懂了，你讲的是那些在几何学以及相关科学中发生的事情。"

"那么你也要懂得，可知区域的另一部分，我指的是理性本身凭借辩证法的力量可以把握的事物。理性不会把这些假设当作第一原则，而是真正地当作假设——但作为踏脚石和进身之阶，使理性能够抵达一切事物的非假设的第一原则。掌握了这个原则，它回过头来把握那些追随这个原则的事物，下降到结论，不使用任何可见的事物，而只使用型相本身，【c】从一个型相移动到另一个型相，在型相中结束。"

"我懂了，但还不很彻底（因为在我看来你正在谈论一项巨大的任务），你想要区分存在者的可知部分，这个部分由辩证法的科学来研究，比那个由所谓的科学来研究的部分更加清晰，因为它们的假设是第一原则。尽管那些研究这些科学对象的人被迫使用思想作为工具，而不是以感觉作为工具，【d】但由于它们不返回真正的第一原则，而是从假设开始，所以你不认为他们理解了这些事物，哪怕由于提供了这样的原则，这些事物是可知的。在我看来，你似乎把几何学家的状态叫做思想而不叫做理智，思想介于意见和理智之间。"

"你的解释非常恰当。这样，灵魂有四种这样的状态，相应于我们的线段的四个部分：最高的是理智，其次是思想，再次是信念，最后是想象。【e】按比例把它们排列一下，考虑一下它们各自享有的清晰度，以及它们建立于其上的那个部分享有的真实度。"

"我懂了，我同意，我要照你说的排列它们。"

第 七 卷

【514】"下面，把我们的本性接受和缺乏教育的后果比作这样一种体验：想象一下，人居住在地下好像洞穴那样的住处，有一条长长的通道通往地面，和洞穴等宽的光线可以射入洞内。他们从小便在那里，固定在一个地方，脖子和腿脚都上了枷锁，动弹不得，只能看见前方的东西，因为不能扭过头来。【b】在他们身后远处，有一堆篝火在燃烧，发出火光。也在他们后方，有一条高起的小径通向那堆篝火。想象一下，沿着这条小径建有一堵矮墙，就像一道屏幕安放在这些人前面，表演木偶戏的人在这道屏幕上方表演他们的木偶戏。"

"我正在想象。"

"然后，也想象一下，沿着这堵矮墙有一些人，他们携带着把影子投射到矮墙上的各种器物——人和其他动物的塑像，用木头、石头或其他材料制成。【c】还有，如你所期待的那样，携带这些器物的人有些在说话，【515】有些不吭声。"

"你这个想象倒很新颖，他们真是一些奇特的囚徒。"

"他们就像我们一样。你先说说看，除了火光投射到他们前面洞壁上的阴影外，他们还能看到他们自己或他们的同伴吗？"

【b】"要是他们的头一辈子都动不了，他们怎么能够看到呢？"

"那些在矮墙那里携带的器物如何？他们不也看不到吗？"

"当然。"

"要是他们能够相互交谈，你不认为他们会假定他们所使用的名称指称的就是在他们面前经过的阴影吗？"

"他们必定如此。"

"要是他们的囚室会由于他们面对的洞壁产生回声，那将如何？你不认为他们会相信这个声音是他们前面洞壁上移动着的阴影发出的吗？"

"我肯定认为他们会这样想。"

【c】"那么这些囚徒会以各种方式相信的真相无非就是这些人造物

体的阴影。"

"他们肯定会相信。"

"那么，考虑一下，要是突然有什么事发生，他们的禁锢得以解除，他们的无知得以矫正，那会是一种什么样的情景。假定他们中有一个人被松了绑，挣扎着站了起来，扭过头来，行走，向上看那光亮之处，这样做的时候，他一定很痛苦，并且由于眼花缭乱而无法看清事物，而他原先只见过它们的阴影。【d】这个时候如果我们告诉他，说他以前看到的东西是不重要的，而现在——由于他比较接近存在的事物而发生了转向——他在比较正确地看，你认为他会怎么说？或者，换个方式来说，要是我们指着那些从旁边经过的每一个事物，问他这是什么，强迫他回答，你不认为他会不知所措，并且认为他以前看到的东西比现在指给他看的东西更加真实吗？"

"真实得多。"

【e】"要是强迫他看那火光本身，他的眼睛不会受伤吗，他不会转身逃走，朝着那些他能看得清的事物，并且相信这些事物真的比指给他看的那些事物更加清晰吗？"

"他会的。"

"再要是有人硬拉着他，走上那条陡峭崎岖的坡道，直到把他拉出洞穴，见到了外面的阳光，他不会由于感到痛苦，并且由于被迫行走而恼火吗？等他来到阳光下，【516】他会觉得两眼直冒金星，根本无法看见任何一个现在被人称作真实事物的东西吗？"

"他不能看见这些东西，至少一开始的时候不能。"

"那么，我假定他需要时间调整，在他能看见上面这个世界的事物之前。首先，他最容易看见阴影，然后是那些人和其他事物在水中的影像，然后是这些事物本身。他在夜晚比较容易学习天空中的事物和天空本身，观看星光和月光，【b】胜过白天观看太阳和阳光。"

"那当然了。"

"最后，我假定，他能够看见太阳了，不是看水中的倒影或在其他地方看，而是看太阳本身，在它自己的地方看，能够学习它。"

"必定如此。"

"在这时候，他会作出推论，认为正是太阳造成了四季交替和年岁，并主宰着这个可见世界的所有事物，【c】以某种方式，太阳也是他们过去曾经看到过的一切事物的原因。"

"这很清楚，他下一步就会这样做。"

"当他回想起自己原先居住的地方，想起一同遭到禁锢的囚徒，想起那个时候的智慧，那该如何？你不认为他会为自己的变化感到庆幸，对其他人感到遗憾吗？"

"我肯定这样认为。"

"如果洞穴中的囚徒之间也有某种荣耀和表彰，那么那些敏于识别影像、能记住影像出现的通常次序，【d】而且最能准确预言后续影像的人会受到奖励，你认为这个已经逃离洞穴的人还会再热衷于取得这种奖励吗？他还会妒忌那些受到囚徒们的尊重并成为领袖的人，与他们争夺那里的权力和地位吗？或者说，他会像荷马说的那样，'宁愿活在世上做一个穷人的奴隶'，① 受苦受难，也不愿再有囚徒那样的看法，过他们那样的生活吗？"

【e】"我假定他会宁愿吃苦也不愿再过那样的生活。"

"再考虑一下这种情况。要是这个人又下到洞中，坐在他原来的位置上，他的眼睛——由于突然没了阳光——不会一片黑暗吗？"

"他肯定会这样。"

"在他的眼睛重新看见之前——调整不会很快——在他的视力仍旧模糊的时候，要是他必须与那些永久的囚徒比赛辨认阴影，【517】那么他不会招来嗤笑吗？那些囚徒不会说他这趟向上的旅行把眼睛弄坏了，因此哪怕想要试着向上走都是不值得的吗？还有，要是有谁试图解救他们，把他们领到上面去，要是他们能够抓住他，他们难道不会杀了他吗？"

"他们肯定会这样做。"

---

①　荷马：《奥德赛》11：489—490。

【b】"这整个场景，格老孔，必须与我们前面说的话完全吻合。这个可见的世界就像囚徒居住的地方，而洞中的火光就像太阳的力量。如果你把向上的旅行和学习上面的事物解释为灵魂上升到可知的世界，那么你把握了我希望表达的意思，因为这正是你想要听的。至于这个解释本身对不对，那只有神知道。但我就是这么看的：在可知的领域，善的型相是被看的最后一样东西，要看见它也是困难的。一旦有人看见它，【c】这个人必定会得出结论，它是一切事物正确、美好的原因，它在可见领域产生了光和光的源泉，而在可知世界里它控制和提供了真理和理智，所以，凡是能在私人或公共生活中明智地行事的人必定看见过它。"

"我和你有同样的想法，至少就我能理解的范围来说。"

"那么，来吧，也和我一起分享这个思想：不奇怪，那些进到这一步的人不愿意做凡间琐事，他们的灵魂始终有一种向上飞升的冲动，渴望在高处飞翔，毕竟，这肯定是我们一直在期待的，【d】要是事情真的与我前面描述的场景吻合。"

"是这样的。"

"要是有人从这种神圣的学习返回人生的邪恶，那会如何？你认为这种事情奇怪吗？因为他的两眼仍旧模糊，还没有习惯周围的黑暗，要是在这种时候他被迫在法庭或在别的地方与人争论正义的影子或者产生影子的塑像，【e】争论这些东西被那些从未见过正义本身的人理解的方式。"

"这一点儿也不奇怪。"

【518】"是的，不奇怪。但是任何有理智的人都会记得，眼睛在两种情况下会模糊不清，也就是说从亮处到暗处，或者从暗处到亮处。要明白，对灵魂来说也是这样，所以在看到某个灵魂发生眩晕而看不清时，他不会不假思索地加以嗤笑，而会考察一下这种情况发生的原因，弄清它是由于离开比较光明的生活，由于还不习惯黑暗而看不清楚，还是由于离开了无知的生活而进入了比较光明的世界而发生眩晕。【b】然后他会宣布，第一个灵魂的体验和生活是幸福的，他会对后者表示遗憾——但是，哪怕他选择讥笑它，要是他讥笑的是从光明下降到黑暗的

灵魂，那么他的讥笑应当温和一些。"

"你说得非常有理。"

"如果这是真的，那么我们对这些事情的想法必定是：教育并非如有些人所宣称的那样，亦即把知识放到缺乏知识的灵魂中去，【c】就好像把视力放入瞎了的眼睛。"

"他们确实这样说过。"

"但是，另一方面，我们当前的讨论表明，学习的力量呈现在每个人的灵魂中，这种每个人用来学习的工具就好像要是不转动整个身子，就不能从黑暗转向光明的眼睛。要是不转动整个灵魂，直到它能够学习存在者和存在的最明亮的事物，亦即被我们称作善的那个事物，这个工具就不能从那个有生灭的世界转向。【d】这样说不对吗？"

"对。"

"那么，教育要做的就是这件事，它是与灵魂转向有关的一门技艺，要考虑怎样才能使灵魂最容易、最有效地转向。它不是一门把视力放入灵魂的技艺。教育假定这种视力是有的，但没能以正确的方式转向，或者没有看它应该看的地方，教育试图给灵魂重新恰当地定向。"

"好像是这样的。"

"嗯，灵魂的其他所谓德性与身体的德性看起来好像有亲缘关系，因为这些德性确实并非先前已经存在，而是后来通过习惯和实践添加的。【e】然而，理性这种德性讲到底属于某个更加神圣的事物，它决不会失去它的力量，而是它要么是有用的和有益的，要么是无用的和有害的，取决于灵魂转向的方式。【519】或者说，你从来没有注意到有些人非常邪恶，但却非常能干，他们的灵魂非常渺小，但他们的灵魂的目光能够非常敏锐地区分灵魂朝向的事情吗？这就表明这些灵魂的视力并不低劣，而只是被迫服务于邪恶的目的，所以它愈是敏锐地看，它做的坏事也就愈多。"

"绝对如此。"

"然而，要是这种本性从小受到锤炼，摆脱与之有亲缘关系的变易的束缚，贪食、贪婪，以及其他诸如此类的快乐，把它们捆绑在一起，

【b】就像给它负重，使它只能向下看——摆脱了这些重负，要是灵魂转为观看真正的事物，那么我要说，同是这些人的同样的灵魂也会最敏锐地看，就像灵魂现在正在做转向这件事一样。"

"可能是这样的。"

"那些没有体验过真理的、未受教育的人如何？不就像是——确实，依据我们前面说的话，不能必然地得出——他们决不会恰当地治理城邦吗？但是那些得到许可终身接受教育的人也不能。【c】前者会失败的原因在于他们缺乏单一的目标，用这个目标来指导他们的一切行动，无论是公共的还是私人的；而后者会失败是由于他们拒绝行动，认为自己还活着的时候就已经在那遥远的福岛①定居了。"

"对。"

"那么，我们作为创建者的任务就是促使最优秀的本性学习我们前面说的最重要的学习，亦即升天和观看善。等它们升天了，也看够了，【d】我们一定不能允许它们再做今天允许它们做的事。"

"什么事？"

"待在那里，拒绝返回下界，和那些囚徒在一起，分担他们的辛劳，分享他们的荣誉，无论这些事有无价值。"

"那么，我们要不公正地对待它们吗，在他们能过一种比较好的生活时，让他们去过一种比较差的生活？"

【e】"你又忘了，法律关注的不是使城邦里的任何一个阶层特别幸福，而是努力通过说服和强制的手段使公民们彼此协调合作，通过使他们共享每个阶层能为整个共同体提供的利益，把幸福传遍整个城邦。②【520】法律在城邦里造就了这样的人，不是为了让他们随心所欲，各行其是，而是用他们来团结整个城邦。"

"对，我确实忘了。"

---

① 福岛（μακάρων νῆσοι），在希腊神话中，人死以后，灵魂下到地狱中接受审判，正义者的灵魂将被送往福岛安居。

② 参阅本文 420b—421c，462a—466c。

"所以，格老孔，你要看到，我们对他们这样做和这样说，不是在对那些在我们城邦里成为哲学家的人行不公正之事，我们强迫他们护卫和关心其他人是公正的。我们会说：'像你们这样的人若是产生在其他城邦，那么他们完全有理由不分担城邦的辛劳，【b】因为他们的产生是自发的，违背那种体制的意愿。完全自力更生的人不欠任何人的情，因此也没有报答培育之恩的热情。但是，我们已经使你们成为我们城邦的国王和居民的领袖，就像蜂房里的蜂王，既是为了你们自己，也是为了城邦里的其他人。你们接受的教育比其他人要好，要完整，【c】你们在两种类型的生活中更能共享。因此你们每个人都必须轮流到下面去，与其他人生活在一起，要习惯在黑暗中观看。当你们习惯了，你们会比原来在那里的人更好地观察。因为你们看到过美、正义、善的真相，你们知道每个影像是哪个事物的影像，也知道每个事物的影像是什么。就这样，为了你们和我们，这个城邦将被治理，不像现今大多数城邦，由那些与阴影作战的、为了争夺统治权相互之间争斗的人治理——以为那就是大善——而是由那些清醒的、而非睡梦中的人来治理，【d】因为真相确实如此：城邦预期的统治者的统治欲愈小，愈能免除内斗，而由相反类型的统治者统治的城邦，其统治方式必定也是对立的。'"

"绝对如此。"

"那么，你认为我们培养的那些人会违背我们的意愿，拒绝分担城邦的辛劳吗？他们轮流执政，而在大部分时间里，他们还可以生活在另一个比较纯粹的世界里。"

【e】"他们不可能拒绝，因为我们是在向正义的人下达正义的命令。他们每个人肯定会把统治城邦当作义不容辞的事情，这一点与现今统治各个城邦的那些人的所作所为完全相反。"

"事情就是这样。要是你能发现一种比支配这些预期的统治者更好的生活方式，你治理良好的城邦就可能了，【521】因为只有在这样的城邦里，会有真正富有的统治——我说的不是那些人拥有黄金，而是那些拥有财富的幸福的人必定过上一种良好的、理智的生活。但若饥饿的乞丐为了个人利益参与公共生活，认为这些公共财物都是供人攫取的，那么治理良好的城邦就不可能了，因为这个时候的统治就是争斗，这种内战会摧毁这些人，也会摧毁城邦的其他人。"

"非常正确。"

【b】"除了真正的哲学家的生活以外，你还能说出别的什么轻视政治统治的生活来吗？"

"不，宙斯在上，我不能。"

"但肯定是那些不爱统治的人必须统治，因为要是他们不统治，那些热爱统治的人，他们的对手，就会争夺统治权。"

"当然。"

"那么，你会强迫谁来担任城邦的护卫者呢，如果不是由那些对良好治理有最佳理解的人、那些除了政治荣耀还有其他荣耀的人、那些也有较好的生活的人来担任？"

"一个也没有。"

【c】"你想要我们现在就来考虑这样的人如何在我们的城邦里产生，我们该如何——就像人们所说的那样，从冥府上升到诸神那里去——把他们领向光明吗？"

"我当然同意。"

"这可不像是在投硬币，而是灵魂转向，从朦胧的夜晚转向真正的白天——上升到在者，我们说这是真正的哲学。"

"确实如此。"

【d】"那么我们一定不要尝试去发现有力量带来这种转向的科目吗？"

"当然要。"

"所以，格老孔，这个能拉着灵魂从变易的世界转向存在的世界的科目是什么？说到这里，我产生了一个念头，我们不是说过，这些预期的统治者年轻时就必须是战场上的武士吗？"

"是的，我们说过。"

"那么我们正在寻找的这个科目还必须具有这种添加于前一科目的特点。"

"哪个科目？"

"对喜欢打仗的人来说它一定不能是无用的。"

"要是可能的话，它一定不能无用。"

【e】"嗯，在此之前，我们用音乐、诗歌和体育锻炼来教育他们。"

"是的。"

"体育锻炼关心的是有生灭的事物，因为它监管身体的成长和衰退。"

"这很明显。"

"所以它不可能是我们正在寻找的那个科目。"

【522】"对，它不可能。"

"那么，可能是我们已经描述过的音乐和诗歌吗？"

"但是，要是你还记得，音乐和诗歌正是体育锻炼的对应物。它通过习惯的养成来教育护卫者。它的和音给了他们一种和谐的精神，但不是知识；它的节奏给了他们某种合乎节奏的品性；它的故事，无论是虚构的还是接近真实的，培养了其他一些与此相近的品质。至于你现在正在寻找的科目，【b】在音乐和诗歌中可能找不到相似的东西。"

"你的提醒非常到位，在音乐和诗歌中确实没有与之相似的东西。但是，格老孔，这种科目到底在哪里呢？技艺全都像是卑微的、机械的。"

"技艺还能怎么样？但是，除了音乐和诗歌、体育锻炼和技艺，还剩下什么科目吗？"

"嗯，要是除了这些科目我们没有任何发现，那就让我们考虑哪一类事情会触及所有科目。"

"哪一类事情？"

【c】"比如，每一门技艺、思想类型、学问共同使用的东西，在那些每个人首先必须学习的科目中的事情。"

"那是什么？"

"区别一、二、三，一件微不足道的小事。简言之，我指的是数数和计算，因为并非每一种技艺和学问必定要做这种事情，是吗？"

"不，肯定要做。"

"那么战争的技艺也必定如此。"

"绝对如此。"

【d】"不管怎么说，在悲剧中，帕拉墨得斯①每次上场都会使阿伽门农成为十分可笑的将军。你没注意到吗？帕拉墨得斯宣称，通过发明数数，他能点清特洛伊人的军队有多少部队，他们有多少战船，以及其他东西——这岂不表明这些东西以前都没有清点过，而阿伽门农（要是他确实不知道如何数数）甚至不知道自己有多少战船吗？你认为这样做使阿伽门农成了一位什么样的将军呢？"

"成了一位非常奇怪的将军，要是这是真的。"

【e】"那么，我们不要把这个科目定为武士的必修课，让他能够数数和计算吗？"

"比其他任何事情都更有必要。也就是说，要是他必须懂得排兵布阵，或者说，甚至要是他想做一个人，就要会数数和计算。"

"那么你注意到我正在做的事情与这个科目有什么相同之处吗？"

"那是什么？"

"那就是我们正在寻找的科目之一，它能自然而然地把我们引向理智。但是无人正确地使用它，也就是说，【523】它是能以各种方式真正地把人引向在者的某个科目。"

"你这是什么意思？"

"我会试着把我的想法说清楚：我要为我自己区分一下，指出哪些事情引导我们朝着我们提到过的那个方向，哪些事情不引导，你必须和我一道来学习这些事情，同意也好，不同意也罢，以这种方式我们可以更加清楚地知道事情是否确实像我预见的那样。"

"你把它们指出来吧。"

【b】"那么，我要指出，要是你能掌握的话，某些感知并不召唤理

① 帕拉墨得斯（Παλαμήδης），特洛伊战争中的希腊勇士，后遭奥德修斯陷害而死，帕拉墨得斯之父为子报仇，弄沉了希腊人的船只。

智来看它们，因为感知的判断本身就是恰当的，而其他一些感知鼓励理智以各种方式来看它们，因为感知产生的结果似乎是不健全的。”

“你显然是指远处的事物和绘画中的视觉欺骗①。”

“你好像不太明白我的意思。”

“那么你指的是什么？”

“那些不召唤理智的感知就是那些不会同时进入相反知觉的感知。而那些确实以这种方式进入相反知觉的感知，我称之为召唤者——【c】每当感知不宣称与它对立的事物以外的事情时，而使感官产生感觉的物体无论是近在咫尺还是远在天边。要是我这样说，你会更好地理解我的意思：我们说，这是三个手指头——小指、无名指、中指。”

“对。”

“假定我正在把它们当作从近处看到的存在者来谈论。嗯，这就是我说的和它们有关的问题。”

“什么问题？”

“它们中的每一个显然都同样是手指，它被看见是在中间还是在两边，【d】是白的还是黑的，是粗的还是细的，或者是别的什么样子，都没有什么差别，因为在所有这些情况下，一颗普通的灵魂没有受到推动，去问理智什么是手指，因为视觉不会向它提出建议，说这个手指不是手指。”

“没错，它不会。”

“因此，任何诸如此类的事情不像是要召唤或者唤醒理智。”

【e】“对，不像。”

“但是涉及手指的大小会如何？视觉能恰当地察觉手指的大小吗？手指在中间还是在边上没有差别吗？触觉也一样吗，涉及粗细和软硬？其他感觉也能清楚而恰当地揭示这样的事情吗？【524】每一种其他感觉难道不会这样做吗：首先，触觉感触到硬，然后，它必定也会感触到

---

① 比如在静物画中，通过精心表现精微细节以及质感来加强画中各组成部分的真实感，又比如运用绘画效果增加建筑构件的立体感。

软，然后它向灵魂报告说，它察觉到同一事物既是硬的又是软的?"

"对。"

"还有，要是感觉表明同一事物也是软的，那么在这样的情况下灵魂一定会感到困惑，感觉所说的硬是什么意思，或者，要是感觉表明重的事物是轻的或者轻的事物是重的，那么灵魂也要追问感觉所说的轻或重是什么意思，对吗?"

【b】"是的，确实如此，灵魂收到这些奇怪的报告，要求再仔细看一下这些事物。"

"那么在这种情况下，灵魂像是要召唤计算和理智，首先要确定感觉报告给它的每样事物到底是一个还是两个。"

"当然。"

"要是显然是两个，那么它们当然是有区别的，它们不是一吗?"

"它们不是一。"

"要是它们各自是一，一共是二，那么灵魂会懂得二是分离的，因为灵魂不可能把不可分离的东西当作二，而只能当作一。"

"对。"

【c】"然而，视觉看见的大和小，不是当作分离的，而是当作混合在一起的。不是这样吗?"

"是的。"

"为了弄明白所有这些事情，理智被迫来看大和小，不是当作混合在一起的，而是当作分离的——这是一种与视觉相反的方式。"

"对。"

"还有，在这些情况下，首先呈现出来的问题不就是问我们，什么是大、什么是小吗?"

"确实如此。"

"还有，由于这个原因，我们把一样事物称作可知的，把另一样事物称作可见的。"

【d】"没错。"

"那么，这就是我刚才想要表达的意思，我当时说有些事物召唤思想，有些事物不召唤。那些同时触发相关感知作为它们对立物的，我称之为召唤者，那些不这样做的感知不能唤醒理智。"

"嗯，我明白了，我想你是对的。"

"那么，好吧，你认为数和一属于两类事物中的哪一类呢？"

"我不知道。"

"根据我们前面说过的话推论一下。要是一被它本身恰当地看见，或者被其他任何一种感知察觉为一，那么在我们说的那个手指的例子中，它不会把灵魂引向存在。【e】但若某个与之相对的事物同时能被看见，由此没有任何事物比这个一的对立物更是一了，那么就需要某样东西来判断这件事。然后灵魂就会对此困惑不解而去寻找答案，就会激发它的理智，就会问一本身是什么。所以，这种事情就在那些能够引导灵魂转向的科目之中，【525】让灵魂去学习真正的存在。"

"但是关于一的视觉确实在很大程度上拥有这种特点，因为我们在相同时间看到同一事物既是一，又是一个无限多的数。"

"要是这个一是真的，其他所有数不也是真的吗？"

"当然。"

"嗯，计算和数学全是关于数的。"

"对。"

【b】"那么它们显然把我们导向真理。"

"绝对如此。"

"那么它们似乎属于我们正在寻找的科目。它们对武士来说是必须要学的，因为他们要排兵布阵，它们对哲学家来说也是必须要学的，因为他们必须超越有生灭的世界，把握在者，要是他们想成为理性的人。"

"对。"

"我们的护卫者必须既是武士又是哲学家。"

"当然。"

"那么，格老孔，为这个科目立法是恰当的，这样做是为了那些将要在城邦里轮流担任最高职位的人，可以说服他们转向学习计算，【c】不是学些皮毛，而是深入下去，直至能用理智本身来研究数的本性，他们不像那些商人或小贩，学计算是为了做买卖的缘故，他们学计算是为了战争的缘故，为了便于灵魂转向，从变易转向真理与存在。"

"你说得好。"

"还有，我感到我们已经提到这个计算的科目非常精致，可以多种方式用于我们的目的，只要一个人为了认知的缘故去实践它，【d】而非为了做买卖。"

"它是怎么起作用的？"

"以我们说过的这种方式起作用。它引导灵魂，迫使灵魂向上提升，强迫灵魂讨论数本身，绝不允许任何人提出这样的建议，在讨论数的时候给它附加可见的或可触摸的物体。你知道那些在这些事情上颇为能干的人是这样的：在论证过程中，要是有人试图划分一本身，他们会嗤笑他，不允许他这样做。【e】要是你划分它，他们就令它倍增，并且小心翼翼，决不让一物变成多个部分而不再是一。"

"你说得很对。"

"格老孔，你认为会发生什么事，要是有人问他们：【526】'你们在谈论的是一种什么样的数，你们假定一是存在的，每个一都和其他的一相同，毫无差别，而且不包含内在组成部分？'"

"我认为他们会回答，他们正在谈论的数只能用思想去把握，不能用其他任何方式去处理。"

【b】"那么，你明白了吧，这个科目对我们来说确实是强迫性的，因为它显然迫使灵魂对真理本身使用理智本身。"

"确实如此，它肯定在这样做。"

"那些生来擅长计算或推理的人如何？你已经注意到他们在所有科目中天性敏捷吗？而那些迟钝的人，要是接受了教育和训练，哪怕在其他方面没有受益，他们也会有所改善，变得比以前敏捷。"

"是这样的。"

"还有，【c】我不认为你能轻易发现比这更难学习和实践的科目。"

"对，确实不容易找。"

"那么，由于所有这些原因，这个科目是不能抛弃的，必须要用它来教育最优秀的本性。"

"我同意。"

"那就让它成为我们的科目之一。下面，让我们考虑下一个科目是否也适合我们的目的。"

"什么科目？你说的是几何吗？"

"我心里想的正是几何。"

【d】"就它与战争有关而言，它显然是合适的，因为遇到安营扎寨、攻城略地、聚集部队、兵力部署，或者涉及战斗序列或行军队形，学过几何或没学过几何就大不一样。"

"但是，处理这样一些事情，少量几何学知识——或者算术——就足够了。我们需要考虑的是，几何学中比较重大和高深的部分是否有助于观看善的型相。【e】我们说，任何事物都有这种倾向，想要迫使灵魂本身转向最幸福的存在者所处的区域，而这个存在者是灵魂必须观看的，无论要付什么代价。"

"你说得对。"

"因此，要是几何学迫使灵魂研究存在者，那么它是适宜的；但若它迫使灵魂研究变易，那么它是不适宜的。"

"我们已经这样说了，无论如何。"

【527】"嗯，哪怕对几何学毫无经验，也不会有人争论说，这门学问与它的实践者的解释完全相反。"

"你什么意思？"

"他们对几何学做了可笑的解释，尽管他们不能对几何学的发展有所助益，因为他们讲起话来就像一名实践者，他们的所有解释都与做事情有关。他们老是谈论'平方'、'作图'、'延长，'等等，而学习整个科目是为了知识的缘故。"

【b】"你说得一点儿没错。"

"那么，我们不是也必须同意下一个观点吗？"

"什么观点？"

"他们的解释是为了知道永恒的事物，不是为了知道那些有生灭的事物。"

"我很容易对此表示同意，因为几何学是关于永恒存在的知识。"

"所以，几何学引导灵魂走向真理，通过这种向上的引导产生哲学思想，而我们现在是在错误地向下引导。"

"极为可能。"

【c】"那么，只要我们有可能，我们必须要求你那个优秀城邦里的人不要以任何方式忽略几何学，因为哪怕是学习几何的附带好处也意义重大。"

"有哪些附带的好处？"

"你提到过它对战争有用。但我们也肯定知道，为了对任何科目有比较好的理解，掌握几何学和没掌握几何学大不一样。"

"是的，宙斯在上，确实大不一样。"

"那么，我们要把几何学定为青年必修的第二科目吗？"

"就这么办。"

"天文学如何？我们要把它定为第三科目吗？【d】或者说你不同意？"

"我认为是可以的，因为对将军来说，比较好地理解季节、月份、年份，不会比农夫或航海者较不适宜。"

"你让我忍俊不禁：你像某个人一样，老是担心大多数人会认为他正在学一些无用的科目。【e】这不是件易事——而且确实很难——要明白每个灵魂中都有一个工具，当这个工具被其他生活方式毁坏或变得盲目的时候，要由这样的科目来重新点燃它，使它纯洁，维护这个工具比保护一万只眼睛更重要，因为只有用它才能看见真理。和你同样相信这一点的人会认为你的话绝对正确，而那些对此茫然无知的人可能会认为你在胡说八道，因为他们看不到学习这些科目能带来的好处。所以现在就来决定一下你在对哪一方说话，【528】或者说，你不在为他们双方中的任何一方进行论证，而是为了你自己的缘故——尽管你不反对其他任何人能够从中得益，是吗？"

"我的选择是后者：我发言、提问和回答主要是为了我自己的缘故。"

"那么，让我们从原先的立场后退一步，因为我们刚才在谈到那个位于几何学之后的科目时错了。"

"我们有什么错？"

【b】"在谈到平面之后，我们在处理立体本身之前就涉及旋转的物体。而正确的步骤是在处理了第二个维度之后再进到第三个维度。我假定，立体的事物和任何有广度的事物都有这个维度。"

"你说得对，苏格拉底，但是这个科目还没有得到发展。"

"之所以如此有两个原因：第一，没有一个城邦重视这个科目，因此这个艰难的科目几乎没有得到研究；第二，研究者需要一位主管，没有主管，他们什么都发现不了。开始的时候，这样的主管很难找到，即使找到了，【c】那些在这个领域做研究的人也会傲慢地不愿跟随他。要是整个城邦帮助这位主管指导这种研究，并且重视它，那么就有人会跟随他了。要是人们持之以恒地、热情地研究这个科目，它很快就会得到发展。哪怕它现在没有得到重视，大多数人还在轻视它，它的研究者还不能对它的有用性给出解释，然而，尽管有种种不足之处，但它自身的魅力会使它发展，所以，将来要是有一天它发展起来了，那也不值得惊讶。"

【d】"这个科目确实很有魅力。但是请你把刚才讲的话解释得更加清楚一些。处理平面的这个科目你说是几何学？"

"是的。"

"一开始你把天文学放在它后面，但后来你又退了回来。"

"我是欲速则不达。下一个科目处理有广度的立体。但由于它处于一个可笑的状态，所以我在匆忙之中把它忽略了，在谈了几何学以后就提到天文学（它处理有广度的事物的运动）。"

【e】"对。"

"那就让我们把天文学当作第四个科目吧，假定要是有城邦愿意接受立体几何，我们也可以提供。"

"这样做似乎是合理的。由于你刚才责备我以一种粗俗的方式赞美天文学，现在我要按照你的方式来赞美它，【529】因为我想每个人都清楚，天文学迫使灵魂向上看，引导灵魂从这里的事物转向那边的事物。"

"也许每个人都清楚，但我是个例外，因为我的看法不是这样的。"

"你是怎么想的?"

"由于今天是那些教哲学的人在实践天文学，所以天文学在使灵魂努力向下看。"

"你这是什么意思?"

"在我看来，你的'高等研究'是一个好想法，但是太一般了，因为要是有人仰起头来观看天花板上的装饰，你也许会说他正在研究，不是用他的眼睛，而是用他的理智。【b】你也许是对的，而我很愚蠢，但除了那个与存在相关的科目，我不知道还有什么科目能使灵魂向上看，而存在是不可见的。要是有人试图学习可感的事物，无论是张开嘴向上看，还是眨巴着眼睛向下看，我都会说——由于没有关于这种事物的知识——他决不是在学习，【c】哪怕他在地上仰卧，或在海上漂浮，他的灵魂不是在向上看，而是在向下看。"

"你责备得有理，我已经受到了惩罚，但你说为了使天文学成为一个对我们的目的有用的科目，必须采用一种与当前流行方式不同的方式来学习，你这样说是什么意思?"

"是这样的：看到点缀在可见的苍穹上的星辰，我们应当把这些天空中的装饰品视为最美丽、最精确的可见事物。但我们应当考虑，它们的运动还远远不是真正的运动——【d】真正有快有慢的运动要用真正的数来度量，要追踪真正的几何图形，它们之间全都是相互联系的，拥有事物的真正运动。当然了，这些事情必须用理智和思想来把握，用眼睛是看不见的。或者说你有别的想法?"

"完全没有。"

"然而，我们在学习其他事物时应当把这些天空中的装饰品当作一个模型。要是某个精通几何学的人正巧看见这些由代达罗斯①或其他匠

---

① 代达罗斯（Δαιδάλος），希腊传说中的建筑师和雕刻家，据说他雕刻的石像会走路，眼睛会动。

人、艺术家精心设计和制作的作品，【e】他会承认这些作品非常漂亮，但他认为，要在它们身上发现有关相等、成倍或其他比例的真相，并严肃地考察它们，【530】那是荒唐可笑的。"

"怎么会不荒唐呢？"

"你不认为真正的天文学家在观察星辰运动时也会有同样的感觉吗？他会相信创造诸天的那位工匠已经以可能有的最佳方式对它们作了安排。你不认为涉及夜与日、日与月、月与年的比例，或者星辰运动与它们中间任何一个时间的关系，或者它们相互之间的关系，相信它们恒常不变，【b】从不偏离，或者试图以任何方式把握关于它们的真理，真正的天文学家会认为这是奇怪的想法吗，因为它们与物体和可见的事物有关？"

"不管怎么说，这也是我的想法，现在我从你这里听到了这种想法。"

"那么，要是通过真正地参与几何学，【c】我们可以使灵魂的天然理智的部分变得有用而非无用，那就让我们用提问的方法来研究天文学，就像我们在几何学中那样，不要去管那些天上的事物。"

"你描述的任务比现在天文学尝试的事情要艰苦得多。"

"我设想，要是作为立法者我们要给人带来什么好处的话，我们开列的其他科目会是同一类的。但是你有什么其他恰当的科目要建议的吗？"

"我一下子说不上来。"

"嗯，运动不是只有一种形式，而是有多种形式。一个聪明人也许能把它们全都列举出来，【d】哪怕在我们看来，运动也显然有两种。"

"哪两种？"

"除了我们已经讨论过的这种形式，还有一种形式与它对应。"

"那是什么？"

"好像是这样的，就像眼睛凝视天体的运动，所以耳朵聆听和声的运动，天文学与和声学这两门学问有亲缘关系。这是毕泰戈拉学派的人说的，格老孔，我们对此也表示赞同，不是吗？"

"我们同意。"

【e】"然而，由于这个科目如此巨大，我们难道不应当问他们关于和声的运动还有什么必须要说的吗？除了和声的运动是否还有其他的事情，不过在向他们请教时，仍旧要保持我们自己的目标。"

"那是什么？"

"我们正在培养的人决不要去学那些不完整的事情，不要学着去做那些本应达到而未达目的的事情——我们刚才谈论天文学时提到过这个目的。或者说，【531】你不知道有人在和声学中又做了同样的事情？测量可听的和谐音，相互之间提出不同的看法，就像当今天文学家那样白费力气。"

"对，我以众神的名义起誓，他们也非常荒唐。他们谈论所谓的'密集音程'或四分音符——把他们的耳朵贴在他们的乐器上，就好像在偷听隔壁邻居谈话。有的说他们听到了一个介于两个音符之间的半音，半音是最短的音程，他们必须用它来测量音程；而其他人争辩说，这个音符与四分音符发出的声音是一样的。【b】这两种人都把耳朵置于理智之前。"

"你的意思是，这些能干的人在折磨他们的琴弦，拷打它们，把它们绞在弦柱上。我不想把这个比喻继续下去，说他们用琴拨敲打琴弦，或者琴弦提出指控、抵赖、咆哮；我宁可长话短说，我要说这些人不是我要谈论的人。我指的是我们刚才谈到和声学问题时提到的那些人，【c】因为他们的方法与天文学家的方法完全相同。他们要找的数就在那些可以听见的和声之中，但他们没有上升到一般的问题上来。比如，他们没有考察什么数是内在和谐的，什么数是不和谐的，对它们各自要做什么解释。"

"这可不是凡人能做到的事。"

"然而，它对寻求美和善有用。但若出于其他目的，它是无用的。"

"可能是这样的。"

"还有，我认为，要是考察我们已经提到过的所有科目，指出它们相互之间的联系，得出它们具有亲缘性的结论，【d】那么它对我们达到目的就有所贡献，我们就不会白费气力，否则的话徒劳无功。"

"我也这样想，并预见到这样做是对的。但是，苏格拉底，你仍旧在谈论一项巨大的任务。"

"你指的是这首前奏曲，还是什么？① 或者说，你不明白所有这些科目对这首乐曲本身来说只是必要的前奏曲吗？你肯定不会认为擅长这些事务的人就是辩证法家。"

【e】"不，宙斯在上，我不会。尽管我碰到过几个例外。"

"但你是否感到这些人既不能提供也不愿追随一种有关这些事物的解释吗，我们说他们必须知道？"

"我对这个问题的回答也是否定的。"

【532】"那么，格老孔，这不就是辩证法奏出的终曲吗？它是可知的，但它被视觉的力量摹仿。我们说视觉试图最终观看动物本身、星辰本身，最后是太阳本身。以同样的方式，当一个人试图通过论证而不用所有感知去发现每一事物的存在本身，并且决不放弃，直至用理智本身来把握善本身的时候，【b】他就抵达了可知事物的终点，正如其他人抵达了可见事物的终点。"

"绝对如此。"

"这种旅行如何？你不把它叫做辩证法吗？"

"我叫它辩证法。"

"然后，那个从锁链中解脱出来的人，从阴影转向塑像和火光，然后走出洞穴，来到阳光下，这个时候他还是长时间不能观看动物、植物和阳光，【c】但他用新获得的能力观看水中神圣的形象和存在事物的幻影，或者倒不如说，像前面一样，它们只是从另一种光源投射出来的影像的阴影，这个光源本身与太阳相连，它本身也是阴影——我们已经提到过的所有这些技艺都拥有唤醒灵魂最优秀部分的能力，把灵魂向上引导，去观察最优秀的存在者，正如前面提到，【d】身体中最清晰的

---

① 柏拉图把前述各个科目比作辩证法的前奏曲，认为它们只是学习辩证法的准备。

器官[①] 被导向这个有形体的、可见的领域中最明亮的事物。"[②]

"我接受这个说法，尽管它好像有的方面很难接受，有些方面不难接受。不管怎么说，既然我们今后不得不经常回到这些事情上来，而不是现在只听一次，那就让我们假定事情就是你说的这样，以便进到这首乐曲本身，以同样的方式讨论它，就像我们讨论前奏曲那样。所以告诉我们：辩证法有什么样的力量，它可以分成哪几种形式，它遵循什么道路？【e】看来，只有解决了这些问题，才能把我们带到一个可以临时休息的地方，然后再抵达旅途的终点。"

【533】"你不能再跟随我了，格老孔，尽管我并不缺乏引导你的热情，因为你不能再看我们正在描述的影像，而要看真理本身。不管怎么说，我是这么认为的。这样的事情不值得进一步坚持。但是有某些这样被看的事物，这是我们必须坚持的事情。不是这样吗？"

"当然。"

"我们不是也必须坚持，辩证法的力量只能对那些对我们描述过的科目有经验的人显示，此外别无他途？"

"这也是值得坚持的。"

【b】"无论如何，不会有人驳斥我们，当我们说没有其他研究试图系统把握每一事物本身及其本性的时候，因为其他各种技艺涉及人的意见和欲望、事物的生长和构成，或者如何照料事物的生长和构成。至于其他技艺，我指的是几何学和后续科目，我们把它们描述为对实在有所把握，因为我们说它们对实在也像在做梦一样，只要它们还在使用假设，它们就不能对实在持有清醒的观点，【c】也不能对实在提出任何解释。有哪种机械的观点能把意见转变为知识呢，它的起点是某个未知的事物，把结论和从未知事物推论的步骤放在一起？"

"没有。"

"因此，只有辩证法才是唯一沿着这条道路前进的研究，它不需要

---

① 即眼睛。

② 即太阳。

假设而直接从第一原则本身开始，【d】以确保安全。当灵魂的眼睛真的被埋入野蛮无知的泥坑时，辩证法温和地把它拉出来，引导它向上，使用我们描述过的技艺帮助它，与它合作来完成灵魂转向。出于习惯的力量，我们经常把这些技艺称作科学或知识的种类，但它们需要另一个名称，这个名称要比意见清晰，要比知识晦涩。我们在前面某个地方把它们叫做思想。① 但我假定，我们要考察许多更加重要的事情，我们不必为一个名称而去争论。"

"当然不必。"

【e】"如前所述②，我们把第一部分叫作知识、第二部分叫作思想、第三部分叫作信念、第四部分叫作想象，也就够了。我们把最后两部分合在一起来称作意见，把另外两部分合在一起称作理性。意见涉及变易，理性涉及实在。【534】正如实在对变易，所以理性对意见，正如理性对意见，所以知识对信念、思想对想象。至于与之对应的那些事物之间的比例，以及能够产生意见的部分或能够产生理智的部分各自是否再分成两个部分，让我们忽略这些问题吧，格老孔，免得陷入比我们已经完成了的那些论证还要长好几倍的论证。"

【b】"我同意你的种种看法，就我还能跟得上而言。"

"那么，你把能给每一事物的存在提供解释的人称作辩证法家吗？但就他不能提供这种解释而言，无论是对自己或对别人，你否认他有任何理智吗？"

"我还能怎么办？"

"同样的道理也可用于善。除非一个人能够从其他一切事物中区别善的型相，能在各种驳斥中生存，【c】就像打仗一样，努力按照存在而非按照意见判断事物，能把他的解释维持到底，否则你会说他不懂善本身，或者不懂其他任何善。要是他掌握了善的某些影像，你会说他是通过意见而不是通过知识得来的，因为他今生今世都在做梦和睡眠，在他

---

① 参阅本文 511d—e。
② 本文 511d 处四个部分的名称是理智、思想、信念、想象。

醒来之前，他就会抵达哈得斯，【d】在那里长眠。"

"是的，宙斯在上，我肯定会说这些话。"

"嗯，至于在理论上归你培养和教育的你的孩子，要是你真的培养过他们，我不认为你会允许他们统治你的城邦，或者对最重要的事情负责，当他们还是非理性的时候，就像不可测量的线①。"

"我肯定不允许。"

"那么你会就此立法吗，要他们特别关注这种能使他们最科学地提问和回答的教育？"

【e】"我会和你一道来立法。"

"那么你认为，我们已经把辩证法当作盖顶石置于其他科目之上，没有别的科目比它更高，适宜安放在它之上，但我们对这些未来统治者的必学科目的解释已经结束了吗？"

【535】"可能是这样的。"

"那么剩下来你要做的事情是分配这些科目，问题是我们要把它们指定给谁，以什么方式。"

"这很清楚是我们下面要做的事。"

"你记得我们在前面挑选统治者的时候②选的是什么样的人吗？"

"当然记得。"

"在其他方面，也必须挑选同样的本性：我们不得不挑选那些最稳重、最勇敢，尽可能最优雅的人。【b】此外，我们不仅要寻找品格高尚和坚定的人，而且还要寻找具有适合接受我们这种教育的品性的人。"

"到底是哪些品性？"

"他们必须热心学习这些科目，学起来不吃力，因为人的灵魂在艰苦的学习中比在体育锻炼中更容易放弃，因为这种痛苦——专对灵魂的，并不与它们的身体分担——更是灵魂自身的。"

"对。"

---

① 就像几何学中的对角线，其长度是一个无理数，用整数除不尽。
② 参阅本文 412b 以下。

【c】"我们还必须寻找那些有好记性的、百折不挠的、热爱艰苦工作的人。否则你怎能想象他会愿意既以各种方式承受身体的辛劳，又能完成如此重大的学习和实践呢？"

"无人愿意，除非他的品性在各方面都是好的。"

"不管怎么说，我们在前面解释了哲学不受重视的原因，当前的错误在于从事哲学的人配不上她，因为不应当允许不合法的学生学习哲学，只有合法的学生可以学习哲学。"

"怎么会这样呢？"

【d】"首先，学生在热爱艰苦工作方面不应当瘸腿，只爱她的一半，而恨她的另一半。当一个人喜爱体育锻炼、打猎和各种体力活动，但非但不喜欢学习、听讲或研究，而且痛恨这一类工作的时候，这种事就发生了。有人把对艰苦工作的热爱延伸到相反的方向，他也是瘸子。"

"你说得很对。"

"涉及真理也一样，我们不会说灵魂是残废的吗？要是它痛恨自愿的虚假，不能忍受自身的虚假，对存在于其他事物中的虚假表示极大的愤怒，【e】但却愿意接受不自愿的虚假，当它无知的时候不愤怒，忍受它自身的迟钝，像一头猪，浸淫在无知之中。"

【536】"绝对会说。"

"涉及节制、勇敢、崇高，以及美德的各个部分，区分违法与合法也是重要的，因为城邦或个人要是不知道怎么办，就会不自觉地把残废者和违法者当作朋友或统治者，雇它们来提供各种服务。"

"确实如此。"

"所以，我们在所有这些事情上要小心，要是我们把那些身心健全的人带向如此伟大的科目和训练，在其中教育他们，【b】哪怕正义本身对我们也无可挑剔，我们就拯救了这个城邦和它的体制。但若我们带领的是另外一种人，我们做的事情就正好相反，甚至给哲学带来更多的嗤笑。"

"这样做的确很可耻。"

"当然是这样的。但我刚才做的事让我自己显得有点可笑。"

"什么事？"

"我忘了我们只是在游戏，所以我讲得太激烈了。【c】我一边讲一边看着哲学，看见她受到不应有的诽谤，我似乎就生气了，激动地说了那些我不得不说的话，好像在对那些对此负有责任的人发火。"

"这肯定不是我在听你讲话时的印象。"

"但这是我在讲话时的印象。不管怎么说，让我们不要忘了，在我们前面的选择中，我们挑选了老年人，但在这件事情上不行，【d】因为我们一定不要相信梭伦①的话，说人老了能学很多东西。老人不能多学习，胜过不能多跑步，各种繁重的劳动属于年轻人。"

"必定如此。"

"那么，算术、几何，以及辩证法之前的各种预备性教育，必须从小提供给未来的统治者，但不能采用强迫的方式。"

"为什么不能强迫？"

【e】"因为没有一个自由人会像奴隶那样学习任何东西。身体方面的强迫劳动不会伤害身体，但是强制教育不能在灵魂中留下任何东西。"

"没错。"

"那么在这些科目中不要强迫训练儿童，而要用游戏的方法。以这种方式，你也会更清楚地看到哪一门科目适合儿童的天性。"

【537】"这样做似乎是合理的。"

"你还记得我们说过带儿童骑马上战场观看打仗，只要这样做是安全的，就让他们靠近前线，像幼兽一样品尝鲜血？"

"我记得。"

"在所有这些事情中——劳动、学习、恐惧——那些始终表现出最大天赋的儿童要记录在册。"

"在什么年纪？"

【b】"当他们结束强迫性的体育锻炼的时候，因为在这个时期，两年或三年，年轻人无法去做其他事情，疲劳和睡眠是学习的大敌。同

---

① 梭伦（Σόλωνος），雅典政治家、立法家、诗人，约公元前640—前560年。

时，他们如何进行体育锻炼本身也是一项重要的考验。"

"当然是。"

"在那以后，也就是说，从二十岁开始，那些被挑选出来的人也要比别人得到更多的荣誉。还有，他们小时候学习的科目没有特定顺序，现在他们必须把它们综合在一起，【c】对它们的亲缘性、它们相互之间的关系、存在者的本性，形成统一的看法。"

"不管怎么说，只有这样的学习才能常驻接受者之心。"

"它也是对一个人有无辩证法天赋的最大考验，因为凡是能形成统一看法的是辩证的，不能形成统一看法的不是辩证的。"

"我同意。"

"嗯，然后，你必须挑选那些能力最强的人，那些在学习中坚持不懈的人，那些在战争和其他法律规定的活动中坚定不移的人。【d】在他们年满三十岁的时候，你要对那些前面已经入选的人再做选择，提拔他们，给他们更大的荣耀。然后你必须用辩证法的力量考验他们，看他们中间有谁能够轻视眼睛和其他感官，跟随真理达到存在本身。这项任务需要特别小心。"

"这样做的主要原因是什么？"

【e】"你不明白当前使用辩证法带来了多么大的恶？"

"什么恶？"

"有些实施辩证法的人充满了无法无天的恶行。"

"确有其事。"

"你认为他们发生这种事情很奇怪吗？你不会同情他们吧？"

"为什么不值得奇怪？为什么我会表示同情？"

"事情就好比一名儿童被一个十分富有的家庭收养，在那里长大，周围有许多人对他阿谀奉承，成年以后，【538】他发现自己并非那些自称是他父母的人的儿子，而他自己也无法找到自己真正的父母。你能预见他对那些人会是什么态度吗，一方面，对那些阿谀奉承的人，另一方面，对他的养父母，在他知道被收养的真相之前和发现真相之后？或者说，你宁可听听我的预见？"

"我宁可听你的预见。"

"好吧，我的预见是，当他还不知道真相的时候，他会敬重他的养父母和其他亲戚，【b】胜过敬重那些阿谀奉承者，他会更加注意他们的需要，不会在言行中忤逆他们，不会在重大事情上违背他们的意愿，胜过违背那些阿谀奉承者。"

"可能是这样的。"

"然而，一旦发现了真相，他对他的家庭的荣誉感和热情就会减弱，而对那些阿谀奉承者的热情会增强，他会更多地服从后者，开始按后者的方式生活，公开与他们交往，【c】除非他天性淳厚，否则他会变得对他父亲或他家里的任何人漠不关心。"

"你说的这些事情都有可能发生，但它跟那些进行争论的人有什么关系呢？"

"是这样的。我们从小就对正义和美好的事物有一种信念，我们在它们中间成长，就像在我们的父母身边长大，我们服从和荣耀它们。"

"对，确实如此。"

【d】"然而，还有其他生活方式，与这些方式相对，充满着快乐，它奉承灵魂，把灵魂引向快乐，但是它不能说服有理智的人，他们会继续荣耀和服从他们父亲的信念。"

"对。"

"那么问题就来了，有人会问：'什么是美好？'在回答他从传统的立法家那里听来的这个问题时，他会遭到驳斥，而由于经常和多处遭到驳斥，他的信念产生了动摇，使他相信美好的事物并不比可耻的事物更美好，对正义、善和他最荣耀的其他事物也一样。【e】你认为他的态度怎么样，他还会荣耀和服从他原先的信念吗？"

"他肯定不会以同样的方式荣耀和服从它们。"

"那么，当他不再荣耀和服从这些信条，而又无法找到真正的信条时，除了采用奉承他的那种生活方式，【539】他还会采取其他方式吗？"

"不，他不会。"

"所以，我假定，他从一名守法者变成了违法者。"

"不可避免。"

"那么，如前所问，如果这就是那些以这种方式进行争论的人会发生的事情，因此他们不配得到大量同情，是吗？"

"是的，他们配得上遗憾。"

"所以，要是你不想你的那些三十岁的人成为遗憾的对象，你在引导他们进行争论的时候要万分小心。"

"对。"

"不要让他们年纪轻轻就去尝试辩论，这不是一个长期的预防措施吗？我认为你会注意到，年轻人开始尝试辩论的时候会错误地使用它，【b】把它当作一种竞赛。他们模仿其他人的辩论，就像小狗一样，在辩论中撕咬拉扯周围的东西，乐此不疲。"

"他们确实格外喜欢辩论。"

"那么，当他们多次驳倒别人，而他们自己也多次被人驳倒时，【c】他们便很快陷入一种不信任，对从前认为正确的东西产生强烈的怀疑。这样一来，他们自己和整个哲学在他人眼中都被认为是不可信的。"

"非常正确。"

"但是年纪大的人不想参与这样的疯狂。他宁可效法那些为了检验真理而参与讨论的人，而不会去模仿那些把辩论当作耍嘴皮子和竞赛的人。他本人会比较理智，也会给哲学的生活方式带来荣耀，【d】而不是带来怀疑。"

"对。"

"我们在前面说过，那些得到允许参加辩论的人的天性应当有序和稳重，不像现在这样，那些不适合辩论的人也得到允许参加辩论——这些不也都是一种预防措施吗？"

"当然。"

"那么，要是有人坚持不懈、专心致志地参加辩论，努力在辩论中训练自己，就像在身体锻炼中一样，身体锻炼是辩论的对应物，这样做够吗？"

【e】"你的意思是六年或者四年吗？"

"无所谓。就定为五年吧。在那以后，你必须让他们再下到那个洞穴中去，强迫他们指挥打仗和承担各项适合年轻人的公务，这样的话，他们在经验方面就不会比其他人差。但是在这些公务中他们也要接受考验，看他们在各种诱惑面前是否坚定，【540】看他们会不会出轨。"

"你允许用多少时间做这些事？"

"十五年。到了五十岁的时候，必须把那些在各种考验中幸存下来的人和那些在实践与学问两方面都获得成功的人引向这个目标，要求他们仰视，把他们的灵魂之光射向照亮一切事物的光源。一旦他们看见了善本身，他们必须以它为样板，轮流把这个城邦、它的公民和他们自己安排有序。【b】他们各自会花很多时间学习哲学，但在轮值的时候，他要不辞辛劳地为城邦管理政务，不是他要把事情做好，而是这件事必须做。然后，在教育其他像他一样的人接替他担任这个城邦的护卫者以后，他会离开这里，前往'福岛'，在那里居住。【c】要是庇提亚同意，城邦将公开建立纪念碑，把他当作神来献祭，但要是庇提亚不同意，也会把他当作一位幸福的、神圣的伟人。"

"你就像一位雕刻师，苏格拉底，塑造的统治者非常完美。"

"还有女统治者，格老孔，因为你一定不要以为我说的这些话更适用于男人，而不适用于具有恰当天性的女人。"

"对，要是她们也能与男人分担一切，我们前面说过她们应当分担。"

【d】"那么，你同意我们所说的有关城邦和它的体制的这些事情并非一厢情愿吗？它们虽然很难产生，但并非完全不可能。你也同意它只能按照我们所说的方式产生吗？亦即一位或者多位真正的哲学家掌握城邦的权力，他们藐视现今的荣耀，认为它们是奴性的、无价值的，【e】他们重视正义和由正义而来的光荣，把正义看得高于一切，不可或缺，他们通过维护正义重整和管理他们的城邦。"

"他们会怎么做？"

【541】"他们会把城里所有十岁以上的人打发到乡下去。他们会接管那些孩子，消除他们来自父母的习惯和品性，按照他们自己的习俗和

法律培养他们，这些是我们前面描述过的。这是一条最方便的捷径，可以把我们描述过的城邦和体制建立起来，让城邦变得幸福，给城邦里的民众带来最大的福益。"

【b】"这是迄今为止最便捷的道路。在我看来，苏格拉底，你已经很好地描述了它如何产生，要是它曾经有过。"

"那么，关于这个城邦和像这个城邦的人，我们不是已经说够了吗? 确实很清楚，我们说了他必须是一种什么样的人。"

"是很清楚。至于你的这个问题，我想我们已经抵达这个论题的终点。"

第 八 卷

【543】"那么好,格老孔,我们已经同意下列事项:一个城邦要得到最好的治理,妻子必须共有,孩子以及他们的教育必须共有,他们的生活方式,无论是战争还是和平时期,必须是共同的,他们的国王必须是他们中间已经证明最擅长战争和哲学的人。"

"我们已经表示同意。"

【b】"还有,我们同意,统治者一经确立,就要率领士兵进驻我们描述过的那种住处,那里的一切都不属于个人,而是所有人共有。我们还同意,要是你还记得,他们将拥有那些财物。"

"我记得,我们认为他们中任何人都不得获取现今其他统治者拥有的东西,而是作为战士和护卫者,【c】他们应当接受由其他公民提供的年俸,作为他们的护卫工作的酬劳,保卫他们自己和城邦的其他人。"①

"没错。由于我们已经完成了这一讨论,让我们回忆一下我们当时是从什么地方开始偏离正题的,以便能够言归正传。"

"这不难,因为,和现在的情况很相似,你当时讲起话来就好像你已经完成了对这个城邦的描述。②【d】你说你会把你描述的这个城邦和与之相对应的人当作好的,尽管你似乎还有更好的城邦和更好的人要告诉我们。【544】但不管怎么说,你认为,要是这个城邦是正确的,那么其他城邦就是错误的。我记得,你说剩下还有四种体制值得讨论,我们应当考察它们各自的缺陷,也应当考虑与之相应的人的缺陷。我们的目的是对他们全部进行观察,判定哪个人是最好的,哪个人是最坏的,然后确定最好的人是否最幸福,最坏的人是否最可悲,或者是别的情况。当时我问你心里想的是哪四种体制,【b】就在这个时候波勒玛库斯和阿

---

① 参阅本文414d—420b。

② 参阅本文445d—e。

狄曼图插话了。① 结果你就讨论起这个问题来，一直到现在为止。"

"非常准确。"

"嗯，好吧，让我们像摔跤手一样再来一次，我问当时想问的问题，你把你当时想要作出的回答告诉我。"

"要是我能做到。"

"至少我本人想听听你指的是哪四种体制。"

【c】"这不难，因为我们已经有了这些体制的名称。第一种，这种体制受到广泛赞扬，也就是克里特政制或拉栖代蒙人②政制。第二种，它受到的赞扬次于第一种，被称作寡头政制，充满了种种邪恶。下一种，与第二种对立，叫作民主政制。最后有一种真正的僭主政制，超过前三种，它是第四种，也是最后一种有病的城邦。或者说，你能想到其他类型的体制吗——我指的是可以与上述类型有明显区别的体制？君主王朝、购买王权，以及其他类型的体制，【d】较多的可在野蛮人中发现，而不是在希腊人中发现，这些体制在某些地方介于上述四种类型之间。"

"不管怎么说，传说中确实有许多稀奇古怪的体制。"

"那么，你明白有多少种不同类型的人性必定有多少种不同类型的体制吗？或者说你认为体制是'从橡树或石头里生出来的'③，而非来源于居住在这些城邦里、统治着城邦的那些公民的品性，它们就像天平较重的那一头，【e】拉着其他人向下落吗？"

"不，我不相信这些体制有其他来源。"

"那么，要是有五种城邦的形式，必定也有五种形式的人的灵魂。"

"当然。"

"嗯，我们已经描述过一种像寡头制的城邦形式，它被正确地说成是好的和正义的。"

---

① 参阅本文 449b 以下。

② 拉栖代蒙人（Λăκεδαίμων），即斯巴达人。

③ 荷马：《奥德赛》19：163。

【545】"我们描述过。"

"那么接下去我们不是必须考察比较差的那一种吗？亦即热爱胜利和热爱荣誉的城邦形式（与之对应的是拉栖代蒙人的体制形式），然后再考察贵族制、民主制、僭主制，就这样，在发现了最不正义的体制以后，我们可以拿它来与最正义的体制作对照。以这种方式，我们能够完成我们对纯粹的正义和不正义的考察，以及明了拥有这两种德性的人是幸福还是不幸，然后决定是听从塞拉西马柯的建议去践行不正义，还是依据当前的论证去践行正义。"

【b】"我们确实应当这样做。"

"那么，就像我们开始在体制中寻找它的品性，我们在个人身上寻找品性之前，考虑到这些品性在体制中显得更清楚，我们不应当首先考察热爱荣誉的体制吗？我不知道它有什么别的名称，但它应当被叫做荣誉体制或荣誉制。然后，我们不应当考察一个与这种体制相应的人吗？再往后，考察贵族制和一个贵族制的人、民主制和一个民主制的人。【c】最后，轮到考察由僭主统治的城邦，我们不应当考察僭主的灵魂吗，以便用这样的方式对我们自己提出的这个论题有恰当的判断？"

"我们这样做是合理的，先观察，再判断，不管怎么说。"

"嗯，好吧，让我们试着解释荣誉制如何从贵族制中产生。或者说，这是一个简单的原则吗？任何体制发生变动的原因在于统治集团的内战，但若这个集团的成员——无论多么少——保持一致的意见，【d】体制就不会发生改变。"

"是的，是这样的。"

"那么，格老孔，我们的城邦将如何发生改变？内战将如何产生，在统治者和辅助者之间，或者在两个集团内部？或者说你想要我们像荷马那样祈求缪斯女神告诉我们【e】'第一次内战如何发生'？[①]我们要说他们是在用悲剧的腔调对我们说话吗，就好像他们是在一本正经地把我们当作儿童来逗趣？"

---

① 荷马：《伊利亚特》16：112—113。

"他们会说些什么?"

【546】"大体上是这样的:'一个以这种方式建立起来的城邦要改变是很困难的,而一切有产生的事物必定会衰亡。哪怕是一个这样的体制也不能永世长存,它也一定会解体。它将如何解体呢? 大地上生长的植物,以及生活在大地上的动物,其灵魂和身体都有生育和不育的时候,合在一起就是它们的循环周期。这些周期在短命的生灵那里很短,而在长命的生灵那里正好相反。嗯,你们在你们的城邦教育出来担任统治者的那些人,尽管他们是聪明的,但由于他们的计算和感知纠缠在一起,【b】因此仍旧不能保证对人的生育和不育期有精确的把握,所以,他们会在不应当生育的时候生孩子。神圣生灵的诞生,有一个可用完全数①来理解的循环。对人类来说,可以用第一个这样的数②来理解,在这个数中可以发现平方根与二次方的增加,它包括三个边长和四个边界,还有使事物相似与不似的元素,它能使它们增加和减少,【c】使一切事物相互一致,使它们的相互关系变得合理。关于这些元素,四和三,与五婚配,三次倍增时产生两个和谐数:一个是平方数,是 100 的许多倍;另一个是矩形不相等的边长之和乘以一百。也就是说,在一种情况下,最后的结果或者是有理数(各减去一)的对角线乘以一百,或者是无理数(各减去二)的对角线乘以一百;在另一种情况下,最后的结果

---

① 完全数,在数学上,一个自然数恰好与它自身全部因数的和相等,这种数叫做完全数。例如,6 的全部因数是 1、2、3,这些因数相加所得的数等于 6,6 便是一个完全数。

② "第一个这样的数"即下面所说的"几何数"。它与毕泰戈拉定理(勾股定理)有关。以 3,4,5 为直角三角形边长,这三个数相乘得 60 (3×4×5),再以 60 为矩形边长,相乘四次得 12960000 (60×60×60×60)。这个数是边长 3600 的平方数,"100 的许多倍"指 100 的 36 倍。长方形的对角线的长度是 5×5+5×5 的平方根,亦即 $\sqrt{50}$,这个无理数最接近有理数 $\sqrt{49}$,所以 (49–1) ×100 = 4800,或 (50–2) ×100=4800,宽则为 3 的三次方乘以 100,即 2700。这个数与人的关系何在? 柏拉图在 615a8—b1 言及人的生命是 100 年,若一年以 360 天计,太阳以 360 度环绕地球,这三个数目相乘得出 12960000。

是三的立方乘以一百。这一完全的几何数控制着生育，决定优生还是劣生。你们的统治者，由于不懂这种生育，不合时宜地让新郎和新娘婚配，他们生育的子女不会天性优良或幸运。【d】老一辈的人会从这些儿童中选拔最优秀的，但不管怎么说，这些孩子没有什么价值，他们执掌了父辈的权力成为护卫者，便开始蔑视我们这些缪斯。首先，他们会不那么重视音乐和诗歌，然后他们会轻视体育锻炼，【e】所以，你们的年轻人在音乐和诗歌方面会缺乏教养。因此，从他们中间挑选出来的统治者不能很好地监察和考验属金的、属银的、属铜的、属铁的种族，这是赫西奥德① 和你们自己的说法。铁和银、铜和金的混杂会导致不相似，【547】不平衡，不和谐的结果，它们在哪里产生，就会在哪里产生战争和敌对。我们宣称，这种血统的人② 总是到处引发内战。'"

"我们要宣称，缪斯们说得对。"

"肯定是这样的，因为她们是女神。"

【b】"缪斯说了这些话以后还会说什么呢？"

"内战一旦爆发，属铁的和属铜的会把体制朝着聚敛钱财和攫取土地房屋的方向引，而属金的和属银的——他们并不贫穷，而是天性富有或灵魂中富有——会把体制引向美德和旧有的秩序。这样一来，他们相互争斗，然后达成妥协：他们分配土地和房屋，化为私有财产，把他们从前护卫的那些朋友和供养他们的人变成奴隶和下属，他们自己则专门从事战争，【c】并监视他们奴役的人。"

"我认为这种转型就是以这种方式开始的。"

"那么，这种体制不就是介于贵族制和寡头制之间的一个中点吗？"

"正是。"

"那么，要是这就是它在这种转型中的位置，它在发生转变后会如何运行呢？它不是显然会在某些方面模仿贵族制，在某些方面模仿寡头制吗，【d】因为它介于它们之间，但它也会有它自身的某些特点？"

---

① 赫西奥德：《工作与时日》109—202。

② 参阅荷马：《伊利亚特》6：211。

"对。"

"统治者将受到尊敬；武士阶层不得从事耕种、体力劳动，或其他挣钱的行当；他们实行公餐，专注于体育锻炼和军事训练；在所有这些方面，这种体制不就像贵族制吗?"

"是的。"

"另一方面，它会害怕任命聪明人当统治者，【e】原因是他们不再是单纯而又忠诚的，而是混杂的，它宁可选择较为有激情而又比较单纯的人，但这些人更适合战争，而不适合和平；它崇尚战略战术，【548】把所有时间都花在战争上。这些性质中的大多数不都是它特有的吗?"

"是的。"

"这样的人就像那些寡头制的人一样贪图金钱，热衷于搜刮金银，收藏于密室。他们会拥有私人财富和库房，他们还筑有爱巢，在里面尽情享乐，【b】对女人或对其他宠幸者。"

"绝对如此。"

"他们非常在意他们自己的金钱，因为他们把金钱看得很重，但由于不能公开捞钱，因此就喜欢用其他人的钱来满足他们的嗜好。他们偷偷地寻欢作乐，逃避法律的监督，就像孩子逃避父亲的监督，由于背弃真正的缪斯——亦即讨论与哲学——他们看重体育锻炼胜过音乐和诗歌，他们通过说服来接受教育，【c】而不是通过强制。"

"你在讨论的体制确实是善恶混杂的。"

"是的，它是混杂的，但由于有一种心灵要素的主导，所以只有一样事物在这种体制中得到最大的显现，亦即热爱胜利和热爱荣誉。"

"确实是这么回事。"

"所以，这就是这种体制产生的方式，还有它会像什么样，因为，我们毕竟只是从理论上勾勒这种体制的概况，而没有对它进行精确的解释，然而，哪怕是从这种勾勒，【d】我们也已经能够察觉最正义的人和最不正义的人。此外，要描述各种体制和各种特性而不省略任何细节，那是一项无法忍受的冗长的任务。"

"对。"

"那么，与这种体制相对应的人是谁呢？他是如何产生的，是一种什么样的人？"

阿狄曼图说，"我认为这个人很像格老孔，就争强好胜而言。"

"在这个方面，他也许像，但在下列方面，我认为格老孔的品性就不像了。"

【e】"在哪些方面？"

"这种人会比较自以为是，但在音乐和诗歌方面所受的教育不够，尽管他还算热爱音乐和诗歌；他热爱演讲和争论，尽管他算不上是一名修辞学家。他对他的奴仆很苛刻，而不像一个受过充分教育的人，只是轻视他们。【549】他对自由民温和，对统治者恭顺，因为他自己就热爱权力和荣誉。然而，他谋求统治靠的不是能言善辩，而是依靠他的战功，他是体育锻炼的爱好者，也热爱打猎。"

"是的，与这种体制相对应的就是这种品性。"

"这样的人年轻时未必看重钱财，但随着年龄的增长，他会愈来愈爱钱，因为他分有贪婪的本性，他对德性的态度不纯。【b】那不是因为他缺乏最优秀的护卫者吗？"

"那是什么护卫者？"阿狄曼图说。

"理性，与音乐和诗歌混合的理性，因为只有理性居于拥有理性的人身上，终生看护他的德性。"

"说得好。"

"那么，这就是一个热爱荣誉的年轻人，他就像那个与之相应的城邦。"

【c】"确实如此。"

"他以这样一种方式产生：他是一位生活在一个治理不良的城邦里的好父亲的儿子，这位父亲不要荣誉和权力，也不爱参与法律诉讼和各种事务，为了少惹麻烦，他宁愿放弃自己的权利。"

"那么，这个儿子怎么会变得热爱荣誉呢？"

"起先，听他的母亲抱怨他的父亲不是统治者之一，因而被其他妇女轻视。然后，他的母亲看到他的父亲不太关心挣钱，受到侮辱时也不反击，【d】无论是在私人场合还是在公共法庭，对诸如此类的事情都不在乎。她还看到他沉浸于冥思苦想，对她漠不关心。所有这些都使她感到愤怒，她会告诉她的儿子，你父亲不像个男子汉，太懒散了，【e】以及女人在这种场合惯常唠叨的所有其他怨言。"

"是的，"阿狄曼图说，"这类怨言确实很多。"

"你也知道，这种人家有些仆人——表面上很忠实——背地里也会对孩子讲这样的坏话。他们看见主人不去控告欠债的，或为非作歹的，就鼓励孩子将来要惩办那些人，长大后要比父亲更像一个堂堂的男子汉。【550】孩子外出时的所见所闻也莫不如此：人们瞧不起安分守己的人，把他们当作笨蛋，而那些到处奔走专管闲事的人反而得到荣誉和赞扬。一方面耳濡目染外界的情况，另一方面听惯了父亲的话语，就近观察父亲的举止行为，这个孩子发现他父亲的追求与别人大相径庭，于是两种力量就像拔河一样对他展开争夺。【b】他的父亲向他的灵魂灌输和培养理性的原则，其他人向他灌输和培养欲望和激情的原则。他的天性并不坏，但在与别人的交往中受了影响而坠入邪恶的泥坑。两种力量的争夺使他发生了变化，他的灵魂的自律转变成野心和激情的中间状态，成了一个傲慢的、喜爱荣誉的人。"

"我认为你充分解释了这种人是怎么产生的。"

【c】"那么，我们现在有了第二种体制和第二种人。"

"是的。"

"那么，我们下面要像埃斯库罗斯所说的那样，谈论'像另一个城邦的人'①，还是按照我们的计划先谈论城邦呢？"

"我们要按照我们的计划。"

"我假定当前这种体制之后产生的是寡头制。"

"你叫做寡头制的体制是什么样的政制？"

"这种体制基于财产，富人实行统治，【d】穷人被排除在统治

---

① 可能引自埃斯库罗斯：《七雄攻忒拜》451 行。

之外。"

"我明白了。"

"所以，我们一定不要先解释一下荣誉体制如何转型为寡头体制吗？"

"要。"

"这一转型的状况甚至连瞎子也能看得清清楚楚。"

"它是什么样的？"

【e】"堆满了黄金的宝库，由私人拥有，摧毁了这种体制。首先，他们会想方设法挥霍金钱，然后，他们违法乱纪，自己这样做，妻子们也依样效尤。"

"像是这么回事。"

"我想他们相互影响，相互效仿，最后使其他许多人都像他们一样。"

"是这样的。"

"由此，他们进一步积聚财富，他们越看重金钱，他们就越瞧不起美德。或者说，财富和美德就好像置于天平两端，一头往下沉，另一头就往上翘，是吗？"

"对。"

"所以，当一个城邦看重财富和有钱人时，【551】美德和善人就不那么受推崇了。"

"显然如此。"

"越是看重的事情越是会去做，而不被看重的事情会被忽略。"

"对。"

"那么，到了最后，热爱胜利和热爱荣誉的人变成热爱金钱的人。他们赞美和崇拜富人，让富人担任统治者，他们鄙视穷人。"

"确实如此。"

"然后，他们不会通过一项体现寡头制特点的法律，按照财产多少来规定从政资格——规定的数额越高，寡头制的特点越强，规定的数额越低，寡头制的特点越弱——【b】宣布财产不能达到规定标准的人不能从政吗？他们要么用军队的武力强制实行，要么在实施之前使用恐怖手段恐吓民众，以这种方式建立他们的体制。不是这样吗？"

"当然是这样的。"

"那么，总的说来，这就是这种体制建立的方式。"

"是的，但是它的特点是什么？【c】我们说，它所含的缺陷是什么？"

"首先，是它的构成原则，因为，要是有人按照个人财产来挑选船长，拒绝把这条船托付给一个穷人，哪怕他是一位比较好的船长，那会发生什么事？"

"他们的航行会多灾多难。"

"关于统治其他任何事物，不也是同样的道理吗？"

"我假定是这样的。"

"城邦例外吗？或者说这个道理也适用于城邦？"

"对城邦尤其应当如此，因为这是一种最困难，最重要的统治。"

【d】"所以，这就是寡头制的一个主要缺陷。"

"显然如此。"

"它的第二个缺陷怎么样？会比其他缺陷小吗？"

"什么缺陷？"

"它必定不是一个城邦，而是两个城邦———一个是富人的，一个是穷人的——他们住在一起，但老是在相互算计，企图打倒对方。"

"宙斯在上，这个缺陷和第一个缺陷一样大。"

"下面这些也算不上什么好品性，也就是说，寡头们可能无法打仗，因为要是被迫武装或使用民众，他们会害怕民众甚于害怕敌人，【e】或者要是不使用民众，而是亲自上阵作战——人数少得可怜——那他们可真的是孤家寡人了。与此同时，他们不愿意付钱给雇佣军，因为他们爱钱。"

"这一点确实也不算好品性。"

"我们前面谴责过的身兼数职怎么样？在这种体制下，同一些人不是既是农夫、挣钱的，又是士兵吗？【552】你认为这样做对吗？"

"完全不对。"

"现在，让我们来看这种体制是否最先接纳这种一切恶中最大的恶。"

"什么恶？"

"允许一些人出售他的全部财产，允许其他人购买他的全部财产，然后允许那些卖完财产的人继续生活在这个城邦里，但不属于这个城邦的任何部分，因为这样的人既不是商人，又不是匠人，既不是骑兵，又不是步兵，只是一个没有任何财产的穷人。"

【b】"是这种政制最先允许这样做。"

"不管怎么说，寡头们确实不禁止这种事情。否则的话，他们有些公民就不会变成巨富，其他公民就不会变成赤贫。"

"对。"

"嗯，考虑一下这个问题。当那个卖光自己全部财产的人还很富裕，还在花他自己的钱的时候，以我们说的这些方式，他对城邦所起的作用比他花光了他自己的钱的时候要大吗？或者说，他只是看起来好像是城邦的统治者，而实际上，他在那里既不是统治者，也不是被统治者，而只是一个他的财产的消费者吗？"

"对。他看起来是这个城邦的一部分，但他实际上什么都不是，【c】只是一个消费者。"

"那么，我们应当说，就像在蜂房里长大的雄蜂最后会成为蜂房的祸害，这样的人就像是在家中长大，最后会成为城邦的祸害吗？"

"这样说肯定是对的，苏格拉底。"

"神不是使有翅膀的雄蜂，以及某些无翅膀的雄蜂，没有螫针吗？阿狄曼图，而其他无翅膀的雄蜂有危险的螫针，那些无翅膀的雄蜂不是到老都像乞丐一样，【d】而那些有螫针的就变成我们所说的作恶者了吗？"

"绝对正确。"

"那么很清楚，在任何城邦里，凡你看到有乞丐出没的地方，就藏匿着小偷、扒手、抢劫神庙的盗贼，以及其他所有为非作歹的恶人。"

"这很清楚。"

"寡头制的城邦怎么样？你在那里看不到乞丐吗？"

"几乎每个人都是乞丐，除了统治者。"

【e】"那么，我们不是必须假定这些城邦也包括许多有螫针的作恶者，统治者要小心翼翼地用武力控制他们吗？"

"我们必须这样想。"

"我们要说出现这样的人是缺乏教育、缺乏教养、不良体制安排的结果吗？"

"我们要说。"

"所以，这就是寡头制的城邦，或者像是寡头制的城邦。它包含所有这些恶，可能还不止。"

"你基本上说全了。"

"那么，让我们把我们说的这种体制叫做寡头制——【553】我指的是以财产为基础来决定由谁统治的这种体制——让我们来考察和这种体制相应的这个人，看他是怎样产生的，他是一种什么样的人。"

"好吧。"

"从我们描述的爱荣誉的人转变为一个寡头制的人，不是大体上以这样的方式发生吗？"

"什么方式？"

"爱好荣誉的儿子起初仿效他的父亲，亦步亦趋。然后，他突然看到他的父亲反对城邦，就像在漩涡中触礁，【b】失去他的所有财产，甚至他的生命。他父亲曾经是一位将军，或者担任其他更高的职务，但受到诬告而上法庭受审，要么被处死，要么被流放，所有财产都被没收。"

"很像是这样的。"

"这个儿子目睹一切，承受苦难，失去财产，变得终生充满恐惧，【c】原先占据他自己灵魂王座的荣誉心和好胜心，以及在那里实施统治的激情部分立刻发生动摇。羞于贫穷，他转为挣钱，依靠勤奋和节约，贪婪地积聚财富。你不认为这个人会把他的欲望和挣钱的部分安放在他的灵魂的王座上，把它奉为心中的帝王，饰以黄金冠冕，佩以波斯人的宝刀吗？"

"我是这样认为的。"

"他使理性部分和激情部分位于欲望部分之下，【d】分列两侧，折节为奴。首先，他不允许推论和考察任何事物，除了算计如何挣钱。其次，他不允许崇尚和赞美任何事物，除了财富和富人，或者不允许任何野心，除了发财或其他有助于发财致富的事情。"

"一个热爱荣耀的年轻人转变为热爱金钱的年轻人，没有比这更加快捷，更加确定的方式了。"

【e】"这不就是一个寡头制的人吗？"

"确实如此，他从一个与寡头制相似的人发展而来。"

"那么，让我们来考虑他和寡头制的相似之处，好吗？"

【554】"行。"

"首先，把金钱看得高于一切不是他与这种体制相似的地方吗？"

"当然。"

"嗯，还有，他十分吝啬，只满足他的必要欲望，没有其他开支，他克制其他欲求，把它们当作无利可图的。"

"正是。"

"他真是个可怜虫，积累财富，寸利必得——大多数人崇拜这种人。【b】这不就是与这种体制相似之处吗？"

"我是这么看的，无论如何。这种城邦和这种人都把金钱看得高于一切。"

"我不认为这样的人会关心教育。"

"我认为不会，因为，要是他关心教育，他就不会选一个瞎子① 做他的合唱队的领队，给他最大的荣耀。"

"说得好。但考虑一下：由于他们缺乏教育，我们不说这种雄蜂的欲望——有点像乞丐和其他的恶——存在于他身上，【c】但仍旧能被他的谨慎所压制吗？"

---

① 希腊财神普路托斯（Πλούτως），谷物女神得墨忒耳之子，是一个瞎子。

"当然可以这样说。"

"你知道应当在什么地方看出这种人的恶行吗？"

"什么地方？"

"对孤儿的监护，或者其他类似的事情，在这些地方他们有充分的机会为非作歹而不受惩罚。"

"没错。"

"在其他那些有契约义务的事情上，在他有好名声、被认为是义人的地方，他显然一定会用他的某个高尚的部分来约束其他邪恶的欲望吗？他压制心中的邪念不是通过劝说，最好不要这样做，也不是通过论证去驯服欲望，【d】而是通过强制和恐吓，担心失去其他财产。"

"是这么回事。"

"嗯，宙斯在上，你会发现他们中间大多数人有雄蜂般的嗜好，一有机会就花别人的钱。"

"你肯定会这样。"

"那么，像这样的人不能完全摆脱内心的困扰，他实际上不是一个人，而是两个人，尽管一般说来，【e】他的比较好的欲望控制着他的比较差的欲望。"

"行。"

"由于这个原因，他比其他许多人更值得尊敬，但是单纯、和谐的灵魂的真正美德会离他远远的。"

"我也这样想。"

"还有，这个节俭的人在城邦里是一个可怜的竞争者，难以取得胜利和光荣，【555】因为他不愿意花钱换名声，或者花钱争荣耀。他担心这样一来会激发他花钱的欲望，或者把欲望作为赢得胜利的同盟军，所以他像一名寡头一样作战，只使用很少的资源。因此，他极有可能被打败，而他的财富会保全。"

"对。"

"一个吝啬的挣钱者与一个寡头制的城邦相似，【b】对此我们还有什么可怀疑的吗？"

"一点都没有。"

"那么，我们下面似乎必须考察民主制，它是怎么产生的，它有什么品性，由此可知一个与这种城邦相似的人的品性，对他作出判断。"

"这样做与我们正在进行的考察相当一致。"

"好，这个城邦不是以这样的方式从寡头制转变为民主制的吗？它贪得无厌，把眼前的一切事物当作好事物来占有，亦即尽可能地追求财富。"

"以什么方式？"

【c】"那些城邦的统治者之所以这样做，是因为他们拥有很多财富，我假定，他们不愿意用法律来禁止年轻人挥霍浪费祖辈的财产，所以他们把钱借给这些浪荡子，要他们用财产作抵押，然后收回他们的贷款，使他们自己变得更加富有，得到更多的荣耀。"

"这是他们喜欢做的事。"

"一个城邦不能荣耀富人，与此同时，又为他的公民规定节制，而是二者必去其一，这个道理不是很清楚了吗？"

【d】"相当清楚。"

"由于这种轻视，由于他们鼓励恶习，寡头们不断地把一些世家子弟变成卑贱的贫民。"

"对。"

"我假定，这些人在城邦里无所事事，于是拿起他们的武器，用他们的螫针——有些负债累累，有些失去公民资格，有些二者兼有——仇恨那些剥夺他们财产的人，密谋打倒他们和其他人，期待革命。"

"他们是这样做的。"

【e】"另一方面，挣钱者把眼睛朝着地上看，假装没看见这些人，通过放高利贷使其他那些仍在抗拒的人丧失能力，收取几倍于本钱的利息，【556】使城邦产生大量的雄蜂和乞丐。"

"确实相当多。"

"在任何情况下，当这种恶的火焰已在城邦中燃烧起来的时候，他们不愿扑灭这种罪恶，要么以我们提到过的那种方式，禁止人们用他们自己的钱财做他们喜欢做的任何事情，要么用另外一项也能解决问题的法律。"

"什么法律？"

"这项次好的法律迫使公民在意美德，规定大多数自愿订立的契约应由放款人自担风险，【b】这样的话，放款人在城邦里追求金钱的时候会较少厚颜无耻，而我们刚才提到的那些邪恶也不太会进一步发展。"

"那会少许多。"

"然而，由于上述原因，寡头制城邦的统治者以我们描述过的方式对待民众。而涉及他们自己和他们的子女，他们不是使他们的年轻人生活放荡、【c】身心虚弱、经受不了苦乐两方面的考验，成为十足的懒汉吗？"

"当然。"

"他们自己不是除了赚钱什么都不爱，比那些贫民更不在意德性吗？"

"是的。"

"当这种状况下的统治者与民众在一次旅行中或其他共同承担的事务中相遇时——可以是一起参加庆典、一起出使外邦、一起参加战役、一起在船上当水手，或者是成为战友——看到对方处于危险之中，在这样的情况下，富人会以任何方式轻视穷人吗？【d】或者倒不如说，不经常是这样吗，一个黝黑而又结实的穷人在战场上与一个养得白白胖胖的富人并肩而立，富人浑身赘肉、气喘吁吁，一副无可奈何的样子？这个穷人会认为正是由于穷人太胆怯了，才使这些富人变得富有，而穷人们私下聚在一起的时候，一个穷人也会对另一个穷人说，'我们对这些富人太仁慈了，【e】他们一无是处'，你不认为穷人会这样考虑吗？"

"我非常知道他们会这样想。"

"那么，就像一个有病的身体只需要一丁点儿外部变动就会生病，有时候甚至没有什么变动身体也会发生内乱，一个同样状态的城邦只要稍微有一点儿麻烦——比如，一个派别从寡头制的城邦引进盟友，另一个派别从民主制的城邦引进盟友——就会生病，发生内斗，有时候没有任何外部影响，也会发生内乱。"

【557】"绝对如此。"

"我假定，当穷人取胜时，民主制就产生了，处死他们的一些对手，流放另外一些人，赋予剩下的人在这种体制下平等分享统治权，通过抽签来指定大部分人担任公职。"

"是的，这就是民主制如何建立，无论是通过武力，还是由于敌对的一派吓坏了，自我放逐了。"

"那么这些人如何生活？他们拥有哪一种体制？【b】与这种体制相似的人显然是民主的。"

"这很清楚。"

"那么，首先我们要问，他们是自由的吗？这个城邦不是充满自由和言论自由吗？城邦里的每个人不是有权做他想做的事情吗？"

"这是他们自己说的，无论如何。"

"在人们有这种权力的地方，他们每个人显然都会以他喜欢的方式安排他自己的生活。"

"是的。"

"那么，我假定，在这种体制下，最能发现所有类型的人。"

【c】"当然。"

"那么，它看上去像是这些体制中最美好的，就像一件有各种饰物的衣裳，这个城邦，也点缀着各种品性，看上去五彩缤纷，格外美丽。许多人也可能会这样判断，就像妇女小孩一见到色彩鲜艳的东西就觉得它是最美的。"

"确实如此。"

【d】"这也是一个便于观察体制的地方。"

"为什么呢？"

"因为依据它赋予公民的权力来解释，这种体制包含所有体制。所以，看起来，任何人想要让一个城邦有序，就像我们现在正在做的那样，就有可能走向民主制，就像进了一家出售体制的商店，选择他喜欢的制度，建立民主制的城邦。"

【e】"不管怎么说，他有可能找不到这种体制的样板。"

"在这个城邦里，没有人要你实施统治，哪怕你有能力统治，如果你不愿意服从统治，你也完全可以不服从，除非你自己愿意服从；如果别人在打仗，你可以参战，也可以不参战，别人要和平，你可以要和平，也可以不要和平。还有，这个城邦也没有担任公职方面的要求，哪怕至少当一名陪审员，而是你想担任就担任，不会有法律禁止你这样做。【558】当这种体制延续的时候，岂不真是一种奇妙的、愉快的生活吗？"

"可能是的——当它延续的时候。"

"对有些已经判刑的罪犯视若罔闻如何？这不是一个老于世故的标志吗？或者说，你从未见过在这样的体制下有人被处死或流放，那里的罪犯就像亡灵一样来去自由，如入无人之境，没有任何人会看他们一眼或者想这种事？"

"是的，这种情况我见过不少。"

"这种城邦的宽容如何？它不是狭隘的极不宽容吗，【b】完全轻视我们在建立我们的城邦时认真对待的事情，也就是说，若非有人拥有极高的天分，否则他决不会变好，除非他从小就玩耍正确的游戏，追随良好的生活方式？这种体制践踏所有这些东西，完全不问一个人在进入公共生活之前原来是干什么的，只要他声称自己希望大多数人好，就把荣誉授予他，这不是一种极好的方式吗？"

【c】"是的，它是极好的！"

"那么，这些事情和其他一些相似的事情就是民主制的特点。它看起来似乎是一种令人喜悦的体制，但它缺乏统治者，不是一种主张多样性的体制，它把一种平等分配给平等的人，也分配给不平等的人。"

"我们肯定知道你指的是什么。"

"那么，考虑一下什么样的人像这种体制。或者说，我们应当和考察城邦一样，先考察一下这个人是怎么产生的吗？"

"是的，我们应当。"

【d】"嗯，事情是不是这样的？那个吝啬的寡头的儿子不会按照他父亲的成长方式来抚养吗?"

"当然。"

"所以，他也会努力控制他自己花钱的快乐——那些不赚钱的快乐，被称作不必要的快乐。"

"显然如此。"

"但为了避免争论，你想要我们首先界定哪些欲望是必要的，哪些欲望是不必要的吗?"

"我想。"

【e】"那些我们无法抗拒的欲望和那些得到满足而有益于我们的欲望可以正确地称作必要的，因为自然迫使我们去满足这两种欲望。不是这样吗?"

"当然是的。"

【559】"所以，我们会正确地把这两种欲望称作'必要的'吗?"

"我们会。"

"那些可以从小开始加以戒除的欲望如何，它们的呈现不会带来好处，甚至会带来坏处? 要是说所有这些欲望是不必要的，我们这样说对吗?"

"我们这样说是对的。"

"让我们各举一例来说明这两种欲望，以便把握它们展现的类型。"

"我们应当这样做。"

"下面这些欲望不是必要的吗，为了保持身体健康而要吃东西的欲望，【b】想要吃面包和吃美食的欲望?"

"我想是的。"

"想要吃面包的欲望从两方面来看都是必要的；它是有益的，除非满足这种欲望，否则我们会饿死。"

"是的。"

"就其有益而言，吃美食的欲望也是必要的。"

"绝对如此。"

【c】"如果欲望超过了这些范围去寻求其他种类的食物，这样的欲望要是从小进行约束和教育，可以消除，它既对身体有害，也对灵魂的理智和节制有害，这样的欲望如何？称它为不必要的，对吗？"

"确实应当这样称呼它。"

"那么，我们不也会说这样的欲望是花钱的，而前面那些欲望是挣钱的吗，因为它们对我们的各种规划有益？"

"当然。"

"我们对性欲以及其他欲望不是也可以这样说吗？"

"是的。"

"我们不是说过，刚才被我们戏称为雄蜂的那个人充满了这样的快乐和欲望，因为他被这些不必要的欲望统治，【d】而一个节俭的寡头被他必要的欲望统治吗？"

"我们肯定说过。"

"那么，让我们回过头来，解释那个民主制的人如何从寡头制的人演变而来。在我看来它最有可能是这样发生的。"

"如何演变？"

"一个年轻人，在我们描述过的可悲的环境中成长，没有受到良好的教育，尝到了当雄蜂的甜头，与那些粗野的、危险的生灵为伍，它们能以各种方式提供各种各样的快乐，【e】你会假设，这就是他从寡头制转型为民主制的开端。"

"这是它的起点，不可避免。"

"正如城邦里的一个派别接受了外部相同品性的人的帮助，促使城邦发生改变，当这个年轻人的一部分欲望接受了其他那些与它们有亲缘关系和相同形式的欲望的帮助时，这个年轻人不就发生改变了吗？"

"绝对如此。"

"我假定，要是有什么外部盟友来支援这位年轻人身上的寡头派，无论来自他父亲，还是来自其他家人，告诫他或者指责他，【560】那么他身上就会有内战和反对变革，他与他自己进行战斗。"

"对。"

"有时候，民主派屈服于寡头派，所以这个年轻人的欲望，有些被克服，有些遭驱逐，某种羞耻感在他的灵魂中产生，他的灵魂的秩序得以恢复。"

"有时候确实会发生这种情况。"

"但我假定，随着有些欲望被驱除，其他与之同源的欲望悄悄地滋生，由于他的父亲不知如何抚养他成长，【b】这些欲望又会繁衍增强。"

"这种情况也经常发生。"

"这些欲望把这个年轻人拽回来，与原先的狐朋狗友为伴，与之秘密交往，滋养众多欲望。"

"确实如此。"

"还有，看到这个年轻人的灵魂城堡空空荡荡，没有知识，没有良好的生活方式，没有真理的话语（而这些东西是最好的更夫和守护者，看护着神钟爱的那些人的思想），【c】它们自己就占领了城堡。"

"它们肯定这样做。"

"这些守护者一缺席，虚假而又狂妄的言词和信念乘虚而入，占据了这个年轻人的这个部分。"

"确实如此。"

"那么，他不会又回到那些贪图安逸的人那里去，与他们公开生活在一起吗？要是他的亲友来支援他灵魂中的节俭部分，那些狂妄的言词不会关闭他心中的城墙的大门，不让援军进入，也不让他去倾听那些作为使者的良师益友的忠告吗？【d】在取得战争胜利和控制了事态以后，它们不会把敬畏叫作愚蠢，把节制叫作胆怯，先加辱骂，然后驱逐出去吗？它们不会说服年轻人，适度有序的花费是没见过世面的乡巴佬和吝啬，然后与其他许多无用的欲望结成团伙，把这些美德统统赶走吗？"

"它们肯定会的。"

【e】"等到把它们占领的这个灵魂中的美德全部扫除干净，它们举行宏大的入城仪式，打开城门，带领过去流放在外的傲慢、放纵、奢侈、无耻进城，为这些恶德戴上花冠，让歌队簇拥着它们前进，为它们大唱赞歌，然后把傲慢称作有礼，把放纵称作自由，把奢侈称作慷慨，【561】把无耻称作勇敢。以这样一种方式，那些从小接受教育，把自己的欲望限制在必要范围之内的年轻人发生了蜕变，那些不必要的、有害的欲望都被释放出来，不是这样吗？"

"是的，事情显然是这样发生的。"

"还有，我假定，在那以后，他把许多金钱、精力、时间花在这些不必要的快乐上，就像花在必要的快乐上一样。要是他是幸运的，他的狂妄没有走得太远，那么他内心的强烈骚动会随着年纪增长而平息，原先被放逐的部分美德重新回归，【b】不再向那些新来的欲望投降，平等地对待各种欲望。所以，他过着这样一种生活，机会均等地让各种快乐来统治他自己，就好像通过抽签轮流执政一样。一种欲望满足了，他就把统治权交给另一种欲望，他不排斥任何欲望，而是平等地让它们得到满足。"

"对。"

"还有，他没有把真理的言辞接纳到这个看守所里来，因为要是有人对他说，有些快乐是从高尚善良的欲望中产生的，【c】有些快乐来自卑鄙的欲望，那么他必定追求和评价前者，控制和克服后者。他否认这样的做法，宣布所有快乐一律平等，都应当得到同样的评价。"

"这正是处于这种状况下的人会做的事情。"

"所以，他就这样活着，一天又一天地沉迷于快乐。他有时候边喝酒边听笛子演奏，有时候节食只喝清水，有时候热衷于锻炼身体，【d】有时候游手好闲，无所事事，甚至有时候研究哲学。他经常参与政事，心血来潮，想说什么就说什么，想干什么就干什么。要是他正好崇拜武士，他就会朝那个方向发展，要是想挣钱，他就去做商人。他的生活毫无秩序可言，也不受任何约束，但他自认为他的生活方式是快乐的，自由的，幸福的，想要奉行一生。"

【e】"你已经完善地描写了一位信奉平等的人的生活。"

"我也假定他是一个复杂的人，充满各种品性，色泽斑斓，五彩缤纷，就像那个民主制的城邦，众多男女都羡慕他的生活，因为这种体制包含着许多类型的体制和生活方式。"

"对。"

"那么我们要把这个人放在民主制旁，【562】正确地称之为民主制的人吗？"

"可以这样定位。"

"剩下来，我们还有一种最美好的体制和一个最美好的人要讨论，亦即僭主制和一个僭主制的人。"

"我们肯定要讨论。"

"那么，来吧，僭主制如何产生？据我看，它显然从民主制转变而来。"

"是的。"

"它从民主制转变而来的方式与民主制从寡头制转变而来的方式不是一样的吗？"

【b】"这种方式是什么？"

"寡头制把财富当作善，寡头制为财富而建立，不是吗？"

"是的。"

"它对财富贪得无厌，为了挣钱而忽略其他一切事情，由此导致城邦的毁灭，不是吗？"

"对。"

"导致民主制瓦解和崩溃的原因不也就是被民主制确定为善的那个事物吗？"

"你认为它把什么东西确定为善？"

"自由。你一定听民主制的城邦说过，这是它拥有的最好的事物，【c】正因如此，它是唯一值得具有自由天性的人生活于其中的城邦。"

"是的，我经常听到这样的说法。"

"然而，我要说，不顾一切地过分追求自由而忽略其他事情的欲望改变了这种体制，为专制的必要性开辟了道路，不是吗？"

"以何种方式？"

"我假定，当一个民主制的城邦渴望自由时，正好让一些坏的侍酒者当上了它的领袖，所以它喝了过量的纯粹自由的酒，在这个时候，除非统治者极为放任自流，【d】提供充足的自由，否则他们就会受到城邦的惩罚，被指控为寡头。"

"是的，它就是这么做的。"

"它会羞辱那些服从统治的人，说他们甘心为奴，一钱不值，它在公私场合赞扬和荣耀那些行为像民众的统治者和行为像统治者的民众。【e】自由在这样的城邦里不是必然要在各个方面走向极端吗？"

"当然。"

"它会进入私人家庭，到了最后，甚至在动物中培养出无政府主义。"

"你这是什么意思？"

"我指的是，父亲习惯于让自己的行为像儿童，害怕他的儿子，而儿子的行为像父亲，在双亲面前既无羞耻感又无恐惧感，为了当一名自由人。外国侨民或访客与本邦公民平等，【563】他跟他们处于平等地位。"

"是的，事情就是这样。"

"没错。其他一些小事也是这样。在这样的共同体中，老师害怕他们的学生，迎合学生，而学生藐视他们的老师或家庭教师。总的说来，年轻人摹仿长者，在言行中与长者分庭抗礼，而长者顺从年轻人，说说笑笑，态度谦和，【b】他们模仿年轻人，只怕被年轻人当作坏脾气的老不死。"

"确实如此。"

"多数人的自由在这样的城邦里达到顶点，花钱买来的奴隶，男的或女的，与出钱买他们的人同样自由。噢，我差点忘了提到男女之间在法律上的平等和男女关系上的自由。"

【c】"动物如何？我们要畅所欲言吗，如埃斯库罗斯所说，'把到嘴边的话都说出来'？"①

"当然。我要这样说：若非亲身经历，谁也不会相信在这样的城邦里连人们驯养的家畜也要比其他地方自由得多。如谚语所说，那里的家

---

① 参阅埃斯库罗斯：《残篇》351。

犬变得像女主人一样，^① 那里的马和驴也会享有最大的自由和尊严，在大街上昂首阔步，践踏挡道者，【d】而其他动物也拥有充分的自由。"

"你说的这些事我已经知道了。我去乡下经常遇到这种事。"

"总结一下：你注意到了吗，所有这些事情加起来使得这些公民的灵魂变得非常敏感，只要有谁对自己有所约束，他们都会变得愤怒和难以忍受。到了最后，如你所知，他们根本不把法律当一回事，不管是成文的还是不成文的，【e】为了避免有任何主人。"

"我肯定注意到了。"

"所以，这就是这个良好的、有生命力的源泉，在我看来僭主制就是从这个源泉中产生的。"

"确实有生命力。但是下面该说什么呢？"

"从寡头制中产生和导致寡头制毁灭的疾病也在这里发展起来，由于这里有充分的自由，所以这种疾病广泛流传蔓延，逐步奴役了民主制。诚所谓物极必反。这种情况在季节、植物、身体、【564】体制——它是最后的，但并非最小的——中间都会发生。"

"希望如此。"

"我们不能期待极端的自由导致任何结果，而只会导致极端奴隶制的改变，无论是对个人来说，还是对城邦来说。"

"对，不能期待。"

"所以，我不假定僭主制是从民主制以外的其他体制发展而来的——从最大的自由产生最严苛、最残忍的奴役。"

"是的，这样说是合理的。"

"但我不认为这是你的问题。你问的是，【b】从寡头制和民主制中产生并奴役这些体制的这种疾病是什么。"

"对。"

"我当时想到的答案是那个又懒惰又奢侈的阶层，这个阶层中最强悍的成员是首领，比较懦弱的是随从。我们把他们分别比作有刺的和无

---

① 有句希腊谚语是："有什么样的女主人，就有什么样的女仆人。"

刺的雄蜂。"

"对。"

"嗯，这两个群体在任何体制中都会引起问题，就好像人体中粘液与胆液。【c】所以，好医生和城邦的立法者必须提前采取措施，首先，防止它们出现，其次，要是已经出现了，就尽早消灭，连同蜂巢彻底铲除。"

"是的，宙斯在上，必须彻底铲除。"

"然后，让我们按下列方式提出问题，以便能更加清楚地看到我们想看的东西。"

"以什么方式？"

"让我们在理论上把一个民主制的城邦分成三部分，这也是我们对它进行实际划分的方法。第一部分就是那个又懒惰又奢侈的阶层，它在民主制城邦里的生长，【d】决不亚于在寡头制城邦中的生长，因为民主制城邦拥有普遍的自由。"

"是这样的。"

"但是它在民主制中比其他体制中要凶悍得多。"

"怎么会这样呢？"

"在寡头制城邦里它是凶悍的，因为它被排斥，但由于城邦不让它分享一部分统治权，所以它没有实践的机会，不能变得富有生命力。然而，在民主制城邦里，除了少数例外，这个阶层是主导阶层。它的最强悍的成员到处发表演说，采取行动，而其他人则坐在演讲席近旁，喧哗起哄，不让持不同政见者讲话，【e】所以，在民主制下，我前面讲了，除去少数例外，这个阶层掌管一切。"

"对。"

"从大多数民众中还会产生第二个阶层。"

"什么阶层？"

"当每个人都在追求财富的时候，那些最有组织才能的人一般就会变成最富有的人。"

"可能是这样的。"

"所以，他们可以为雄蜂提供丰富的蜜汁，雄蜂向他们吸取蜜汁也最方便。"

"是的，因为无人能在那些本身几乎一无所有的人身上榨取油水。"

"那么，我假定，这些富裕的人可以叫作雄蜂的喂养者。"

"好像是这样的。"

"民众——那些用自己的双手劳动的人——是第三个阶层。【565】他们不参与政治，没有多少财产，但若聚集起来，他们是民主制城邦中最强大的阶层。"

"他们是的。但他们不愿经常集会，除非他们能分享蜜汁。"

"他们总能分到一份，尽管他们的首领在分配从富人那里抢来的东西时会给自己留下较大的部分。"

【b】"是的，以这种方式民众取得他们的一份。"

"我假定，那些财富被剥夺的人被迫保护自己，在民众面前讲话，采取他们能做到的其他行动。"

"当然。"

"他们受到那些雄蜂的指控，说他们阴谋反对人民，他们是寡头，哪怕他们没有丝毫革命的念头。"

"对。"

"所以，到了最后，当他们看到民众想要伤害他们的时候，不管他们愿意不愿意，【c】他们真的成了寡头。但是这两个群体做这些事情都不是自愿的。倒不如说，民众这样做是由于无知和受到雄蜂的欺骗，富人这样做是被雄蜂螫伤以后被迫采取的行动。"

"绝对如此。"

"然后，双方就有了检举、上告、审判。"

"对。"

"嗯，民众不是老有这样的习惯，推举一个人出来领头，让他做他们专门的护卫者，供养他，让他坐大吗？"

"他们是这样的。"

【d】"由此清晰可见，僭主产生的时候，这种专门的领导权就是他得以产生的唯一根源。"

"是的。"

"从民众的领袖转变为僭主的起点是什么？你听说过阿卡狄亚的狼神宙斯①的神庙吗？当这个领袖的所作所为开始像故事中的那个人时，这个起点不就清楚了吗？"

"什么故事？"

"任何人品尝了混在其他牺牲中的人的内脏，不可避免地要变成狼。【e】你听说过这个故事吗？"

"我听说过。"

"控制着一群轻信的民众的领袖不能约束自己不去品尝同类的鲜血，同样的事情不就发生了吗？他诬告人，让他出庭受审，谋害他的性命（如僭主经常所为），通过剥夺一个人的生命，他的不虔敬的唇舌品尝了同胞公民的鲜血。他流放一些公民，处死一些公民，以此警告人们，要他们取消债务和重分土地。【566】由于这些事情，一个像这样的人最后不是命中注定，要么被他的敌人杀死，要么变成僭主，从一个人转变为一条豺狼？"

"这完全是必然的。"

"他就是那个挑动反对富人的内战的人。"

"就是他。"

"要是他被流放了，但又不顾政敌的反对设法返回了，那么他不是作为一名羽翼丰满的僭主回来的吗？"

"显然是的。"

"要是他的政敌不能通过向城邦起诉驱逐他或处死他，【b】他们就会密谋杀害他。"

"这种事情一般也会发生。"

"所有抵达这个阶段的人很快发现这位僭主提出一项重要的要求，

---

① 阿卡狄亚（Ἀρκάδια），地名。狼神宙斯（τὸ τοῦ Διὸς Λυκαίου），天神宙斯亦为狼神。

让民众给他提供一名保镖，来保护他这个民众保护人的人身安全。"

"对。"

"我假定，民众会给他提供保镖，因为民众担心他的安全，而对自身的安全一点儿也不担心。"

【c】"对。"

一名富人由于富有而被民众视为敌人，那么，他就像克娄苏①得到的那个神谕所说，"要沿着多石的赫尔墨斯河岸赶快逃跑，不要因为感到可耻而停留。"②

"他不会再有第二次感到可耻的机会。"

"要是给抓住，我以为他非死不可。"

"那是一定的。"

"但是，作为领袖，他不会躺倒在地，'张开长大的身躯'③，而会在打倒其他许多人之后，站立在这个城邦的马车上，【d】成为一名完全的僭主，而不是一名领袖。"

"他还能是什么？"

"那么，让我们描述一下这个人的幸福以及产生这种人的城邦的幸福。"

"让我们就这样做吧。"

"在他统治的最初的日子里，他不会对所有人满脸堆笑，逢人问好，不以僭主自居，许下公私两方面的众多诺言，豁免穷人的债务，【e】给他们和他的追随者重新分配土地，假装对所有人仁慈温和吗？"

"他不得不这样做。"

"但我假定，当他与某些已被流放在外的政敌达成某种谅解，而另外一些政敌已被消灭，不会再引起骚乱的时候，他做的第一件事情就是

---

① 克娄苏（Κροίσω），吕底亚王国的最后一位国王，公元前560至前546年在位，曾经征服伊奥尼亚。

② 参阅希罗多德：《历史》第1卷，第55章。

③ 参阅荷马：《伊利亚特》16：776。

挑起战争，好让民众继续感到需要一个领袖。"

"可能是这样的。"

【567】"但正因为此，民众因负担军费而陷于贫困，成日里忙于自己的生计，不大可能有时间造他的反。"

"显然如此。"

"此外，要是他怀疑有些人拥有自由的思想，不喜欢他的统治，那么他不会找借口把他们除掉，把他们送到敌人手里，借刀杀人吗？由于上述种种原因，僭主不是必定老在挑动战争吗？"

"是的。"

【b】"由于这个原因，他不会更容易引起公民们的反对吗？"

"当然。"

"还有，那些过去帮他建立僭主制的人中间最勇敢的人，以及那些现在与他一道掌权的人，不会相互议论或者向他建言，批评这些事情吗？"

"他们可能会这样做。"

"那么，要想维护自己的统治，这位僭主必须清除这些人，一个不留，直到他自己既无朋友，又无任何高尚的政敌。"

"这是明摆着的。"

"因此，他必须有敏锐的目光，能辨别谁勇敢，谁高尚，谁聪明，谁富有。他的好运就是注定要成为这些人的敌人，【c】把他们都消灭，直到城里一个这样的人都不剩，不管他自己愿意不愿意，他都必须这样做。"

"这真是一场美妙的大清洗。"

"对，不过这种大清洗与医生对人体进行的清洗正好相反。医生清除坏的，留下好的，而僭主做的事情正好相反。"

"要想保住权力，他不得不这样做。"

【d】"这真是一种美妙的幸福，因为他不得不与低劣的大众相处，否则就得去死，尽管这些人全都痛恨他。"

"然而，这就是他的真实处境。"

"他的行为越是引起公民们的痛恨，他不就越需要一支更加强大、更加忠诚的卫队吗？"

"当然。"

"这些值得信赖的人是谁？他到哪里能找到这样的人呢？"

"要是他肯付钱，他们会蜂拥而至。"

【e】"雄蜂，我以神犬的名义起誓！全都是外国来的杂色雄蜂！我想这是你在谈的雄蜂。"

"你猜得对。"

"在城邦内部招募如何？他愿意……"

"愿意什么？"

"不就是解放公民们的奴隶，招募他们，让他们加入他的卫队吗？"

"他肯定愿意，因为他们好像最能向他证明对他的忠诚。"

"要是这些人就是他要雇用的人，当作朋友和忠诚的追随者，【568】在他消灭了原先的拥护者以后，那么你使这位僭主太幸福了！"

"不管怎么说，这些人是他要雇用的。"

"这些同伴和新公民崇拜他，与他交往，而那些高尚的民众痛恨他，躲避他。"

"当然。"

"一般人都认为悲剧家聪明，而欧里庇得斯① 格外聪明，人们这么想，并非无缘无故。"

"你说说看，为什么？"

"因为在讲了其他一些精明的事情以后，他说，'和聪明人交朋友的僭主是聪明的'。【b】'聪明的'这个词显然指我们看到与僭主交往的这种人。"

"是的。他和其他诗人赞扬僭主制，把它说成神圣的，其他还说了一大堆好话。"

---

① 欧里庇得斯（Εὐριπίδης），希腊三大悲剧家之一，生于公元前 484 年，死于公元前 407 年。

"那么，我可以肯定，要是我们不接纳悲剧诗人进我们的城邦，因为他们赞扬僭主制，他们会宽恕我们和那些与我们的体制相似的人，因为这些悲剧诗人是聪明的。"

【c】"我假定他们中间那些更加明智的人会宽恕我们。"

"所以，我假定他们会去其他城邦召集民众，雇用嗓音美妙、有说服力的人进行鼓吹，把他们的体制引向僭主制和民主制。"

"他们确实这样做。"

"除此之外，他们得到报酬和荣誉，尤其是——这是可以预料的——首先来自僭主制，其次来自民主制，但他们沿着这座体制之山越是向上攀登，他们的荣誉就越往下降，【d】仿佛气喘吁吁，无力向上攀援。"

"绝对如此。"

"但是，我们跑题了。所以，让我们回归正题，再来看那支美妙的、人数众多的、多样化的、变化不定的卫队，解释僭主如何付钱给它。"

"很清楚，要是城邦里有圣库，他会动用圣库里的钱财，直到用尽为止，他也会动用那些被他消灭了的政敌的财产，这样的话，他要民众缴纳的税收就比较少了。"

"要是这些资源都枯竭了，那该怎么办？"

【e】"很清楚，用他的祖产来供养他的宾客——他的同伴，和他一起狂欢的男男女女。"

"我明白了。你的意思是那些养出了僭主的民众将不得不供养僭主和他的同伙。"

"他们被迫这样做。"

"要是民众愤怒了，并对他说，首先，成年的儿子还要父亲来供养是不公正的，【569】正好相反，儿子应当奉养父母；其次，他们没有要当他的父亲，帮他掌握大权，等他变得强大了，他们自己成了他这个从前的奴隶的奴隶，不得不供养他和他的奴隶，以及那些外国雇来的士兵，因为他们的希望是，在他的领导下，能够摆脱富人和所谓好人的统治；再次，他们命令他和他的同伙离开城邦，就像父亲命令儿子和他那些惹是生非的狐朋狗友离开家一样，对此你会怎么说？"

"那么，宙斯在上，民众到了这个时候才明白他们生养、拥戴了一只什么样的野兽，让它强大，【b】而现在他们自己已经是试图赶走强者的弱者了。"

"你这是什么意思？难道这个僭主竟敢使用暴力来对付他的父亲吗，或者要是不服从，就殴打他吗？"

"对——一旦解除了他父亲的武装。"

"你的意思是，僭主是弑父之徒和虐待老人的保姆，他的统治最终变成了一种公认的僭主制，还有如谚语所说，为了避免刚跳出油锅又入火坑，民众不得不把奴隶当作他们的主人。【c】就在他们在民主制下获得巨大但不恰当的自由的地方，他们自己不得不沦落为这种最苛刻、最痛苦的奴隶制的奴隶。"

"我确实就是这个意思。"

"嗯，好吧，我们现在可不可以公正地说，我们已经恰当地描述了民主制如何演变为僭主制，以及僭主制产生时是什么样的吗？"

"我们肯定可以这样说。"

第 九 卷

【571】"剩下来还要考虑的是这个僭主制的人本身，他是怎么从一个民主制的人发展而来的，当他产生的时候像什么样，他是可悲的还是幸运的。"

"是的，他是我们至今还没有找到的。"

"你知道我认为还有什么没找到吗？"

"还有什么？"

"我认为我们还没有恰当区分欲望的种类和数量，要是这个主题得不到恰当处理，【b】我们的整个考察仍旧不够清晰。"

"嗯，现在不就是讨论这个问题的好时间吗？"

"当然。那么，考虑一下关于我们的欲望我想知道什么。事情是这样的：在我看来，我们有些不必要的快乐和欲望是不合法的。它们可能在每个人身上呈现，但受到法律和与理智结盟的较好的欲望的控制。在少数人身上，这些欲望被根除，或有少量软弱的欲望残留，而在其他人身上，这些欲望比较强烈，数量较多。"

【c】"你指的是什么欲望？"

"那些在睡眠中仍旧清醒的欲望，这时候，灵魂的其他部分——理智的、温和的、占主导地位的部分——懈怠了。然后，它的兽性的、野蛮的部分在吃饱喝足以后反而活跃起来，力图冲出来寻求自身的满足。你知道，在这种时候，由于不受羞耻心和理智的控制，没有什么事情是它不敢去尝试的。它会在梦中与母亲乱伦，【d】或者与其他男人、神灵、野兽交媾。它会进行愚蠢的谋杀，没有任何食物是它不敢吃的。总而言之，它不会回避任何愚蠢或无耻的行为。"

"完全正确。"

"另一方面，我假定一个健康的、节制的人只在做完了下列事情以后才去睡觉：第一，激励他的理性部分，请它享用美好的论证和沉思的盛宴；【e】第二，既不使他的欲望饥饿，也不使它们过分满足，让它们懈怠下来，不用它们的快乐或痛苦去打扰灵魂，【572】而是让灵魂最优秀的部分独立自处，洁身自好，进行考察，拒绝或接受它不认识的事物，无论是过去的、现在的，还是将来的；第三，以同样的方式安抚灵魂的激情部分，而不会在经历愤怒、仍带怒意时进入梦乡。等平息了这两个部分和激励了理性所在的第三个部分，他再去睡觉，你知道这个时候他最能把握真相，【b】而在他梦中呈现的幻象最不可能是非法的。"

"完全如此。"

"然而，离开我们想要确定的观点，我们可能已经扯得太远了，这个观点是：我们做的梦清晰地表明，每个人都有一种危险的、野蛮的、非法的欲望形式，甚至连我们中间那些完全有节制、有分寸的人也有。你看我的话有没有道理，或者你是否同意我的看法。"

"我完全同意。"

【c】"那么，我们来回顾一下我们所说的民主制的人是什么样的。他有一位节俭吝啬的父亲，从小由父亲抚养长大，而他的父亲只看重那些挣钱发财的欲求，而藐视旨在娱乐和享受的不必要的欲望。不对吗？"

"对。"

"通过与一些比较精明的、充满后一种欲望的人打交道，他开始放纵自己奢侈的欲望，采取傲慢无礼的行为方式，因为他厌恶父亲的吝啬。然而，由于他的本性比那些使他腐败的人的本性要好，因此他被朝着两个方向拉扯，定位在他父亲的生活方式和这些人的生活方式之间。他自以为有节制地采用了两种生活方式，过着一种既不寒酸又不违法的生活，【d】从一个寡头制的人变成了民主制的人。"

"对这种类型的人，我们过去这样看，现在也这样看。"

"假定这个人成年以后也有了儿子，这个时候，他就会按他父亲抚养他的生活方式抚养儿子。"

"行。"

"再假定这位父亲身上发生的事情会在儿子身上重现。首先，有人会引诱他走向漠视法律，并称之为完全的自由。【e】其次，他父亲和亲友会支持那些折衷的欲望，而其他人则支持极端的欲望。然后，当这些可怕的巫师和拥立僭主的人感到这样下去控制这个青年没有希望时，他们便会想方设法使他的灵魂产生一种能起统治作用的情爱，也就是那只万恶的长翅膀的雄蜂，去保护那些懒惰和奢侈的欲望。【573】或者说，除了就是这些人中间的那只巨大的雄蜂，你认为情爱还能是什么东西吗？"

"我不认为它能是其他什么东西。"

"当其他欲望——充满馨香、没药①、花冠、美酒，以及在这些欲望的同伴中发现的快乐——围着雄蜂叫唤，抚养它，使它尽可能长大，它们在雄蜂身上安上了渴望的螫刺。然后，这位灵魂的领袖让疯狂当它的保镖，变得狂暴蛮干。【b】要是它在这个被认为是好人的人的身上发现任何信念或欲望，或者还有某些羞耻感，它就消灭或驱逐它们，直到这个人身上的节制被清除干净，进而充满外来的疯狂。"

"你已经完整地描述了这个僭主制的人如何演变。"

"就是由于这个原因，情爱一直被称作暴君吗？"

"是这样的。"

【c】"那么，醉汉不是有点儿像暴君吗？"

"是的，有点儿像。"

"嗯，一个试图进行统治的疯子不仅是人，也是神，认为自己能够成功。"

"他确实如此。"

"那么，当一个人的本性或者生活方式，或者二者一起，使他醉酒的时候，他变成了一个精确意义上的僭主，充满了情欲和疯狂。"

"绝对如此。"

【d】"那么，这就是一个僭主制的人是怎么变来的。但是，他过着一种什么样的生活呢？"

"毫无疑问，你会告诉我们的，正像出谜语的人通常所做的那样。"

"我会的。我认为，灵魂被情爱的暴君占据和指引的人的生活便在

---

① 一种药材名，古代也用于祭祀。

宴饮、狂欢、奢靡、情妇等等中间度过。"

"必然如此。"

"在这位暴君身旁，不是有许多可怕的欲望日夜不停地生长出来，需要有许多东西来满足它们吗？"

"确实如此。"

"因此，不管有多少收入也会很快花完。"

"当然。"

【e】"然后就去借钱，抵押财产。"

"还能怎么办？"

"等到一切资源用尽，在他灵魂中孵化出来的一大群欲望之雏，不是一定会发出嗷嗷待哺的叫唤吗？在其他各种欲望的驱使下，尤其是在情爱的刺激下（情爱把其他所有欲望当作它的保镖），【574】他难道不会变得疯狂，寻找和窥探，看哪里还有东西可以抢劫或骗取吗？"

"他肯定会。"

"所以，他必须获取各种资源，或者生活在巨大的痛苦之中。"

"他必定如此。"

"正如作为后来者的快乐会超过原来的快乐，消除原来的满足感，这个人本身不会认为他应当超过他的父母吗，尽管他比他们年轻——在耗尽自己的财产以后去挥霍他父亲的财产？"

"当然。"

【b】"要是父母不愿给他，那么他不会首先用欺骗的手段去偷窃他们的财产吗？"

"肯定会。"

"要是那不起作用，他不会用武力去抢吗？"

"我想会的。"

"要是年迈的父母抗拒不从，他会心慈手软，不对老人采用暴君般的手段吗？"

"要是他们这样做，我对他们的命运不是很乐观。"

"但是，善神在上，阿狄曼图，你认为他会为了一位新近结识的女

友而牺牲他长期钟爱的、无法替换的母亲吗？或者说，为了一个新发现
的、可以替换的妙龄男友，他会去毒打年迈的、无法替换的父亲，他最
老的朋友吗？【c】或者说，要是他带其他人回家，他会让他的父母低三
下四地侍候他们吗？"

"是的，他确实会这样做。"

"生一个僭主制的儿子似乎太幸福了！"

"确实是这样的！"

"他的父母交出财产以后会如何？【d】带着一大群他灵魂中追求快
乐的欲望，他不会首先逾墙行窃，或者遇到夜行者扒人衣裳吗？然后，
他不会试着抢劫神庙吗？在所有这些行为中，他自幼持有的何谓高尚、
何谓可耻的传统观念——被视为正义的观念——被那些新近从奴隶制中
释放出来的观念所控制，这些观念现在是情爱的保镖，与情爱一道占据
优势。【e】当他本人服从法律和他的父亲、内心拥有一种民主制的体制
时，这些观念只在睡眠的时候偶尔释放出来。而现在，处在情爱这位暴
君的统治之下，他在醒着的时候就想起过去只在睡梦中见到的场景，他
也不会克制杀人、暴食等行为。倒不如说，情爱在他身上就像一名僭
主，【575】是他唯一的统治者，他就好比一座城邦，处于完全没有法律
的无政府状态，情爱驱使他甘冒天下之大不韪，无恶不作，以便为情爱
和那群围绕着情爱的暴民提供给养（有些成员是从外部来的，是他保留
坏同伴的结果，有些成员来自内部，由他自身坏习惯释放而来）。这不
是一个僭主制的人会过的生活吗？"

"确实如此。"

【b】"嗯，要是一个城邦里这样的人只有几个，而其他民众是有节
制的，那么这群暴民就会离开城邦，去给其他僭主当保镖，要是正好那
里发生战争，就去当雇佣兵。但若他们生长在和平与稳定时期，他们就
会待在城邦里为非作歹，犯下许多小的罪行。"

"你指的是哪些罪行？"

"他们偷窃、抢钱包、剥衣、抢劫神庙、贩卖人口。有时候，要是
他们口才好，他们会变成告密者、作伪证者，接受贿赂。"

【c】"这些罪行是小的吗，除非这样的人只有几个？"

"是小的，与大罪相比。如果城邦里产生罪恶和不幸，所有这些小罪加在一起，如谚语所说，还远远比不上一名僭主的统治造成的危害。但若这样的人变得越来越多，而且他们意识到自己有那么多人——在愚蠢的民众的帮助下——那么就是他们创造了一名僭主。就是他，而不是他们中的其他人，在他的灵魂中有一位最强大的暴君。"

【d】"这很自然，因为他一定是最专制的。"

"要是这个城邦正好愿意服从他，那当然没什么问题；但若这个城邦抗拒他的统治，那么就像殴打父母的不孝子一样，他会殴打他的父国，要是他能做得到，他会带来新朋友，奴役他的父国和他亲爱的古老的母国(如克里特人的叫法)，这种人的欲望所要达到的目的就在于此。"

【e】"肯定是这样的。"

"嗯，在私人生活中，在一个僭主制的人获得权力之前，他不是这样一种人吗——主要与一些阿谀奉承之徒交往，这些人打算在所有事情上服从他？或者说，要是他本人正巧需要从其他人那里得到什么东西，他不会讨好他们，向他们表示友谊，就好像正在对待他自己的家人吗？而目的一旦达到，【576】他们不又会变成陌生人吗？"

"是的，他们肯定会这样的。"

"所以，有僭主本性的人终其一生不会成为任何人的朋友，他始终只是一个人的主人，或是另一个人的奴隶，决不可能品尝自由或真正的友谊。"

"对。"

"我们把这样的人称作不可信之人难道不对吗？"

"这样说当然是对的。"

"要是我们前面对正义达成的一致看法是正确的，【b】那么我们把这种人称作不义之人不对吗？"

"我们的看法肯定是对的。"

"那么，让我们来总结一下这种最糟糕的人的类型：他活着不就像是我们前面描述过的那场噩梦吗？"

"没错。"

"他是从那些获得权力的、最具有僭主天性的人演变而来的。只要他是僭主，他的生活就越像噩梦。"

格劳孔说："这是不可避免的，按照我们的论证。"

"嗯，好吧，这个最邪恶的人不也是最可悲的人吗？当僭主时间最长的人可悲的时间不是最长吗？【c】也就是说，是真理而非多数人的意见，解决了这些问题。"

"可以肯定，不管怎么说。"

"一个僭主制的人像一个城邦一样被一名僭主统治，一个民主制的人像一个城邦一样被民主统治，其他类型的人亦然，不是吗？"

"当然。"

"城邦与德性、幸福的关系和这些人之间的关系不是一样的吗？"

【d】"当然。"

"那么，僭主统治的城邦如何与我们最先描述的由国王统治的城邦相比呢？"

"它们完全相反：一种是最好的，一种是最坏的。"

"我不问你哪个好，哪个坏，因为这是明摆着的事。而是你对它们的幸福和不幸下同样的判断吗？让我们不要把眼光只盯着一个人——僭主——或者只盯着他身边的几个人，重要的是进入城邦，研究整个城邦，让我们不要发表意见，【e】直到我们深入察看了它的每一个角落。"

"行，大家都很清楚，没有哪个城邦比僭主统治的城邦更不幸，也没有哪个城邦比国王统治的城邦更幸福。"

"那么，我对和城邦相应的人提出同样的挑战也是对的吗，假定，【577】首先，那个适宜对这个问题下判断的人要深入人的品性，彻底考察它们，才能看清僭主的本质，而不是像孩子那样，只从外表看问题，慑服于僭主的威仪及其所造成的效果？其次，他要是这样一个能下判断的人——因为要是他在的话，我们全得听他的——因为他和僭主生活在一起，朝夕相处，目睹僭主在家中的行为，也见过僭主在自己家中如何与密友相处，而僭主在这种场合会剥去各种伪装，把真相完全暴露出来。这种人同样也观察到僭主在公众生活中造成的危害。【b】我们难道不应该请这个人来告诉我们吗，与其他人相比，僭主是幸福的还是不幸的？"

"这样做也是对的。"

"那么，你想要我们假装我们就是那些能作出判断的人吗，我们已经遇见了僭主制的人，所以我们会有人来回答我们的问题？"

"我肯定会的。"

【c】"那么，来吧，替我以这个方式来观察：记住城邦与人的相似性，轮流观察它们，描述它的状况。"

"你想要我描述哪一种事情？"

"首先，谈论城邦，你会说一个僭主制的城邦是自由的还是受奴役的？"

"受奴役的，能受多大程度的奴役就受多大程度的奴役。"

"但你在这种城邦里看到有些人是主人，他们是自由的。"

"我看到少数人是这样的，而整个城邦，也就是说，它的最高尚的部分是悲惨的奴隶。"

【d】"那么，要是人和城邦相同，他的结构不也必定相同吗？他的灵魂不也必定充满奴役和不自由，最优秀的部分受奴役，最疯狂、最邪恶的部分是它们的主人吗？"

"必定如此。"

"那么对这样一个灵魂你会说什么？它是自由的还是奴隶？"

"当然是奴隶。"

"受奴役的和僭主化的城邦不是最不可能做它想做的事吗？"

"肯定如此。"

【e】"那么一颗僭主制的灵魂——我在谈论整个灵魂——也最不可能做它想做的事，因为它总是受到雄蜂般的马虻的螫刺，充满混乱和悔恨。"

"它还能怎么样？"

"一个实行僭主制统治的城邦是富裕的，还是贫穷的？"

"贫穷的。"

【578】"那么一颗僭主制的灵魂也必定始终贫乏，永不满足。"

"对。"

"恐惧怎么样？一个僭主制的城邦和一个僭主制的人不是充满恐惧吗？"

"绝对如此。"

"你认为在其他城邦里能看到更多的悲伤、呻吟、哀诉、苦恼吗？"

"肯定不能。"

"那么，这样的事情在僭主制的人以外的人身上更普遍吗，在欲望和情爱的驱使下疯狂？"

"怎么会呢？"

【b】"看到所有这些情况，我假定，以及其他类似的事情，你把这种城邦判定为最不幸的城邦。"

"我这样判断不对吗？"

"当然对。但是，当你看到这些相同的事情，你对僭主制的人会怎么说呢？"

"他是所有人中最不幸的。"

"你不再对了。"

"怎么会呢？"

"我不认为这个人已经抵达了不幸的顶峰。"

"谁抵达了？"

"也许你会同意我下面说的这个人更加不幸。"

"哪一个？"

【c】"这个人是僭主制的人，但没有过上一种僭主式的生活，由于机遇不好，他还没能成为真正的僭主。"

"以我们前面所说的为基础，我假定你说得对。"

"是的，但在这类事情中，仅仅假定这些还不够；我们需要使用论证来仔细考察相关的两个人，因为这项考察涉及两件最重要的事情，亦即善的生活和恶的生活。"

"绝对正确。"

【d】"那么考虑我说的有没有道理，因为我想下面的事例有助于我们的考察。"

"什么事例？"

"我们应当观察我们城邦里的所有富裕的公民，他们拥有许多奴隶，就像僭主，他们统治许多人，尽管不如僭主统治的人多。"

"对。"

"你知道他们是安全的，不害怕他们的奴隶。"

"有什么东西使他们害怕？"

"没有。你知道为什么吗？"

"是的。这是因为整个城邦打算保护每一个公民。"

【e】"你说得对。但若某位神要把这些人从城里拐走，他的五十个或者更多的奴隶，还有他的妻子儿女和所有财产，把他们送往一个偏僻的地方存放，那里没有自由人会来救援他，那会怎么样？那该有多么可怕，那些奴隶会把他和他的一家老小全部杀死？"

"确实非常可怕。"

"到了这种时候，尽管不是甘心情愿，他不会感到有必要讨好自己的奴隶，【579】向他们许下许多诺言，答应解放他们吗？他本人不会巴结自己的奴隶吗？"

"他不得不这样做，否则就得死。"

"要是这位神在他周围安置了许多邻人，这些人不能容忍任何人宣称他是其他人的主人，他们不会对他施以最严厉的惩罚吗？"

【b】"我假定，这样一来他的处境更加恶劣，周围全是敌人了。"

"这不就是监禁这位僭主的某种监狱吗——他的本性如我们所描述的那样，充满各种恐惧和情爱吗？尽管他的灵魂真的非常贪婪，他是整个城邦里唯一不能出国旅行或者看其他自由民想看的东西的人。相反，他就像个女人，大部分时间待在自己的屋子里，【c】羡慕其他公民能够自由自在地出国旅行观光。"

"确实如此。"

"所以，这种罪恶的大量涌现不是衡量这两个人的差别的尺度，一个是僭主式的人，内心的治理很坏——你刚才断言他是最不幸的人——一个没有私人生活的人，他在某种机遇下成了僭主，在他甚至还不能控制自己的时候试图去统治别人。他像一具筋疲力尽的身体，没有任何自我控制，不能私下里安静地生活，【d】被迫一辈子和其他身体打斗。"

"他确实是这个样子的，苏格拉底，你说得绝对正确。"

"所以，格老孔，这不是一种最悲惨的状况吗，掌权的僭主们的生活岂不是比你说的生活最艰辛的人还要艰辛吗？"

"他肯定是这样的。"

"那么，实际上，无论人们怎么想，一位真正的僭主真的是一名奴隶，被迫卑躬屈膝、阿谀奉承最卑劣的人。他的欲望极少得到满足，他显然——要是正好知道必须研究他的整个灵魂——对许多东西有最大的需要，真的很穷。【e】要是他的状况与他统治的城邦确实相似，那么他的一生都充满恐怖、动荡和痛苦。他就是这个样子，不是吗？"

"当然是这样的。"

【580】"我们也把我们前面提到的品性归于这个人，亦即他不可避免地是妒忌的，不可信的，不公正的，无朋友的，不虔敬的，他藏污纳垢，充满种种罪恶，他实行的统治使他更是如此。凡此种种，他极为不幸，也使接近他的人变得像他一样。"

"任何有理智的人都不会否定你的意思。"

"那么，来吧，像要作出终审的法官一样，在这五种人中间——王者型的、荣誉型的、寡头型的、民主型的、僭主型的——【b】谁最幸福，谁次之，谁再次之。"

"这很容易。我按美德和恶德、幸福和不幸排列他们，我按上场秩序来判决也可以，就像我判断一个合唱队。"

"那么，我们要不要雇一名传令官，或者由我自己来宣布，阿里斯通①之子判决如下：最善良、最正义、最幸福的人是最具国王气质的

---

① 阿里斯通（Ἀρίστων），阿狄曼图、格老孔、柏拉图之父。

人，他像一名国王一样统治他自己；【c】最邪恶、最不正义、最不幸福的人是最具僭主气质的人，他对他自己和他统治的城邦实施暴政？"

"就这样宣布吧。"

"我还要加上一句话，无论这些事情是否为所有人和众神所知，可以吗？"

"你就加吧。"

"好。这就是我们的证明之一。【d】但还有第二个证明，要是你认为这个证明有点儿意思。"

"什么证明？"

"事实上，每个人的灵魂分成三个部分，就像城邦一样，这就是我认为有另一个证明的原因。"

"这个证明是什么？"

"是这样的：在我看来，与灵魂的三个部分相对应的有三种快乐，一对一，欲望和统治类型也一样。"

"你这是什么意思？"

"我们说，第一个部分是人用来学习用的，第二个部分是人用来表示生气的。至于第三个部分，我们还没有一个专门的名称来称呼它，因为它有多种形式，所以我们按照其中最强烈的东西的名称来命名这个部分。【e】因此，我们称它为欲望的部分，因为它对饮食、性爱，以及其他相伴而来的欲望非常强烈，【581】但我们也称它为爱钱的部分，因为这样的欲望最容易用金钱来满足。"

"确实如此。"

"那么，要是我们说它的快乐和情爱是为了赢利，那么当我们谈论灵魂的这个部分时，确定它的核心特点不是最有利于我们的论证，确保弄清我们的意思吗，我们不是可以正确地称它为爱钱的和爱利的吗？"

"不管别人怎么看，至少在我看来是这样的。"

"灵魂的激情部分怎么样？我们不说它整个儿都献身于追求统治、胜利和名望吗？"

【b】"确实要这样说。"

"那么，我们称之为爱胜利的和爱荣誉的不妥吗？"

"再妥当不过了。"

"嗯，大家都清楚，我们用来学习的这个部分始终系于知道真理位于何处，在灵魂的三个部分中，它最不关心金钱和名望。"

"最不关心。"

"那么我们称它为爱学习的和爱智慧的不妥吗？"

"当然妥当。"

【c】"这个部分统治着某些人的灵魂，而其他部分中的另一个部分——无论是哪个部分——统治着其他人的灵魂，不对吗？"

"对。"

"不就是由于这个原因，我们说有三种基本类型的人：爱智者（或哲学的）、爱胜者、爱利者，是吗？"

"确实如此。"

"也有三种形式的快乐，与它们分别对应吗？"

"确实。"

"要是你轮着问三个这样的人，他们的哪一种生活最快乐，他们各自会把最高的赞扬给予他自己的生活，你明白吗？【d】要是没有从获取荣誉的快乐和学习的快乐中赢利，挣钱者不会说获取荣誉的快乐和学习的快乐与赢利的快乐相比没有什么价值吗？"

"他会的。"

"热爱荣誉的人怎么样？他不会把挣钱的快乐视为庸俗的和低级的，把学习的快乐——除非给他带来荣誉——视为一缕轻烟和胡说八道吗？"

"他会这样想的。"

"至于一名哲学家，你假定他认为其他快乐不值得与知道真理系于何处的快乐相比，在学习时始终沉浸于这种快乐状态吗？【e】他不认为这些快乐远非快乐吗？他不会把它们称作真正需要的吗，因为要是它们对生活来说不是必要的，他就不需要它们？"

"他会这样想的，我们可以肯定。"

"那么，由于不同快乐形式之间和生活之间有争论，不涉及哪一种快乐和生活比较高尚或者卑贱、比较优秀或者比较低劣，而涉及哪一种快乐比较快乐或较少痛苦，【582】我们怎么知道它们哪一个说得最真实？"

"别问我。"

"你这样看：要是我们想要对事物进行良好的判断，我们该如何下判断呢？不就是借助经验、理性和论证吗？或者说，有谁能提出比它们更好的标准吗？"

"他怎么可能？"

"那么，请考虑：这三个人对我们提到的快乐谁最有经验？【b】一位爱利者在学习真理本身或者从认识真理的快乐中获得的经验，多于一名哲学家挣钱时的快乐吗？"

"他们之间有巨大差异。哲学家从小就肯定品尝过其他快乐，而爱利者不一定品尝或体验过学习存在事物本性的快乐，知道这种快乐有多么甜蜜。确实，哪怕他渴望尝试，也不容易做到。"

"那么爱智者对两种快乐的体验远远超过爱利者。"

【c】"这是肯定的。"

"爱荣誉者如何？他比有爱荣誉体验的哲学家拥有更多的爱知识的体验吗？"

"不，他们各自都能得到荣誉，只要完成他的目的。一个富有的人得到许多人的荣耀，一个勇敢的人或一个有智慧的人也是这样，但是学习这些事物的快乐不能被任何人品尝，除了哲学家。"

【d】"那么，随着经验的增长，他是三人中最优秀的判断者。"

"到目前为止可以这样说。"

"只有他在理智的陪伴下获得了他的经验。"

"当然。"

"还有，人们下判断时必须使用的工具不是爱利者或爱荣誉者的工具，而是哲学家的工具。"

"那是什么工具？"

"论证，我们不是说我们必须用论证来下判断吗？"

"是的。"

"论证主要是哲学家的工具。"

"当然。"

【e】"嗯，要是荣誉、胜利、勇敢是判断事物的最佳工具，对爱荣誉者的赞扬和指责不就必定是最真实的吗？"

"对。"

"要是荣誉、胜利和勇敢是最佳工具，这不就是对爱荣誉者的赞扬和责备吗？"

"这很清楚。"

"但由于最佳工具是经验、理智和论证……"

"对爱智慧者和爱争论者的赞扬必定是最真实的。"

"那么，在这三种快乐中，最大的快乐是灵魂中我们用来学习的那个部分的快乐，【583】受这个部分支配的人的生活是最快乐的。"

"怎能不是呢？至少，一个有理智的人赞扬起他自己的生活方式来有权威性。"

"这位判断者把第二的位置给予什么生活和快乐？"

"显然，他会给武士和爱荣誉者，因为他们的生活和快乐比挣钱者的生活和快乐更接近他自己的生活和快乐。"

"那么，爱利者的生活和快乐似乎处于末位。"

"它们当然处于末位。"

【b】"那么，这些就是依次出现的两个证明，在两个证明中，正义者都已经击败了不正义者。按照奥林匹亚赛会的习俗，第三个证明要奉献给奥林匹亚的救世主宙斯。所以，注意看，除了一个有理智的人的快乐以外，其他快乐既不是完全真实的，又不是完全纯洁的，而是像某种幻影，我想我听某个聪明人这样说过。然而，如果这是真的，它将极大地、决定性地推翻我们的证明。"

"肯定会。但你这样说到底是什么意思？"

【c】"要是我来提问，你来回答，我会告诉你的。"

"那你问吧。"

"告诉我，我们不是说过痛苦是快乐的对立面吗？"

"肯定说过。"

"有这样一种既不快乐又不痛苦的感觉吗？"

"肯定有。"

"它不是介于二者之间，灵魂通过对二者的比较而获得的一种安宁吗？或者说你不这样想？"

"我就是这么想的。"

"你记得人们生病时说的话吗？"

"你心里想的是他们说的哪些话？"

【d】"没有什么能比健康提供更多的快乐了，但他们在生病之前并不明白这是最快乐的。"

"我记得。"

"你不也听说过那些处于极度痛苦中的人说，没有什么能比解除病痛更大的快乐了？"

"我听说过。"

"有许多类似的情况，我假定，在其中你发现人们在承受痛苦时赞美快乐，不是享受快乐，而是把没有痛苦和摆脱痛苦当作最大的快乐。"

"这也许是因为，在这样的时候，安宁的状态变得足以让人们满足。"

"当某人停止感到快乐时，这种安宁对他来说是痛苦的。"

"可能是这样的。"

"那么被我们描述为介于快乐与痛苦之间的安宁有时候既是快乐又是痛苦。"

【e】"好像是这么回事。"

"嗯，既不是快乐又不是痛苦有可能变成既是快乐又是痛苦吗？"

"我不这么看。"

"还有，在灵魂中变得既快乐又痛苦是一种运动，不是吗？"

"是的。"

"既不痛苦又不快乐刚才不是被解释为一种安宁的状态，【584】介于二者之间吗？"

"是的。"

"那么，痛苦的缺乏就是快乐或者快乐的缺乏就是痛苦，这样的想法能是正确的吗？"

"绝对不能。"

"所以，这种想法不对。但是，痛苦后的安宁确实显得快乐，快乐后的安宁确实显得痛苦。不过，这些都是关于快乐的现象，没有什么真理的成分，只是某种魔术。"

"这是这个论证所表明的，不管怎么说。"

【b】"看一下出自痛苦的快乐，你就不会假定快乐的本性就是痛苦的停止，痛苦的本性就是快乐的停止。"

"我往哪里看？你指的是什么快乐？"

"嗅觉带来的快乐是特别好的例子，值得注意，它们变得特别强烈之前并没有痛苦，它们停止之后也没有留下痛苦。不过，也还有其他许多例子。"

"绝对正确。"

【c】"所以，别让人说服我们，纯粹的快乐就是从痛苦中解脱，或者纯粹的痛苦就是从快乐中解脱。"

"对，别让人说服我们。"

"然而，大部分通过身体抵达灵魂所谓的快乐，以及最强烈的那些快乐，具有这种形式——它们是某种痛苦的解脱。"

"是的。"

"那些源于对未来的快乐与痛苦的期盼而带来的快乐与痛苦，也具有这种形式吗？"

"是的。"

【d】"你知道它们是哪一类事物，它们最像什么？"

"我不知道，哪一类？"

"你相信本性中有一种向上的，一种向下的，一种中间的吗？"

"我相信。"

"你认为从下面被带到中间的人，除了相信他正在向上移动，还会有其他信念吗？要是他站在中间，看到他是从哪里来的，他会相信自己处于除了上面以外的任何地方，因为他还没有看到真正的上面吗？"

"宙斯在上，我看不出他还会有其他想法。"

【e】"要是他又被带回来，他不会假定他在向下吗？他这样想不对吗？"

"当然对。"

"他之所以有这些想法，不都是因为他不懂得什么是真正的向上、向下和中间吗？"

"显然是的。"

"那么，要是那些对真相没有经验的人对许多事物抱有不健全的看法，或者他们非常乐意进入快乐、痛苦以及介于二者之间的中间状态，当他们下降到痛苦时，他们相信这是真的，相信自己真的处于痛苦之中，【585】而当他们从痛苦上升到中间状态时，他们就相信自己已经得到了满足和快乐，这有什么奇怪的吗？他们对快乐没有经验，所以他们在把痛苦与无痛苦相比的时候会上当受骗，就好像他们没有白的经验，要是他们把黑与灰相比，他们会上当受骗。"

"不，宙斯在上，我不感到奇怪。实际上，事情要不是这样，我反而会感到奇怪了。"

【b】"沿着这条思路来想：饥饿、口渴，以及其他类似的事情，不就是身体的一种空虚状态吗？"

"是的。"

"那么，无知和愚昧不是灵魂的空虚状态吗？"

"当然。"

"那么，他不要摄取营养或增强理智来填补空虚吗？"

"当然要。"

"用较多的东西还是用较少的东西能真的填满你？"

"显然是用较多的东西。"

"哪些种类的事物分有更多的实在？你要用面包、饮料、肉，或者一般来说，用食物来填补吗？或者说，你要用真正的信念、知识、理智，或者一般来说，用所有德性来填补吗？让我们以这样一种方式来判断：一类事物与始终同一、【c】不朽、真相连，它本身是这类事物，也从这类事物中产生，另一类事物与从不同一、可朽相连，它本身是这类事物，也从这类事物中产生，你不认为，前一类事物多于后一类事物吗？"

"与始终同一相连的事物要多得多。"

"始终同一的事物分有更多的知识吗？"

"绝不。"

"或者分有更多的真？"

"也不。"

"要是较少真，那么也较少实在吗？"

"必定如此。"

"那么，一般说来，出于对身体的关注用来填补空虚的各种事物，在真和实在方面，【d】不是要少于出于对灵魂的关注用来填补空虚的各种事物吗？"

"对，少得多。"

"你不认为，要拿身体与灵魂相比，结果也一样吗？"

"肯定是的。"

"那么，那些较多的事物能比那些较少的事物更多地填补空虚吗？"

"当然。"

"因此，要是用来填补空虚的事物与我们的本性相合，那么我们快乐，要是用来填补空虚的事物越真实，那么我们更快乐，真正的快乐，【e】而那些用来填补空虚的事物分有的真实越少，我们的快乐就越不那么真实，越不那么可信，不是真正的快乐。"

"这是绝对必然的。"

"因此，那些没有经历理智和德性、【586】始终热衷于吃喝的人会下降，然后再返回中间，终其一生就在这个范围内变动，但决无可能超越这个范围，向上仰望真正的上界，或向上攀援进入这个区域，品尝稳定或纯粹的快乐。他们的眼睛老是向下看，盯着餐桌上的美食，就像牲口只顾俯首吃草、雌雄交配，永远那么贪婪。【b】除了这些事情，他们还用铁制的武器互相残杀，就像牲口用犄角和蹄子踢打冲撞，永无安宁，因为他们徒劳地想用不真实的东西来努力填满他们灵魂中的那个部分，就像一只布满漏洞的巨大器皿。"

"苏格拉底，在精确描述众人生活的时候，你就像是在发布神谕。"

"那么，这些人不是必然生活在混合着痛苦的快乐中吗，这种快乐仅仅是真快乐的影像？这些快乐和痛苦的混合使影像显得强烈，【c】在愚蠢中产生疯狂的情欲，以斯特昔科鲁①告诉我们的那种方式为爱情而拼搏吗，不知真相的英雄们在特洛伊为海伦②的幻影厮杀？"

"必定如此，这种状况不可避免。"

"灵魂的激情部分如何？想要满足激情的人不是必定会发生同样的事吗？他对荣誉的热爱使他妒忌，他对胜利的热爱使他暴烈，【d】所以他需要努力平息他的愤怒，停止毫无算计或理智的对荣誉和胜利的欲求吗？"

"这样的事情必定也发生在他身上。"

"那么，哪怕是那些追随知识和论证、在它们的帮助下追求快乐的爱金钱和爱荣誉的欲望，也会得到理智的批准，获得尽可能最真实的快乐，因为它们追随真相，【e】它们追随的东西正是它们自己的，要是对每一事物来说，最优秀的确实就是最自身的，对此我们不能充满自信地断言吗？"

"它确实是最优秀的。"

"因此，整个灵魂追随这个哲学的部分、内部没有纷争，每个部分各负其责，这样做是公正的，【587】尤其是享受它自己的、对它来说最好、最真实的快乐。"

---

① 斯特昔科鲁（Στησίχορος），希腊抒情诗人。他说真正的海伦留在埃及，只有她的幻影被带到了特洛伊。

② 海伦（Ἑλέν），人名。

"绝对如此。"

"但若其他部分中的某一个部分取得控制权，它就不能确保自身的快乐，会强迫其他部分去追求一种外在于它的、不真实的快乐。"

"对。"

"距离哲学和理性最远的那些部分不是最像要做这种强迫的事情吗？"

"很像。"

"距离理性最远不也就是距离法律和秩序最远吗？"

"显然如此。"

【b】"情欲的和僭主的欲望不是距离这些事物最远的吗？"

"是的。"

"最近的不是王者和有序的欲望吗？"

"是的。"

"那么，我假定，僭主距离一种真正的、属于他自己的快乐最远，而王者距离这种快乐最近。"

"必然如此。"

"所以，僭主的生活是最不快乐的，而王者的生活是最快乐的。"

"必定无疑。"

"你知道僭主的生活比王者的生活要不快乐多少吗？"

"要是你告诉我，我就知道了。"

【c】"似乎有三种快乐，一种真正的，两种不合法的，僭主位于不合法的快乐的端点，因为他逃离法律和理性，与某个奴性的快乐保镖生活在一起。但是，要说出他比王者差多少毕竟不是一件容易的事，除非可以这么说，从寡头开始算起，僭主位于第三，因为中间还隔着民主制的人。"

"是的。"

"那么，要是我们前面说的是真的，他不是生活在快乐的幻象中，其真实性从寡头的快乐算起位于第三级吗？"

"他是在第三级。"

"嗯，接下去，一名寡头也位于王者之下的第三级，【d】要是我们把王者和贵族等同。"

"是的，他排在第三。"

"所以，三三得九，僭主的快乐距离真正的快乐有九级之遥。"

"显然。"

"那么，以三为边长，僭主的快乐的形象是一个平面数。"

"确实是。"

"很清楚，一经平方和立方，我们将发现僭主的快乐距离王者的快乐有多远。"

"对一名数学家来说，这很清楚。"

"那么，换一种方式来说，要是某人想要说出王者的快乐距离僭主的快乐有多远，他会发现，要是他完成了计算，【e】王者的生活比僭主的生活要快乐 729 倍，反过来说，僭主的生活比王者的生活要痛苦 729 倍。"

"这真是一种令人惊叹的计算，衡量出这两个人在快乐和痛苦方面的差距，【588】一个是正义者，一个是不正义者。"

"然而，这个数是真的，和人的生活相关，要是昼、夜、月、年和这个数确实相关的话。"

"它们当然是相关的。"

"要是善的、正义的人的生活要比恶的、不正义的人快乐得多，那么在生活的优雅、美好、德性这些方面，他们之间的差距不会大得无法计算吗？"

"宙斯在上，肯定会。"

【b】"那么，好吧。我们的论证已经进行到这一步，让我们返回我们原先说的事情，是这些事情使我们进到这一步。我想有人在某个时候说过，当一个完全不正义但被相信为是正义的人有利可图。不是这样吗？"

"肯定是的。"

"嗯，让我们和他讨论这个观点，因为我们对不正义和正义分别拥有什么力量已经有了一致的看法。"

"怎么个讨论法？"

"用话语来塑造一尊灵魂的形象，这样的话，那个谈论这类事情的人就会知道他在说什么。"

"什么样的塑像？"

【c】"这尊塑像就像传说中的喀迈拉①、斯库拉②、刻耳柏洛斯③，这些怪物在古代产生，集多种形体于一身，天然合一。"

"是的，古代传说是这么讲的。"

"那么，我们就来塑造一头色彩斑斓的怪兽，它有一圈脑袋，可以随意生长和改变——有些来自温顺之兽，有些来自狂野之兽。"

"这是一位能工巧匠的工作。【d】不过，由于用话语塑型比用蜡还要容易，可以假定这座怪兽的像已经塑成了。"

"然后塑一座狮子像，再塑一座人像。第一座要造得最大，第二座其次。"

"这更加容易，说句话就成了。"

"现在，把三座塑像合为一体，就当它们生来长在一起似的。"

"合在一起了。"

"再给这尊像造一个外壳，人形的外壳，【e】这样一来，任何人只能看到它的外表，不能看到它的内里，就会认为它就是一个生灵，一个人。"

"造好了。"

"那么，要是有人坚持说，不正义对人有利，行正义之事对人不利，那就让我们告诉他，他这样说无非就是这样做对他有利：首先，把那头怪兽喂饱，让它强壮，也把和它有关的狮子喂饱，让它强壮起来；其

---

① 喀迈拉（Χιμαίρας），会喷火的怪物，前半身像狮子，后半身像蛇，中间像山羊。

② 斯库拉（Σκύλλα），六头女妖。

③ 刻耳柏洛斯（Κερβέρος），长三个头的恶犬，尾巴是蛇，负责看守地狱大门。

次，【589】让那个人忍饥受渴，变得虚弱，使怪兽和狮子可以对他为所欲为，无须顾忌；第三，任由这些部分相互残杀，而不是调解它们之间的纠纷，使它们和睦相处。"

"是的，这确实就是某个赞扬不正义的人要说的话。"

"但是，另一方面，实行正义之事是有益的，一个坚持这种观点的人不会这样说吗：第一，我们的一切行动和言论都应当能够保证，我们那个内在的人能够完全控制整个人；【b】第二，他应当照管好这只多头怪兽，就像农夫照料他的家畜，给那些温顺的脑袋喂食，驯化它们，防止狂野的脑袋生长；第三，他应当把那头狮子变成自己的盟友，照顾好由他的所有内在部分组成的共同体，让它们和睦相处？"

"是的，这确实就是赞扬正义的人的意思。"

"所以，无论从什么观点出发，赞扬正义的人所说的是真实的，赞扬不正义的人所说的是虚假的。无论我们从快乐、好名声出发，还是从利益出发，颂扬正义的人道出了真相，【c】而谴责正义的人则对他加以谴责的事物缺乏健全的知识，不知道他在谴责什么。"

"在我看来，至少，他对正义一无所知。"

"那么，让我们温和地劝说他——因为他自己的意愿并没有错——问他这些问题。我们应当说，这就是最初的依据吗，习俗据此认定什么是美好的、什么是可耻的？美好的事情就是使我们本性中的兽性部分臣服于我们本性中的人性部分吗——【d】或者更好的说法也许是受制于我们本性中的神性部分，而可耻的事情则是使我们本性中的温顺部分受制于野蛮部分？他会表示同意，或者不同意？"

"他会表示同意，要是接受我的建议。"

"按照这一论证，任何人不正义地获取黄金，在这样做的时候，他就是在让他本人最邪恶的部分奴役最优秀的部分，这样做对他有益吗？要是他把自己的儿女卖给一位凶恶的主人为奴，【e】无论他得到多少黄金，这件事也不会对他有益。所以，要是他忍心让自己身上最神圣的部分受制于最不虔敬、最腐败的部分，他怎么能不是最可悲的人呢，

【590】就好比厄律斐勒①收下了黄金项链，付出了她丈夫的生命，他得到了黄金，将会受到更大的毁灭？"

"要可悲得多，"格老孔说，"我来替他回答。"

"你不认为生活放荡长期受到谴责也是由于这些原因吗，也就是说，没有对我们身上这头可怕的、庞大的、多形的怪兽严加管束？"

"显然如此。"

"固执和暴躁受到谴责，不就是因为它们不和谐地增长，【b】它的狮性部分和蛇性部分在延伸吗？"

"肯定如此。"

"奢侈和柔弱受到谴责，不就是因为同样也产生胆怯的那个部分过于松弛吗？"

"当然。"

"谄媚和奴性受到谴责，不就是因为他们将激情部分受制于暴民般的野兽吗，从年轻时就习惯于为了钱财而忍受侮辱，用金钱去满足这头野兽的无法满足的欲望，所以它最后变成了猴子而不是狮子？"

【c】"他们肯定是这样的。"

"你认为体力劳动者为什么受鄙视？或者说，除了在某些人身上最优秀部分天生软弱，不能统治体内的那些野兽，只能为它们服务，学习讨好它们，还能有其他原因吗？"

"可能是这样的。"

"然而，为了确保这样的人也能得到像那些最优秀的人那样的统治，我们说他应当成为最优秀的人的奴隶，这个最优秀的人有一位内在的、神圣的统治者。我们说他必须受到统治不是为了伤害他，【d】这是塞拉西马柯的想法，认为这对所有被统治者来说都是对的，而是由于接受神

---

① 厄律斐勒（Ἐριφύλη），安菲阿拉俄斯之妻。安菲阿拉俄斯预见攻打底比斯必遭失败，所以不愿参战，隐藏起来，波吕尼克斯用金项链贿赂厄律斐勒，厄律斐勒领人找到丈夫隐藏的地方，让他参与攻打底比斯。安菲阿拉俄斯在这场战争中被杀。参阅荷马：《奥德赛》11：326—327。

圣理智的统治对每一个人都更好，这种统治来自他的内心，来自他自身，但若没有这种统治，就要从外部强加于他，以便尽可能地使所有人成为好朋友，被同一事物统治。"

【e】"是的，没错。"

"这显然是制定法律的目的，法律是所有人的朋友。但这也是我们的目的，对我们的孩子实行统治，我们不允许他们自由，直到我们在他们身上建立了一种体制，就好比在一座城邦里——用我们心中最优秀的部分培育他们最优秀的部分——给他们配备和我们自己相同的卫士和统治者。【591】到那时，也只有到那时，我们才让他们自由。"

"这很清楚。"

"那么，格老孔，我们如何能够坚持或论证不正义、放荡、行可耻之事对人有利呢，因为，即便这样做能使他获得金钱或其他权力，这些东西只会使它更加邪恶？"

"我们没有办法。"

【b】"或者如何能坚持或论证行不义之事而不被发现、不受惩罚是有利的呢？那个仍旧没有被发现的人不是变得更加邪恶了吗，而那个被发现了的人的兽性部分因此受到约束和驯化，他的温顺的部分释放出来，所以他的整个灵魂回归最佳本性，获得节制、正义和理智，进入比较高尚的状态，胜过有一个美貌、强壮、健康的身体，因为灵魂本身比身体更有价值？"

"千真万确。"

"那么，有理智的人不会尽力让他的灵魂进入这种状态吗？【c】首先，他会看重有助于进入这种状态的学习，轻视其他学习。"

"这很清楚。"

"其次，他不会把他的身体状态和营养交给他内在的那只野兽的非理性的快乐，或者把他的生活转向这个方面，而是既不把健康定为自己的目标，也不把强壮、健康、美貌放在首位，除非这样做也能让他获得节制。倒不如说，他显然会为了他灵魂的和谐而始终培育身体的和谐。"

【d】"要是他在音乐和诗歌方面真的受过训练，他肯定会这样做。"

　　"为了同样的目的，在获取金钱的时候，他不也要保持有序与和谐吗？或者说，哪怕没有因为众人的恭维而变得忘乎所以，接受他们的幸福观念，他也不会无限地聚敛财富、拥有无穷的邪恶吗？"

　　"不会，在我看来。"

　　【e】"倒不如说，他会观察他内心的体制，警惕其他事情对灵魂的干扰，要么是金钱太多，要么是金钱太少。以这种方式，他会增长和开支他的财富，在他力所能及的范围内。"

　　"他确实会这样做。"

　　"在荣誉方面，他也会做同样的事情。【592】凡是他相信能使他变得较好的事情，他会乐意分享和品尝，但他会避免那些有可能推翻他已经建立起来的灵魂状态的事，无论是公共事务，还是私人事务。"

　　"如果这就是他的主要关注点，他不会自愿参与政治。"

　　"不，我以埃及神犬的名义起誓，他肯定愿意，至少在他自己的城邦里。而在他自己的祖国，他也许不愿意这样做，除非出现神迹。"

　　"我明白。你指的是在我们创建和描述过的城邦里，他愿意参与政治，但这个城邦只在理论上存在，【b】我不认为它存在于这个世界的任何地方。"

　　"但是，也许在天上有它的一个样板，任何人只要愿意，就可以观看它，凭着他看到的这个样板的力量使自己成为它的公民。至于它现在是否存在，或是将来会不会出现，这没有什么关系，因为他会在这个城邦里参加实际事务，而不会在其他城邦。"

　　"也许是这样的。"

第 十 卷

【595】"我们的城邦确实有许多特点，使我确信我们对这个国家的建构完全正确，当我说这话的时候，我尤其想到诗歌。"

"为什么要特别想到诗歌？"

"我们不接受任何模仿性的东西。我们已经区别了灵魂的几个组成部分，所以现在更加清楚了，我想，【b】应当把诗歌完全排除出去。"

"你这是什么意思？"

"在我们中间——因为你们不会把我斥责为悲剧诗人或其他模仿者——所有这样的诗歌都会扭曲听众的思想，除非他拥有关于事物真相的知识，就像一剂抗拒扭曲的药。"

"你这样说到底想表示什么？"

"尽管我对荷马抱有热爱和敬畏之心，但是我会告诉你，我当时还是个孩子，所以犹豫不决，不知道要不要说，因为他似乎是所有优秀悲剧家的第一位老师。毕竟，【c】对人的荣耀和评价不能高于真理。所以，如我所说，我必须把心里话说出来。"

"行。"

"那么，注意听，或者，倒不如你来回答我的问题。"

"问吧，我会回答的。"

"你能告诉我什么是一般的模仿吗？我完全不懂模仿属于哪一类事情，它想要干什么？"

"你看我像是懂的样子吗？"

"这没什么可奇怪的，【596】因为视力不好的人经常比视力好的人更能看见面前的东西。"

"是这样的，但哪怕有事物对我呈现，我也不会急着在你面前谈论。所以，你还是自己来看吧。"

"那么，你想要我们开始考察吗，采用我们通常的步骤？如你所知，我们习惯性地为我们用相同名称来称呼的许多事物确定一个型相，与这些事物中的每一个相连。或者说，你不懂吗？"

"我懂。"

"那么，现在让我们取你喜欢的任何一种杂多的事物。【b】例如，有许多床，许多桌子。"

"当然可以。"

"但是这些床和桌子只有两个型相：一个是床的型相，一个是桌子的型相。"

"是的。"

"我们不也习惯说，它们的制造者在制造我们使用的床或桌子的时候观看相应的型相，在制造其他家具时也一样吗？型相自身肯定不是匠人制造的。匠人怎能造出型相来呢？"

"绝无可能。"

【c】"好吧，现在来看你把'这一位'称作匠人①吗？"

"哪一位？"

"创造万物的这一位，其他所有种类的匠人分别制造这些东西。"

"你讲的这位工匠真能干，简直神了。"

"等一下，你有更多的理由这样说，因为这位工匠他不仅能够制造所有家具，而且能够制造所有在大地上生长的植物、所有动物（包括他自己）、大地本身、诸天、众神、天上的一切、地下冥府中的一切。"

【d】"他确实太能干了！"

"你不相信我？告诉我，你认为任何工匠都没办法创造所有这些事物吗，或者说以一种方式他能创造一切，以另一种方式他不能？你看不到以一种方式你本人就能创造一切吗？"

"什么方式？"

"这不难。你能做得很快，在许多地方这样做，尤其是，要是你愿意带上一面镜子，那就是最快的方式了。用这面镜子，你能很快造出太阳、天上的事物、【e】大地、你本人、其他动物、人造物、植物，以及

---

① 匠人（δημιουργός），造物主，音译为"得穆革"。

我们刚才提到的一切事物。"

"是的，我能让它们显现，但我不能使它们像它们的真实存在一样。"

"讲得好！你指出了这个论证的关键点。我假定，画家也属于这一类制造者，不是吗？"

"当然是的。"

"但我假定你会说，他没有真正地制造出他要造的东西。然而，以某种方式，这位画家确实造了一张床，不是吗？"

"是的，他造了一张床的影像。"

【597】"木匠如何？你刚才不是说他不能制造床的型相——这是我们用于床的实在的术语——而只能造一张床，是吗？"

"是的，我确实说过。"

"嗯，要是他没有制造一张实在的床，他就不是在制造实在，而是在制造像这个实在的东西，但它还不是这个实在。所以，要是有人说，木匠或其他任何匠人是完全实在的，他不是在说不真的东西吗？"

"至少，那些忙于这种论证的人会持有这种看法。"

【b】"那么，要是木匠制造的床与真正实在的床相比也只不过是一团黑影，我们不要感到惊讶。"

"行。"

"那么，你想要我们用这些同样的例子来试着发现什么是摹仿者吗？"

"随你。"

"那么，我们有了三种床。第一种是床的本性，我假定，我们得说它是神造的，或者说它是其他什么人造的吗？"

"没有其他人，我假定。"

"第二种是木匠的作品。"

"是的。"

"第三种是画家造的。不是这样吗？"

"是的。"

"那么，画家、木匠、神与三种床相对应吗？"

"是的，三者。"

【c】"嗯，要么是由于他不想，要么是由于这样做对他来说不必要，神没有制造许多床，而是只造了一张床，这张床是真正实在的床的本性。神没有制造两张或者更多的这种床，将来也决不会。"

"为什么会这样？"

"这是因为，要是他只造了两张床，那么还会有一张床出现，它的型相是两张床都拥有的，这张床才是床的实在，其他两张床则不是。"

"对。"

【d】"我想，神知道这一点，并且希望自己成为真正实在的床的制造者，而不只是一张床的一位制造者，他使这张床成了床的本性。"

"可能是这样的。"

"你想要我们称他为床的本性的创造者吗，或者用其他相似的名字来称呼他？"

"这样做是对的，不管怎么说，因为他是这张床和其他一切事物的本性的创造者。"

"木匠如何？他不是床的创造者吗？"

"是的。"

"画家也是这种事物的匠人和制造者吗？"

"绝对不是。"

"那么，你认为他对这张床做了什么？"

【e】"他模仿了这张床。他是一位模仿者，模仿其他人制造出来的东西。在我看来，这个称呼对他最合理。"

"行。那么你不把那个依据本性制造了第三者的人称作模仿者吗？"

"我肯定会这么做。"

"要是他确实是个模仿者，那么对悲剧家这么说也是对的。他依据真正的国王、国王的本性，制造了第三位国王，就像其他所有模仿者一样。"

"好像是这么回事。"

"那么，关于模仿者我们已经有了一致意见。现在，请你告诉我画家的事。【598】你认为，他在作画的时候模仿的是事物的本性，还是匠人的作品？"

"匠人的作品。"

"是它们的存在还是它们的显现？对此你必须清楚。"

"你什么意思？"

"你这样想。要是你从侧面、前面，或者从其他任何地方看，它每次是一张不同的床吗？或者说它只是显得不同，而它的存在没有什么差别？其他事物也是这种情况吗？"

【b】"是这样的——它显得不同，但并非真的不同。"

"那么，考虑下面这个要点：绘画在各种情况下做了什么？它是在模仿实在本身呢，还是在模仿显现的影像？它是对影像的模仿，还是对真相的模仿？"

"它是对影像的模仿。"

"那么模仿远离真相，因为它只触及每一事物的一小部分，而这个部分本身只是一个影像。这就是它似乎能够制造一切的原因。比如，我们说画家能画一个鞋匠、一个木匠，或别的任何匠人，哪怕他对这些技艺并不在行。【c】然而，如果他是一名好画家，把他画的木匠肖像远远地挂在那里，他就能够欺骗孩子和蠢人，让他们以为那就是一位真正的木匠。"

"当然。"

"那么，我假定，这就是我们在各种情况下都必须牢记的。因此，每当有人告诉我们他遇到了一个无所不能、无所不知、精通一切技艺的人，那些只有行家才懂的事他也懂，【d】那么我们必须认为对我们说话的这个人是个头脑简单的家伙，他遇到了某种魔术师或模仿者，上当受骗，以为这个魔术师无所不能，他受到欺骗的原因就在于不能区别知识、无知和模仿。"

"绝对正确。"

"然后，我们必须考虑悲剧和它的向导荷马。原因在于：我们听有些人说，诗人懂得所有技艺、所有与善恶相关的人事，【e】以及所有与众神相关的神事。他们说，要是一名好诗人创作了优美的诗歌，他必定拥有他描写的那些事物的知识，否则他就不能创作。因此，我们必须考虑对我们说这些话的人是否碰上了模仿者，受了他们的骗，乃至于看不出他们的作品与真正的实在还隔着两层，【599】很容易在缺乏有关真相的知识的情况下创造（因为它们只是影像，而不是真正的实在），或者说，无论这些人讲得有无道理，好诗人对自己描写的事物确实拥有真知，大多数人认为他们写得好。"

"我们确实必须对此进行考察。"

"你认为，一个既能制造被模仿的事物又能制造它的影像的人会醉心于制造影像，并以此作为今生第一要务和要做的最好的事情吗？"

【b】"不，我不这么认为。"

"我假定，要是他真的对他模仿的事物拥有知识，他一定会醉心于这些事物，而不会热衷于模仿它们，他会努力为后世留下许多高尚的行为，作为对他本人的纪念，他更渴望成为受到称羡的对象，而不会热衷于做一个称羡者。"

"我假定是这样的，因为这些事物的价值并不相等，也并非都是有益的。"

"那么，让我们不要向荷马或其他诗人索求对这些行当的解释。让我们不要问他们中间是否有人是一名医生，【c】而不仅仅是模仿医生说话的人，或者是否有哪位新老学派的诗人像阿斯克勒庇俄斯一样使人健康，或者他是否留有掌握医术的学生，就像阿斯克勒庇俄斯对他的后代。让我们也不要和诗人谈论其他技艺。让我们把这些事情统统忽略。但是，关于荷马谈论过的最重要、最美好的事情——战争、统帅、城邦的治理、人的教育——我们向他提问是公平的，我们可以问他：【d】'荷马，要是从德性的真相算起你不处于第三位，我们把这种影像的制造者定义为模仿者，要是你处于第二位，知道什么样的生活方式能使人在公共和私人生活中变得比较好，就请你告诉我们，有哪个城邦是因为有了你而治理好的，【e】就像斯巴达是因为有了莱喀古斯①而治理好的，其他许多城邦——大大小小的——是因为有了其他立法者而治理好的？有哪个城邦把你说成是优秀的立法家，有益于它，就像意大利和西西里把这一点归功于卡隆达斯②，像我们归功于梭伦？有谁归功于你？'他能说得出来吗？"

"我想他答不上来，哪怕连荷马的崇拜者③也不曾提到他有这种功绩。"

【600】"嗯，好吧，荷马时代有哪一场战争的胜利被人记得是由于他的指挥或建议？"

"没有。"

"或者，与智者这个名号相应的技艺中有许多有用的发明和设计归功于荷马吗，就像有许多发明归于米利都④的泰勒斯⑤和西徐亚人阿那卡尔西斯⑥？"

"一样也没有。"

"那么，我们听说荷马是教育方面的领袖，有些人乐意私下跟他交往，要是荷马活着的时候没有担任过什么公职，他曾把一种荷马的生活方式传给他的追随者，【b】就像毕泰戈拉⑦一样吗？毕泰戈拉特别喜欢这样做，时至今日，他的追随者还因为这种所谓的毕泰戈拉主义者的生活方式而引人注目。"

"仍旧没有，我们没听说过荷马有这方面的事情。要是关于他的那

---

① 莱喀古斯（Λυκούργους），人名，斯巴达的立法家。

② 卡隆达斯（Χαρώνδας），公元前5世纪西西里的立法家，曾为其家乡和意大利的许多城邦立法。

③ 荷马的子孙（Ὁμηρείδαις），荷马的崇拜者。

④ 米利都（Μιλήτος），地名，伊奥尼亚的一个希腊殖民城邦。

⑤ 泰勒斯（Θαλῆς），公元前6世纪古希腊最早的哲学家，有多项科技发明。

⑥ 第欧根尼·拉尔修提到阿那卡尔西斯（Ἀναχάρσις）是锚和陶轮的发明者。参阅《著名哲学家的生平和学说》第1卷，第105节。

⑦ 毕泰戈拉（Πυθαγόρας），公元前6世纪希腊哲学家，毕泰戈拉学派的创始人，曾组织毕泰戈拉盟会。

些故事是真的，苏格拉底，他有一个同伴名叫克瑞奥菲鲁斯①，他在教育方面似乎比他的名字更加可笑，因为据说荷马还在世的时候，【c】克瑞奥菲鲁斯就彻底否定荷马。"

"他们是这么说的。但是，格老孔，要是荷马真的能够教育民众，使他们变好，要是他知道这些事情，而不仅仅是模仿这些事情，那么他不会拥有许多同伴，得到他们的尊敬和热爱吗？阿布德拉②的普罗泰戈拉③、开奥斯④的普罗狄科⑤，其他还有许多人，都能让私下里与他们交往的人相信自己能够管理家庭或城邦，【d】只要由他们来监管他的教育，他们的这种智慧赢得了民众深深的敬爱，只差没把他们扛在肩上游行了。所以，你认为，要是荷马真的能够有益于民众，使人们更有美德，他的同伴会让他，或者让赫西奥德，流离颠沛、卖唱为生吗？倒不如说，他们不会依依不舍，把诗人看得胜过黄金，强留他们住在自己家中吗，或者说，万一留不住，他们也会追随他去任何地方，【e】直到充分接受教育为止吗？"

"苏格拉底，我觉得你的话完全正确。"

"那么，我们要得出结论吗，一切诗歌模仿者，从荷马开始，都模仿美德的影像和他们描写的其他所有事物，没有把握真相吗？就像我们刚才说的，一名画家，尽管对鞋匠的手艺一无所知，【601】能够为那些对此知之甚少的人和只凭外形和颜色判断事物的人制造出像是鞋匠的东西来。"

"对。"

"以同样的方式，我假定我们会说，诗歌模仿者使用语词和短语来描绘各种技艺。他本人对这些技艺一无所知，但他以这种方式来描绘

---

① 克瑞奥菲鲁斯（Κρεώφυλος），最早的希腊史诗作家之一，生于萨摩斯，据说是荷马的朋友。他的名字的字面含义是"食肉部落的人"。

② 阿布德拉（Αβδηρά），地名。

③ 普罗泰戈拉（Πρωταγόρας），人名。

④ 开奥斯（Χῖος），地名。

⑤ 普罗狄科（Πρόδικος），人名，重要智者。

它们，其他像他一样无知、凭语词下判断的人，会认为关于制鞋或统兵，或其他任何事情，他都讲得非常好——这些事物的天然魅力如此巨大——只要他按照音步、节奏、韵律来讲述；要是你剥去诗人作品的音乐色彩，【b】只剩下诗歌本身，我想你知道它们看上去像什么。你肯定看过它们。"

"我肯定看过。"

"它们不就像美少年的脸，一旦青春逝去，也就容华尽失了吗？"

"确实如此。"

"嗯，再来考虑这一点。我们说影像的创造者——模仿者——全然不知实在而只知事物外表。【c】不是这样吗？"

"是这样的。"

"那么，别让我们关于这个要点的讨论半途而废，而要充分考察。"

"继续说。"

"我们不说画匠画缰绳和嚼子吗？"

"我们说。"

"皮匠和铁匠制造它们吗？"

"当然。"

"那么，画家知道缰绳和嚼子必须是什么吗？或者说，甚至制造它们的皮匠和铁匠也不知道，而只有那个使用它们的人才知道，也就是骑手？"

"绝对正确。"

"我们不说这个道理对一切事物都适用吗？"

"你这是什么意思？"

【d】"对每一事物有三种技艺吗，一种是使用它的技艺，一种是制造它的技艺，一种是模仿它的技艺？"

"有。"

"那么，德性或才能、人造物的美与正确、生灵、行为，都只和它的用途有关，因为它们都是被造的或从自然中采用的，是这样吗？"

"是的。"

【e】"因此，这是完全必要的，每一事物的使用者对该事物最有经验，他告诉制造者哪个产品在实际使用中表现的好坏。比如，笛手告诉笛子制造者这些笛子在实际演奏中的表现，要求制造者制造什么样的笛子，而制造者遵循他的指示。"

"当然。"

"那么，这不是一个有知识的人就笛子的好坏发指示，而另一个人依据他的指示制造笛子吗?"

"是的。"

"然而，一位制造者——通过与那个有知识的人交往，听取他的指示——拥有了他制造的产品好坏的正确意见，【602】而那个有知识的人是使用者。"

"没错。"

"模仿者能通过使用他制造的事物拥有关于它们好不好的知识吗，或者说，他能通过与具有这种知识的、能告诉他如何画这些事物的人交往而拥有正确的意见吗?"

"都不能。"

"因此，模仿者对于他制造的事物的优劣既无知识，又无正确的意见。"

"显然没有。"

"那么，涉及诗歌主题中的智慧，诗歌模仿者是有造诣的!"

"几乎没有。"

【b】"不管怎么说，尽管不知事物的好坏，他会一个劲地模仿下去，而他要模仿的东西在那些无知民众的眼中似乎显得很好或很美。"

"当然。"

"那么，我们似乎很好地取得了一致意见，模仿者对他模仿的东西并无有价值的知识，模仿是一种游戏，不能当真，而所有悲剧诗人，无论用的是抑扬格，还是史诗格，充其量都是模仿者。"

"对。"

【c】"那么，与这种模仿相关的事物位于从真相开始的第三级吗，或者是其他什么东西?"

"是的,是这样的。"

"它对人的哪个部分使用它的力量?"

"你什么意思?"

"我的意思是这样的:有些事物从远处看和从近处看,好像不一样大。"

"是的,不一样大。"

"有些事物放在水中看和拿出来看曲直不同,而其他一些事物看起来凹凸不同,因为我们的眼睛被它的颜色所欺骗,诸如此类的混乱同样也清晰地呈现在我们的灵魂中。这是因为欺骗视觉的绘画、魔术,【d】以及其他各种有魔力的把戏,利用了我们天性中的这个弱点。"

"对。"

"在这些情况下,测量、计数和称重不是给了我们最有益的帮助吗,所以我们不必受制于某些事物看上去较大、较小、较多、较重,而是通过测量、计数和称重?"

"当然。"

"计数、测量和称重是灵魂的理智部分的工作。"

【e】"是的。"

"当这个部分进行测量,指明某些事物大些、小些、相同,等等的时候,它们的对立面同时对灵魂显现。"

"是的。"

"我们不是说过,相信同一事物在相同的时间正好相反是不可能的吗?"①

"我们说过,我们这样说是对的。"

【603】"那么,灵魂形成与测量相反信念的那个部分与灵魂形成与测量相同信念的那个部分不可能是同一部分。"

"是的,不可能。"

---

① 参阅本文 436b—c。

"嗯，相信测量和计算的那个部分是灵魂最优秀的部分。"

"当然。"

"因此，与之相反的那个部分是灵魂最低劣的部分。"

"必定如此。"

【b】"那么，这就是我想要得到的一致意见，我当时说，作为整个制造工作的绘画和模仿远离真相，也就是说，模仿真的与我们灵魂中的那个远离理智的部分交往，它们成为朋友和同伴的结果既不健全，又不真实。"

"绝对正确。"

"那么，模仿乃是一样低劣的东西与另一样低劣的东西交往生下来的低劣的后代。"

"好像是这样的。"

"这个道理只适用于我们看的模仿，还是也适用于我们听的模仿——这种模仿我们称之为诗歌？"

"它可能也适用于诗歌。"

【c】"然而，我们一定不要仅仅依赖基于绘画的类比的可能性；相反，我们必须直接触及我们思想的、与诗歌的模仿交往的这个部分，看它到底是低劣的还是应当严肃对待的。"

"是的，我们必须这么做。"

"那么，让我们就这么办。我们说，模仿的诗歌模仿人的自愿或被迫的行为，模仿者相信，作为这些行为的一个结果，他们这样做要么是好的，要么是坏的，在这样做的时候，他们经历着快乐或痛苦。除了这些事情，它还模仿了什么吗？"

"别无其他。"

"那么，在所有这些情况下只有一个人的心灵在起作用吗？或者说，就像他在视觉问题上对自己开战，对同一时间同一事物持有对立的看法，【d】他在行动中也会对自己开战吗？不过，对现在这个问题，我们真的没有必要去寻求一致的意见，因为我记得，所有这些事情我在前面的讨论中已经有了恰当的结论，当时我们说，我们的灵魂同时充满无数诸如此类的对立。"①

"是这样的。"

"这样说没错，但我想我们现在必须讨论当时被省略的事情。"

【e】"什么事情？"

"前面我们还在某个地方提到，② 要是一个善良的人正巧失去了儿子或其他昂贵的财产，他比其他种类的人更容易忍受。"

"肯定如此。"

"现在让我们来考虑这样一个要点。他一点儿也不感到悲伤吗，或者要是这是不可能的，他能有分寸对待痛苦吗？"

"后一种说法比较接近真相。"

"嗯，告诉我：他在哪一种情况下会抗拒和克制他的痛苦，【604】是与他相当的人能看见他的时候，还是他独处的时候？"

"在众目睽睽之下，他更会克制自己。"

"但是，当他独处的时候，我假定，他会冒险说许多话，做许多事，这些话他耻于被别人听到，这些事他耻于被别人看到。"

"对。"

【b】"不是理智和法律告诉他要抵抗痛苦，而是他的痛苦经历在怂恿他放弃抵抗吗？"

"对。"

"当一个人在同一时候面对同一事物有两种对立倾向时，我们说他必定有两个部分。"

"当然。"

"一个部分不是打算服从法律对它的指引吗？"

"怎么会这样呢？"

"法律说，遇到不幸，最好尽可能保持冷静，不要激动，不是吗？首先，这样的事情最终是好是坏不得而知；第二，再努力也对未来于事

---

① 参阅本文 439c 以下。

② 参阅本文 387d—e。

无补；第三，人的事务没什么大不了的，不值得如此认真对待；【c】最后，悲伤只能妨碍我们在这种情况下最需要的东西尽快发挥作用。"

"你指的是什么？"

"审慎。我们必须接受已经发生了的事情，就像我们掷下骰子，然后以理智的方式来确定什么是最好的，安排我们的事务。我们一定不要像小孩摔倒受伤一样，在啼哭中浪费时间。而是始终应当让我们的灵魂养成习惯，尽快转为治疗伤痛，【d】以求消除痛苦，取代悲伤。"

"这的确是面临不幸加以处置的最佳办法。"

"与此相应，我们说我们身上最优秀的部分愿意遵循理智的算计。"

"显然如此。"

"我们不是也得说，那个一味引导我们生活在痛苦回忆之中、只知叹息而不能充分取得帮助的那个部分，是非理性的、无益的，与懦弱联系在一起？"

"我们肯定会这样说。"

"嗯，这种容易激动的品性接受众多的模仿。【e】但一种理智的、宁静的品性始终保持原样，不容易被模仿，模仿了也不容易看懂，尤其不容易被那些涌到剧场里来的乌七八糟的人看懂，因为在这种情况下被模仿的是一种外在于他们的经历。"

"必定如此。"

【605】"那么，一位模仿的诗人并非天性与灵魂的这个部分相连，被这样的品性统治，如果他是为了在民众中赢得声望，他的才干并不指导他去讨好民众。而是与暴躁多变的品性相连，因为这种品性容易模仿。"

"显然如此。"

"因而，我们可以正确地把诗人拿来与画家并列，作为画家的对应者。像画家一样，诗人创造的作品真实程度很低，因为事实上他的创作诉诸灵魂的低劣部分，而非诉诸灵魂的最佳部分，这是另一个相同点。【b】所以，我们不接纳诗人进入治理良好的城邦是正确的，因为他会把灵魂的低劣成分激发、培育起来，而灵魂低劣成分的强化会导致理智部分的毁灭，就好比把一个城邦的权力交给坏人，就会颠覆城邦，危害城邦里的好人。同理，我们要说模仿的诗人通过制造一个远离真实的影像，【c】满足那个不能辨别大小、把同一事物一会儿说成大一会儿说成小的非理智的部分，在每个人的灵魂里建起一个邪恶的体制。"

"对。"

"然而，我们还没有对诗歌提出最严重的指控，也就是说，它甚至能够腐蚀高尚的人，很少有人能够幸免，这确实是一件十分可怕的事。"

"要是它确实能这样做，那么确实太可怕了。"

"注意听，然后考虑它能不能。当我们听荷马或者某个悲剧诗人模仿一位悲伤的英雄，长时间地悲叹吟唱，或者捶打自己的胸膛的时候，【d】那么你知道，在这种时候即使我们中间最高尚的人也会抱着同情心热切地聆听，同时感到快乐，像着了迷似的，我们还会赞扬能用这种手段最有力地拨动我们心弦的诗人是一位杰出的诗人。"

"我们当然会这样做。"

"但是，当我们中的一个人承受了私人的损失，你要知道相反的事情就发生了。要是我们能够保持平静，控制我们的悲伤，我们会为自己感到自豪，因为我们认为这才是男子汉所为，【e】而我们以前赞扬的是妇道人家的行为。"

"我确实知道。"

"那么我们赞扬这种行为对吗？看到有人以我们认为低劣可耻的方式进行表演，我们非但不厌恶，还要赞扬它，以此为乐，这样做对吗？"

"不对，宙斯在上，这样做看起来没什么道理。"

【606】"是的，至少你不会这样做，要是你以下列方式来看问题。"

"怎么看？"

"要是你这么看：第一，在我们遇到个人不幸、想要痛哭流涕以求发泄的时候，我们灵魂中的那个部分受到强烈控制，因为它凭着本性欲求这些事物，从诗人那里接收满足和快乐的就是这个部分；第二，我们本身那个天性最优秀的部分，由于没有受到理性或习惯的恰当教育，会放松对这个悲伤部分的警惕，当它看到其他人遭受痛苦的时候。【b】它这样做的原因如下：它认为赞扬或怜悯另一个过度悲伤的人并不可耻，尽管它声称要求善。确实，它认为这样做有一定的收获，亦即快乐。它不想因为藐视整个诗歌而被剥夺快乐。我假定，只有很少人能够想到，别人的感受也会不可避免地影响我们自己。在那种场合下滋长起来的悲哀之情，轮到我们自己受苦时就不容易制服了。"

【c】"非常正确。"

"同样的论证不可用于说笑话吗？要是有什么笑话你本人羞于开口讲述，但你非常喜欢听笑话，在观看喜剧或私人场合不认为这些笑话是邪恶的，那么你不是在做怜悯别人的痛苦一样的事情吗？你身上的那个想要讲笑话的部分被你的理智压制，担心别人把你看成小丑，然而你把讲笑话的欲望释放出来，让它以这种方式变得强烈，而不明白长此以往，你在自己的事务中也会变得滑稽可笑。"

【d】"可以，确实如此。"

"在性欲、愤怒，以及所有欲望中，在我们说的与我们所有行为相伴的快乐和痛苦中，诗歌的模仿对我们起着相同的作用。当它们应当萎缩和被控时，诗歌的模仿却在给它们浇水施肥，因为只有让欲望萎缩和被控，我们才会变得更好、更幸福，而不是变得更糟、更不幸。"

【e】"我不持否定意见。"

"所以，格老孔，有些人颂扬荷马，说荷马是教育了希腊的诗人，应当学习他的作品，学会如何管理和教育民众，按照他的教导安排个人的整个生活，当你正巧遇上这种人的时候，你应当欢迎人们，把他们当作朋友，因为他们已经够好了，【607】你应当同意，荷马是悲剧家中最有诗意的，是最早的悲剧家。但你也要知道，只有歌颂众神和赞扬好人的颂歌我们才能接纳，让它们进入我们的城邦。要是你接纳提供快乐的缪斯，无论是抒情诗还是史诗，那么快乐和痛苦，而不是法律，或者那个所有人始终相信最好的事物，亦即理性，将成为你的城邦的国王。"

"绝对正确。"

【b】"那么，就让下面的话成为我们的申辩——我们现在已经转回诗歌这个论题——考虑到诗歌的本性，我们有理由把诗歌从那个较早的城邦驱逐出去，因为我们的论证迫使我们这样做。但在我们受到指责，说我们在过于简单粗暴的情况下，让我们还要对诗歌说，诗歌和哲学之间有一场古代的争论，诸如'对着主人狂吠的狗'、'傻瓜空洞言词中的伟大'、'支配宙斯的哲人暴民'、【c】'精明的思想家，可怜的乞丐'这样的表达法，都是这场争论的证据。无论如何，要是旨在快乐和模仿的诗歌能提出论据来证明它在治理良好的城邦里应当有一个位置，那么至少我们乐意接纳它，因为我们也明白它的魅力。然而，不管怎么样，背弃相信是真理的东西总是不虔诚的。你怎么样，格老孔，你没有感受到提供快乐的缪斯的魅力吗，尤其是你通过荷马之眼来学习缪斯的时候？"

【d】"确实如此。"

"那么，当这样的诗歌成功地为自己作了辩护以后，无论是抒情诗，还是别的什么格律诗，它难道不可以公正地从流放中回归吗？"

"当然可以。"

"那么，我们也要允许诗歌的拥护者进行申诉，他们自己不是诗人，但爱好诗歌，他们要代表诗歌用无韵的散文来说明，诗歌不仅令人愉悦，而且有益于体制和人生。确实，我们将仁慈地聆听他们的申诉，因为要是能够表明诗歌不仅是令人愉悦的，而且是有益的，【e】我们就肯定能从中受益了。"

"我们怎会不得益呢？"

"然而，要是没有作出这样的申辩，那么我们的行为就好像那些落入情网、却被意中人拒绝的恋人，因为他们明白他们的情欲是无益的。以同样的方式，由于对这类诗歌的热爱已经植入我们心中，在我们优秀的制度下我们接受了这种培养，我们能够很好地理解有关它是最优秀、最真实事物的证明。【608】但若不能做到这样的申辩，那么每当我们听到诗歌的时候，我们仍旧要重复我们刚才提出来的论证，作为抵御诗歌之魅力的箴言，以免堕入众人那种幼稚的对诗歌的热爱。我们将继续呼吁，一定不要把诗歌当作一件能够把握真相的严肃的事情来看待，而聆听诗歌的人也一定要在心中警惕，不要让诗歌对他的灵魂构成不良影响，【b】一定要继续相信我们已经说过的那些对诗歌的看法。"

"我完全同意。"

"是的，为善而斗争，而非为恶而斗争，是重要的，格老孔，其重要性远远超过人们的想法。所以，一定不要让荣誉、金钱、权力迷惑我们，或者说受到诗歌的诱惑，乃至于忽视正义和其他美德。"

"按照我们已经说过的话，我同意你的看法，我想，其他人也会同意的。"

【c】"然而，我们还没有讨论给予美德的最大回报和奖赏。"

"如果给予美德的最大回报和奖赏比你已经提到的事情还要重大，那么它们必定是难以置信的伟大。"

"有什么事物能在短短的时间里变得真正伟大吗？与整个时间相比，一个人从小到老不也还是很短的一瞬吗？"

"它微不足道。"

"嗯，你认为我们应当认真关注的不朽的事物与短暂的一瞬有关，【d】还是与整个时间有关？"

"我假定不，但你这样说到底是什么意思？"

"你难道不明白我们的灵魂是不朽和不灭的吗？"

他满脸惊讶地看着我说："不，宙斯在上，我不明白。你真的要肯定这种看法吗？"

"要是我不肯定，我就错了，你也一样，因为这种看法理解起来并不困难。"

"但对我很难，所以我乐意听你说一说这个不难的看法。"

"那么你就听着。"

"你就说吧，我在听。"

"你谈论善与恶吗？"

"是的。"

【e】"你思考它们的方式和我相同吗？"

"什么方式？"

"凡能带来毁灭和腐败的就是恶，凡能保存和带来益处的就是善。"

"我也这么想。"

"你说一切事物均有好坏吗？比如眼睛发炎、身体得病、粮食发霉、木头腐烂、铜铁生锈。【609】简言之，如我所说，一切事物均有一种本性之恶或病吗？"

"有。"

"当某种恶或病附着于某个事物，它会使这个事物整个儿地变坏，最终导致该事物整个儿崩溃和毁灭吗？"

"当然。"

"因此，这种恶对每一事物来说是本性中拥有的，这种坏对于它自身的毁灭来说是专门的。然而，要是这种恶或坏不毁灭事物，就不会再有别的什么东西能毁灭事物了，因为善决不会毁灭任何事物，【b】而非善非恶的东西也不会毁灭任何事物。"

"非善非恶的东西怎么能带来毁灭呢？"

"那么，要是我们发现某个事物虽然有一种恶在腐蚀它，但却不能使之崩溃或毁灭，我们能由此推论，它天然地不可摧毁吗？"

"可能是这样的。"

"嗯，灵魂怎么样？没有什么东西使灵魂邪恶吗？"

"肯定有，我们刚才提到的所有东西，【c】不正义、无节制、胆怯、无知，都使灵魂邪恶。"

"这些东西中有哪个能使灵魂崩溃或毁灭吗？你仔细想一想，不要被误导，以为一个施行不义的、不正义的蠢人是被不正义毁灭的，不正义是灵魂的邪恶。其实倒不如这样去理解，就好像瘟病作为身体的恶在削弱和毁灭身体，使之最终不再是身体，同理，在所有我们列举的例子中，【d】是那些专门的恶附着于具体事物，对该事物进行腐蚀，最终使之不再是该事物。不是这样的吗？"

"是这样的。"

"那就让我们以同样的方式观看灵魂。不正义和居于灵魂中的其他邪恶，通过居于和依附于灵魂而腐蚀灵魂，直到最后使灵魂死亡，与肉体分离吗？"

"它们完全不是这样做的。"

"但若假定一样事物没有被它自身之恶毁灭，而被其他事物之恶毁灭，肯定是不合理的。"

"是不合理。"

"你要记住，格劳孔，我们不认为身体被食物之恶毁灭，【e】无论是食物发霉、腐烂，还是别的什么原因。要是正好有食物之恶进入身体，我们会说身体被它自己的恶摧毁了，亦即瘟病。但由于身体是一样事物，食物是另一样事物，【610】我们决不会判断身体被食物之恶摧毁，除非进入身体的恶是它本性中就有的，独特的。"

"完全正确。"

"按照同样的论证，要是身体之恶不在灵魂中引起灵魂之恶，我们决不会判断，没有自身独特的恶的灵魂被其他事物之恶摧毁。"

"这样说也是合理的。"

"那么，让我们要么驳斥我们的论证，说明我们错了，要么在这种观点还没有受到驳斥时决不要说灵魂被发烧或别的什么瘟病、屠杀给摧毁了，哪怕整个身体被碎尸万段。【b】我们也一定不要说灵魂由于接近这些事情而被这些事物毁灭，直到有人能告诉我们身体的这些状况使灵魂更不正义，更不虔诚。当某个事物有了对其他事物专门的恶，但没有自身独特的恶，我们不允许任何人说它被摧毁了，【c】无论它是灵魂，还是其他任何事物。"

"你也许可以肯定，没有任何人能够证明死亡能使将死的灵魂变得更加不正义。"

"但若有人胆敢与我们的论证搏斗，以避免同意我们的灵魂是不朽的，说将死之人变得更加邪恶和更加不正义，那么我们会答道，如果他的话是对的，那么不正义对于不正义的人确实像瘟病一样致命，【d】那些感染上不正义的人必定会死于不正义自身这种致死的本性，速死是最糟糕的例子，慢慢地死是较轻的例子。然而，事情却完全不是这个样子。不正义的人确实死于不正义，但要通过其他人之手把死亡的惩罚施加于不正义的人。"

"宙斯在上，要是不正义对那些感染了不正义的人是致命的，它就不会显得如此可怕，因为这样一来，它反倒是一种摆脱麻烦的解脱了。但我宁可认为与此相反的情况是清楚的，【e】某样东西杀死了其他一些人，要是它能做到的话，为了让不正义者本身活着，它甚至可以在夜间把他们带走。因此，说它对它的拥有者来说是致命的，远非那么回事。"

"你说得对，因为要是灵魂自身的恶与坏不足以杀死和摧毁灵魂，这个指定用来毁灭其他事物的恶几乎不能杀死灵魂。确实，它根本不会杀死任何事物，除了指定要它摧毁的这样事物。"

"你说'几乎不'是对的，或者说看起来好像是这样的。"

"嗯，要是灵魂不能用一样邪恶来摧毁，无论是它自身的，还是其他什么事物，那么它显然必定是永久存在的。要是它是永久存在的，【611】它是不朽的。"

"必定如此。"

"那就这样吧。如果是这么回事，那么你明白始终会有同样的灵魂，因为要是没有一个灵魂被摧毁，它们就不会减少，它们也不会增加。要是任何不朽的事物增加了，你知道新增的事物必定来自可朽的事物，这样一来，一切事物都不再是不朽的了。"

"对。"

"所以，我们一定不要考虑这样的事物，因为这个论证不允许它存在，我们也一定不要认为灵魂最真实的本性中充满无数的不同、【b】不像，或与其自身不同的东西。"

"你什么意思？"

"要是一个事物不能以最佳方式把它的许多组成部分结合在一起，要构成这样的事物不是一件易事，然而灵魂现在对我们显得好像就是这个样子的。"

"可能是不容易。"

"然而，我们最近的论证以及其他论证都在迫使我们相信灵魂不朽。要想看见灵魂的真相，我们一定不要在它还与肉体或其他邪恶混杂在一起的时候研究它【c】——这是我们前面进行的考察——而要在它处于纯净状态的时候考察它，这就是我们应当如何彻底研究灵魂的方法，借助逻辑推理。然后我们将发现，它比我们前面想的要美得多，我们也可以更加清楚地看到我们前面讨论过的正义和不正义，以及其他事情。关于灵魂我们已经说过的话是它当前显示的情况。但我们在它的这种状态下研究它就好像看见海神格劳科斯①，他原来的肢体由于多年被海水浸泡已经断裂破碎，【d】身上又蒙着一层贝壳、海草和石块，以致本相尽失，看上去倒更像一个怪物。我们研究的灵魂也处于相似的状态，被无数的邪恶糟蹋成这个样子。由于这个原因，格老孔，我们必须把目光转向别处，以求发现它的真正本性。"

"转向哪里？"

【e】"转向它的哲学，或对智慧的热爱。我们必须明白它试图把握和渴望与其交合的事物，由于它与神圣者、不朽者、永恒者的亲缘关系，我们必须明白它与它的整个存在遵循这种期盼会使它变成什么，要是它能从眼下沉没的深海中上升，回到它现在居住的地方，要是它除去身上的许多石块和贝壳，【612】在这个时候我们就能对灵魂进行考察了（灵魂现在身上裹满野蛮的尘俗之物，在尘世间游荡，享受它在尘世间的所谓幸福的盛宴）。然后我们会看见它的真正的本性，能够确定它是否有许多组成部分，还是只有一个部分，以什么方式结合在一起。我认为，我们已经对它的状况以及它具有人形时拥有哪些组成部分提供了一个体面的解释。"

"的确如此。"

"那么，我们已经清除了反对我们论证的各种意见，【b】而不必像你说荷马和赫西奥德那样②祈求正义的报酬和美誉吗？我们还没有发现正义本身是灵魂自身最优秀的事物吗，灵魂——无论灵魂有没有巨格斯的戒指或哈得斯的帽子③——应当行正义之事吗？"

---

① 格劳科斯（Γλαύκος），希腊海神，善作预言。

② 参阅本篇 357—367e。

③ 巨格斯有隐身戒指，参阅本篇 359d—360a；哈得斯是希腊冥王，有隐身帽，参阅荷马：《伊利亚特》5∶845。

"我们已经发现了。这是绝对正确的。"

"那么，格老孔，要是我们返回正义和其他美德，返回实行这些美德能为灵魂从凡人和众神那里获得的奖赏的种类和数量，无论是今生还是来世，【c】还会有任何反对意见吗？"

"肯定不会再有了。"

"那么你愿意把你在论证中从我这里借去的东西还给我吗？"

"你说的是什么东西？"

"我应你的要求，假定一个正义的人会显得不正义，一个不正义的人会显得正义，因为你说，尽管正义和不正义实际上瞒不过神和人，但为了论证，还是应当作此假定，以便能在与不正义本身的关系中判断正义本身。【d】你不记得了吗？"

"要说我不记得，那么我错了。"

"嗯，好吧，由于它们已被公正地判决，我要求把正义在众神和凡人中的名声归还给正义，我们同意它确实应当享有这样的名声，应当把这些奖赏收集起来，赠给那些真正拥有正义的人。已经很清楚，正义把善物赐给任何正义者，不会欺骗那些真正拥有正义的人。"

【e】"这个要求挺公道。"

"那么你们不会首先肯定这些事不会逃避众神的注意吗，至少，这两个人中间哪个是正义的，哪个是不正义的？"

"我们会这样做的。"

"要是这两个人都不能逃避众神的关注，那么一个人是神所喜爱的，另一个人是神所憎恶的，我们一开始就对此有过一致的意见。"①

"对。"

"那么我们不也必须同意，一个为众神所钟爱的人的一切，就其来自众神而言，有可能是最优秀的，【613】除非这是对他前世所犯罪过的惩罚吗？"

"当然。"

---

① 参阅本篇 352b。

"那么，我们必须假定这对陷于贫困、疾病，或者别的什么明显的恶的人来说也是一样的，也就是说，这些事情最终对他是好事，无论今生还是来世，因为众神决不会忽视任何渴望变得正义的人，这样的人使自己变得像神，【b】在人力所及的范围内采用合乎美德的生活方式。"

"这样的人也理应不会被像他一样的人忽视。"

"那么，我们不应假定对不正义的人来说情况正好相反吗？"

"当然。"

"那么，这些就是正义的人，而不是不正义的人，从众神那里得到的奖赏。"

"这也肯定是我的看法。"

"从凡人那里呢？一个正义的人从凡人那里得到什么呢？或者，要是我们说真话，不会发生这样的事情吗？那些很能干但又很邪恶的人不是很像那些前半段跑得很快，但后半段就不行了的运动员吗？他们一开始跑得很快，但到后来就精疲力竭，【c】跑完后遭到人们的嗤笑和辱骂，被撵出操场，拿不到胜利花冠。而真正的运动员能跑到终点，得到奖品和戴上花冠。正义者的结局不也是这样吗，他的每个行动、他与其他人的交往，以及他的一生，最终都能从人们那里得到荣誉和奖励？"

"当然。"

"那么，你们会允许我把你们过去讲的不正义者的那些好处都归于正义者吗？【d】我要说，随着年龄增长，正义者只要愿意就可以担任城邦要职，愿意跟谁结婚就可以跟谁结婚，想跟谁家联姻就可以跟谁家联姻，过去被你们说成是不正义者的好处，现在我都可以说成是正义者的好处。我还要说，不正义者即使年轻时没有被人看破，但他们中的大多数到了人生的最后阶段会被抓住，受到嘲弄，他们的晚年会过得很惨，受到外邦人和本邦同胞的唾骂。【e】他们将受到严刑拷打，承受各种刑罚，[①] 你正确地说过这些刑罚是野蛮的。假定我已经说了他们将要遭受所有这些事情，看你们是否允许我这样说。"

---

① 参阅本篇361e。

"我当然允许。你说得对。"

【614】"那么这就是正义者活着的时候从众神和凡人那里得到的奖励、报酬和馈赠，此外还有正义本身赐予的善物。"

"是的，这些东西是美好的，也是稳固的。"

"然而，这些东西与正义者和不正义者死后的遭遇相比，它们在数量和大小上就算不上什么了。要是依据这个论证，这两种人最后将得到些什么也必须听一听。"

【b】"那么你就告诉我们吧，因为百听不厌的事情并不多。"

"不过，我要讲给你们听的不是讲给阿尔喀诺俄斯①听的故事，而是讲一位勇敢的潘斐利亚人，阿尔美纽斯之子厄尔②，他在一次战斗中牺牲。十天以后，其他死者的尸体已经腐烂，而他的尸体仍旧很新鲜。他被运回家，准备为他举行葬礼。但在第十二天的时候，在他已经被放上火葬堆的时候，他竟然复活了，对人讲了他在那边那个世界看到的景象。他说，他的灵魂离开身体以后，【c】便和一大群鬼魂结伴前行，来到一个神秘的地方，那边的大地上有两个并排的洞口，而与这两个洞口相对的天上也有两个洞口，判官们就坐在这天地之间。灵魂逐个儿从他们面前经过，接受审判，凡正义的便吩咐他走右边的路上天，胸前贴着判决书，【d】凡不正义的便命令他走左边的路下地，背上也贴着判决书，表明其生前所作所为。厄尔说，当他临近接受审判时，判官们却委派他做一名给人类传递消息的使者，要他注意聆听和观察这里发生的一切，以便日后把这个地方的情况告诉人类。所以，他后来就把看到的事情都说了出来。他看到，灵魂在接受审判后纷纷离去，有的上天，有的下地，各走不同的洞口。也有灵魂从另一地下的洞口上来，风尘仆仆，形容污秽，也有灵魂从另一天上的洞口下来，干净而又纯洁。

---

① 阿尔喀诺俄斯（Ἀλκίνους）是一位国王，奥德修斯对他讲述自己遇险的经历，后来"讲给阿尔喀诺俄斯听的故事"就成了长篇故事的代名词。参见荷马：《奥德赛》，第9—11卷。

② 潘斐利亚（Παμφλία），地名，厄尔（Ἤρ），人名。

【e】这些不断到来的灵魂看上去都像是经过了长途跋涉，现在欣然来到一片草地，驻扎在那里，好像准备过节似的。熟悉的互致问候，从地下上来的向从天上下来的询问那里的情况，而从天上下来的则询问对方在地下的情况。它们相互讲述自己的经历，地下上来的讲着讲着就痛哭流涕，因为他们回想起自己的可怕经历和一路上在地下见到的恐怖事情，【615】它们在地下已经待了一千年；而那些从天上下来的则谈论那些难以言表的良辰美景。格老孔，我要是把它们全都说出来，那就太费时间了。简单说来，厄尔告诉人们说，它们生前对任何人做过的错事，死后每一件都要遭受十倍的报应，也就是说它们每一百年要受一次惩罚，【b】人的一生以百年计，因此受到的惩罚十倍于所犯的罪恶。举例来说，假如有人曾经造成许多人的死亡，或者出卖过城邦和战友，使他们成为战俘，或者曾经参与过其他罪恶勾当，那么他一定会为所犯下的每一桩罪过遭受十倍的苦难；又比如，某人在世时曾做善事，是一个正义、虔诚的人，那么他也会因此而受到十倍的报偿。厄尔还讲到那些刚出生便死去的婴儿，【c】讲到崇拜诸神和孝敬父母的人得到更大的回报，不崇拜诸神和不孝敬父母的人受到更大的惩罚，还讲到自杀的人，等等，但这些事都不值得在此一提。

"厄尔说，他在那里听到有人问：'阿狄埃乌斯① 大王在哪里？'这位阿狄埃乌斯正是此前整整一千年潘斐利亚某个城邦的暴君，据说曾杀死自己的老父和长兄，【d】还有过其他许多不虔诚的行为。回答这个问题的人说：'他没来这里，大概也不会来这里了。'这件事的确是我们所见过的最可怕的事情之一，当时我们就快要走出洞口了，我们所有的苦难就快要到头了，【e】这时候我们突然看见他，还有其他一些鬼魂，我可以说他们大部分是暴君，也有少数是在私生活中犯了大罪的。他们以为自己终于可以穿过洞口走出去了，但实际上并非如此，凡是罪不容赦的或还没有受够惩罚的想要出洞，洞口就会发出吼声。有一些面目狰狞的野人守候在那里，他们能听懂洞口发出的吼声，【616】把此时经过的鬼

---

① 阿狄埃乌斯（Ἀρδιαῖος），人名。

魂抓起来带走。像阿狄埃乌斯这样的人会被五花大绑，拖到路边，剥他们的皮，用荆条抽打。这些野人还把这些人为什么要受这种折磨的缘由，以及他们将要被抛进塔塔洛斯①的事情告诉不时从旁边走过的鬼魂。尽管我们遇到许许多多可怕的事情，但最可怕的还是担心自己想出去的时候听到洞口发出吼声，要是走出来的时候洞口没有吼声，那就再高兴不过了。审判和惩罚的情况大体如上，【b】而与此对应的是给正义者的赐福。

"每一群鬼魂在草地上只能住七天，第八天就要动身，继续上路。它们又走了四天，来到一个地方，从这里能看见一道笔直的光柱，自上而下贯通天地，颜色像彩虹，但比彩虹更加明亮和纯净。它们又朝着光柱的方向走了大约一天的路程，看见这道从天而降的光柱有两个端点。【c】这光柱就是诸天的枢纽，好比海船的龙骨，把整个旋转着的碗形圆拱维系在一起。那个必然女神的纺锤吊在光柱的顶端，所有球形天体的运转都以这道光柱为轴心。光柱和它的挂钩是金刚石造的，【d】圆拱是金刚石和其他合金的。圆拱的性质如下：它的形状就像人间的圆拱，但是按照厄尔的描述，我们必须想象最外边是一个中空的大圆拱。由外向内的第二个圆拱比第一个小，正好可以置于其中。第二个圆拱中间也是空的，正好可以放进第三个圆拱。第三个里面可以放进第四个，依此类推，直到最后第八个。这就好像木匠制造的套箱，大小不同的箱子形状相同，一个套一个。由于八个碗状的圆拱彼此里外契合，【e】从上面看去它们的边缘呈圆形，所以它们合起来就在光柱的周围形成一个连续的圆拱面，那道光柱笔直穿过第八个圆拱的中心。最外面的那个圆拱的边最宽，次宽的是第六个，其余依次是第四、第八、第七、第五、第三，最窄的是第二个。【617】最外层的那个碗边颜色最复杂；第七条边最亮，第八条边反射第七条的亮光，颜色同它一样；第二条和第五条边颜色彼此相同，但比前两条黄一些；第二条边颜色最白；第四条边稍红；第六条边次白。这些圆拱作为一个整体处于同一运动中，但在其内部，里

---

① 塔塔洛斯（Τάρταρος），希腊神话冥府中的无底深渊。

面七层转得慢一些，方向和整个运动相反；第八层转动得最快；【b】第七、第六、第五层合在一起转动，速度其次；好像要返回原处的第四层在他们看起来运动速度第三；第三层的速度排第四；第二层的速度排第五。整个纺锤在必然女神的膝上旋转，每一碗形圆拱的边口上都站着一位塞壬①，她们随着圆拱一起旋转，各自发出一个音，八个音符合在一起就形成一句和谐的音调。另外还有三位女神，她们围成一圈，各自坐在自己的宝座上，【c】相互之间的距离相等。她们是必然女神②的女儿，命运三女神，身穿白袍，头束发带。她们的名字分别是拉刻西斯③、克罗托、阿特洛波斯。她们与塞壬一起合唱，拉刻西斯唱过去的事情，克罗托唱当前的事情，阿特洛波斯唱将来的事情。克罗托的右手不时接触纺锤外面，帮它转动；阿特洛波斯用左手以同样的方式帮助它在里面转动；【d】拉刻西斯两手交替，帮助它在里外两面转动。

"当这些灵魂到达光柱之处时，它们必须马上来到拉刻西斯面前。然后有一位神的使者出来，指挥它们排好队。神使从拉刻西斯膝上取下阄和生活方式，然后登上一座高坛宣道：请听必然女神之女拉刻西斯的如下旨意。'诸多一日之魂，你们包含死亡的另一轮新生即将开始。【e】决定你们命运的不是神，而是你们自己的选择。谁拈得第一号，谁就第一个挑选自己将来必定要过的生活。但是美德没有既定的主人，可以任人自取，每个人将来有多少美德，全看他对美德重视到什么程度。过错由选择者自己负责，与神无涉。'说完，神的使者便把阄撒到他们中间，【618】每个灵魂就近抓起一阄，只有厄尔除外，因为神不让他抓取。抓到阄的人都看清了自己抽得的号码。接着，神的使者又把生活方式放在他们面前的地上，数目比在场人数还要多得多。这些生活多种多

---

① 塞壬（Σειρῆν），希腊神话中的人身鸟足的美女神，有许多位，住在海岛上，用美妙的歌声引诱航海者触礁毁灭。

② 必然女神（Ἀνάγκης）。

③ 希腊命运三女神掌管人类命运和生死，克罗托（Κλωθώ）纺织生命之线，拉刻西斯（Λάχεσίς）决定生命之线的长短，阿特洛波斯（Ἀτρόπος Atropos）负责切断生命之线。

样，因为所有动物的生活方式都在这里，所有人的生活方式也在这里，其中有僭主的生活方式，有些僭主终身在位，有些中途垮台而受穷，有些被放逐或成为乞丐，其中也有名人的生活方式，有些因其体形和美貌而成名，有些因其身体强健和孔武有力而成名，【b】有些因其出身高贵而成名，有些因其祖先福荫而成名，其中也还有在这些方面拥有坏名声的生活方式，对女人来说也一样。但灵魂的性质是没法选择的，因为选择不同的生活方式必然决定了不同的品性。其他事物在选定的生活方式中不同程度地混合在一起，与富裕或贫穷、疾病或健康，以及其他中间状态混合在一起。

"格老孔，似乎就在这个地方，人面临着巨大的危险。【c】由于这个原因，我们每个人必须忽略其他所有科目，把主要精力用于学习如何区分生活方式之善恶，能在每一场景下始终作出最佳选择。他应当思考我们已经讲过的这些事情，知道它们分别或单独对各种合乎美德的生活的影响。以这种方式他懂得美貌如何与贫困或富裕混合在一起，【d】懂得与美貌结合的心灵习惯对善或恶有什么影响，懂得出身贵贱、社会地位、职位高低、体质强弱、思想敏捷或迟钝，以及一切诸如此类先天的或后天养成的心灵习惯彼此联系结合在一起时对善或恶有什么影响。对上述一切进行考虑之后，【e】一个人就能用目光注视自己灵魂的本性，把能使灵魂本性更加不正义的生活称作比较恶的生活，把能使灵魂本性更加正义的生活称作比较善的生活，进而能在两种生活之间作出合理的抉择。其他事情他一概不予考虑，因为我们已经知道，无论是活着还是死去，这都是最好的选择。人死了也应当【619】把这个坚定的信念带去冥间，让他即使在那里也可以不被财富或其他同样华而不实的东西所迷惑，可以不让他陷入僭主的暴行或其他许多类似的行为，并因此而遭受更大的苦难。他可以知道在整个今生和所有来世如何在这些事情上总是选择中庸之道而避免两种极端，【b】而这正是一个人的最大幸福之所在。

"然后，我们从那个地方来的使者告诉我们，那位神使还说：'你们即使最后一个上来选也没什么关系，只要他的选择是明智的，他的生活是努力的，就会有他可接受的生活为他保留，不会选到邪恶的生活。愿第一个选择者审慎对待，最后一个选择者也不要灰心。'"

"他说，神使说完以后，那个拈得头一号的灵魂就走上来，选了一个最大僭主的生活方式。由于愚蠢和贪婪，他作这个选择时没有进行全面考察，【c】没能看到这种生活还包含着吃自己的孩子这样的命运在内，还有其他一些恐怖的事情。等定下心来仔细一想，他后悔自己没有听从神使的警告，于是就捶打胸膛，嚎啕痛哭。他责怪命运和诸神，但就是不责怪他自己。他是从天上下来的灵魂之一，前世生活在一个秩序良好的城邦里，生活循规蹈矩，但他的美德来自风俗习惯而不是学习哲学。【d】人们也许可以说，凡是受到这种诱惑的灵魂大多数来自天上，没有吃过什么苦。而那些来自地下的灵魂不但自己受过苦，也看见别人受过苦，因此也就不会那么匆忙草率地作出选择了。大多数灵魂的善恶互换，除了拈阄的偶然性之外，这也是一个原因。【e】如果一个人在今生能够忠实地追求智慧，而在拈阄时又不是最后一号的话，那么根据故事中所说的情况，我们可以大胆肯定，这样的人不仅今生是幸福的，而且在死后前往冥府的旅途中，以及再返回人间的时候，走的也不是一条崎岖不平的地下之路，而是一条平坦的通天大道。厄尔告诉我们，某些灵魂选择自己的生活也很值得一看。他说当时的场景非常奇怪，又可怜又可笑，因为这些选择大部分取决于这些灵魂前世的习性。【620】他说，他看到一个灵魂曾经是奥菲斯的灵魂，它选择了天鹅的生活方式。由于死在妇女手里，它痛恨一切妇女而不愿再从女人腹中出生。他看到萨弥拉斯①的灵魂选择了夜莺的生活，也有天鹅或其他会唱歌的鸟选择了人的生活。【b】抽到第二十号的灵魂选择了雄狮的生活，那是忒拉蒙之子埃阿斯的灵魂，因为他还记得那次关于阿喀琉斯武器归属的裁判，不愿再投生为人。接下去轮到阿伽门农，他因为自己遭受的苦难而痛恨人类，于

---

① 萨弥拉斯（Θαμύρους），希腊神话中的一名歌手，据说他向缪斯挑战比赛唱歌，遭到失败后被罚成瞎子，并被剥夺唱歌的天赋。参阅荷马：《伊利亚特》2：595。

是选择了鹰的生活。选择进行到一半时轮到阿特兰塔①，看到运动员生活中有巨大的荣誉，于是她抵挡不住荣誉的诱惑而选择了运动员的生活。【c】在她之后，厄尔说，他看见了帕诺培乌斯之子厄培乌斯②的灵魂，他愿意投生为一名具有高超技艺的妇女。在很后面的地方，厄尔看到滑稽的忒耳西忒斯③的灵魂正在给自己套上一个猿猴的身体。奥德修斯的灵魂在拈阄时竟然拿到最后一号。他走上来选择的时候由于没能忘记前生的辛苦和劳累，已经抛弃了以往的雄心壮志。他花了很多时间到处走，想找一种只需关心自身事务的普通公民的生活。这种方式很难找到，躺在一个角落里不受别人注意。【d】他在找到这种方式时说，哪怕抽到第一号，他也乐意选择它。同样，也有动物变成人或一种动物变成另一种动物的，不正义的人变成野兽，正义的人变成温顺的动物，也还有其他各种混杂与结合。

"当所有灵魂按照拈阄的顺序选定了自己的生活以后，它们按原来的顺序列队走向拉刻西斯，【e】她给每个灵魂派一位精灵，守护和带领它们过完自己的一生，完成它们自己的选择。这位守护神首先把灵魂领到克罗托那里，在她的手下和由她转动的纺锤的旋转中批准各自选择的命运。跟她接触之后，守护神再把灵魂领到阿特洛波斯纺线的地方，使命运之线不可更改。【621】然后每个灵魂头也不回地从必然女神的宝座下走过。一个灵魂经过那里以后，要等其他所有灵魂过来，然后大家一起上路，历经可怕的闷热，一直走到勒忒④河平原，因为那里没有树木和任何植物。它们来到忘川⑤河畔宿营，河里的水没有任何器皿可以盛

---

① 阿特兰塔（Αταλάντα），阿卡狄亚公主，优秀的女猎手，传说向她求婚者必须与她赛跑，输给她的就被杀。

② 帕诺培乌斯（Πανοπέως）之子厄培乌斯（Επειους），著名的特洛伊木马的制造者。

③ 忒耳西忒斯（Θερσίτης），荷马史诗中的人物，参阅荷马：《伊利亚特》2：212。

④ 勒忒（Λήθη），希腊神话中的遗忘女神，亦为冥府河流名，亦意译为"忘川"。

⑤ 忘川，希腊传说中的一条冥府河流，字义为"疏忽"，在后来作品中与勒忒河混同。

放。它们全都被要求在这河里喝一定量的水，【b】而其中有些不够聪明的灵魂便喝过了量，喝得忘掉了一切。它们全都睡着了。到了半夜里，雷声大作，大地震撼，所有灵魂都被突然抛起，像流星四射一般各自投生去了。厄尔说他自己没有被允许喝这河里的水，但他说不知道自己是怎样回到自己的肉体里来的。等他睁开眼睛的时候，他看到天已经亮了，自己正躺在火葬用的柴堆上。

"所以，格老孔，他的故事没有亡佚，而是保存下来，要是我们接受它的劝告，那么它会拯救我们，我们能够平安渡过勒忒河，【c】我们的灵魂不会被玷污。要是大家接受我的指点，我们要相信灵魂是不朽的，能够承受一切善与恶，我们将永远坚持上升之路，以各种方式有理智地实施正义。这样的话，我们今生寓居在大地上的时候，既是我们自己的朋友，又是众神的朋友，【d】而以后——就像竞赛胜利者去领取奖品——我们将领受我们的奖赏。因此，无论是在今生今世，还是在我们已经描述过的千年之旅，我们都能诸事顺遂，幸福快乐。"

索　引

A

Abdera:Ἀβδηρά 阿布德拉（地名）R.
10.600c

abortion:ἀμβλωσις 流产、堕胎 R.5.
461c

Achaeans:Ἀχαιοι 阿该亚人 R.3.389e,
3.390e,3.393+

Achilles:Ἀχίλλειος 阿喀琉斯 R.3.
388a+,3.390e+,3.391c

Adeimantus,son of Ariston: Ἀδείμαντος
阿狄曼图,阿里斯通之子,《巴门尼
德篇》、《国家篇》对话人 R.1.327c,
2.362d,2.368a,2.368d,2.376d,4.419,
5.449b+,6.487a,8.548d

Adrastea:Ἀδράστεια 阿德拉斯忒 R.5.
451a

adultery:μοιχεία 通奸 R.461a

Aeschylus:Αἰσχύλος 埃斯库罗斯 R.2.
361b,2.361e—362a,3.380a,3.381d,
3.383b,3.391e,8.550c,8.563c

Agamemnon:Ἀγαμέμνον 阿伽门农 R.
2.383a,3.390,3.392e+,7.522d,10.620b

agent and patient:τι ποιεῖ καὶ τοῦ
ποιοῦντος 行动者与承受者 R.4.437

Aglaion:Ἀγλαΐωνος 阿格莱翁 R.4.

439e

agriculture:γεωργία 农业 R.2.370c

Ajax:Αἴας 埃阿斯 R.5.468d,10.620b

Alcinous:Ἀλκίνους 阿尔喀诺俄斯 R.
10.614b

ambition:φιλοτιμία 雄心、野心 R.1.347b,
5.475a,6.485b,8.545,8.548,8.550b,
8.553d,9.581a+

Anacharsis:Ἀναχάρσις 阿那卡尔西斯
R.10.600a

anarchy:ἀναρχία 无政府状态 R.4.424d+,
8.562d+

Aphrodite:Ἀφροδίτη 阿佛洛狄忒 R.3.
390c

Apollo:Ἀπολλον 阿波罗 R.2.383a,3.
391a,3.394a,3.399e,3.408b+,4.427b,
5.469a

appearance/appearing:ἐκφαίνεσθαι,
φαίνεσθαι 表面现象、显得 R.2.
365+

appetite(s):ἐπῐθῡμία 欲望, 胃口 R.
4.439c+,5.475c,8.558d+,8.559c,9.571b+,
9.580e+

Arcadia(ns):Ἀρκάδια 阿卡狄亚（人）
R.8.565d

Archilochus:Ἀρχιλόχους 阿基洛库斯

C

calculation:λογισμός 计算，算术 R.7.
524— 526c,10.602d

cave,allegory of:σπήλαιον ὑπόνοια
穴喻 R.7.514+,7.532b+,7.539e

censorship:τιμητεία 监察 R.2.377b+,
3.386+,3.401b+,10.595+

Ceos/Ceans:Χῖος, Κεῖος 开奥斯 / 开奥
斯人 R.10.600c

Cephalus,the elder,father of Lysanias:
Κεφάλους 老凯发卢斯（吕珊尼亚
斯之父）R.1.330b

Cephalus,the younger,son of Lysanias,
father of Lysias and Polemarchus:
Κεφάλους 小凯发卢斯（吕珊尼亚
斯之子，吕西亚斯、欧绪德谟、波勒
玛库斯之父），《国家篇》对话人 R.
1.327b,1.328c,1.329,1.329e+,1.330b,
1.331d

Cerberus:Κερβέρος 刻耳柏洛斯 R.9.
588c

Chalcedon:Καλχηδόν 卡尔凯顿 R.1.
328b

change(s):μεταλλᾱγή 变化、变易
R.4.424b+

character(s):τρόπος 品性 R.1.329d,
3.395c+,3.400e,4.435e+,5.456a,6.491e,
6.495a+,6.503c+,7.519a

Charmantides:Χαρμαντίδης 卡尔曼提
德 R.1.328b

Charondas:Χαρώνδας 卡隆达斯 R.10.
599e

children:παῖδες 儿童 / 孩子 R.2.363d,
2.377+,3.397d,3.401b+,3.415b+,
4.423d,4.425a,4.441a,5.449a+,5.457d+,

5.460c,5.461a,5.466e+,5.467d+,7.536e,
7.537a,8.543a,9.590e+

Chimera:Χιμαίρας 喀迈拉 R.9.588c

Chiron:Χείρωνος 喀戎 R.3.391c

Chryses:Χρύσης 克律塞斯 R.3.392e+

citizen(s):πολίτης 公民 R.4.419,
5.462b+,8.543b+,8.551e+

city/cities:πόλις, πολιτεία 城、城邦
R.2.372d,3.415d+,4.422e+,8.551d,
9.592

Clitophon:Κλειτοφῶν 克利托丰，《克
利托丰篇》、《国家篇》对话人 R.1.
328b,1.340a

Clotho:Κλωθὼ 克罗托 R.10.617c, 10.
620e

Cocytus:Κωκυτός 考西图斯河 R.3.
387b

comedy:κωμῳδία 喜剧 R.3.394d+,3.397d,
10.606c

common meals:συσσίτια κοινη 公餐
R.3.416e,5.458c

constitution(s):πολιτεία 政治制度
R.1.338d,4.420b+,4.445c,8.544+,8.
550c+,8.555b+,8.557d,8.562+,9.576c+

contests:ἀγώνια,μάχη, ᾱθλος 竞赛，
比赛 R.3.404a,6.504a

contract(s):ὁμολογέω/ ὁμολογία 协
议 / 契约 R.8.556b

contradiction:ἀντιλογία 矛盾 R.4.436b+,
5.454a,10.602e

cooking:ἕψησις 烹调 R.1.332c

Corinth:Κορίνθια 科林斯（地名）R.
3.404d

corruption of youth:διαφθορά 毒害、
败坏（青年）R.6.492a

courage(ous):ἀνδρεία 勇敢 R.3.386,4.

429c+,4.442c,6.486a,6.487a,6.490c,6.494b,6.503d+

courtesans:ἑταίρα 妓女 R.3.404d

cowardice:δειλία, πονηρία 胆怯 R.5.468a,6.486b

craft(s):τέχνη 技艺 R.1.332c+,1.342a+,1.345b—347a,4.421d+,4.429d+,6.495c+,7.522b,7.533b,10.596b+,10.601d

craftsman/craftsmen:δημιουργός 匠人、艺人 R.1.340d,2.370d+,3.406c+,5.466e+,10.596d+

creation:δημιουργία, ἔκγονα 创造、产生 R.10.596c+

Creophylus:Κρεώφυλος 克瑞奥菲鲁斯 R.10.600b

Cretan(s)/Crete:Κρής, Κρή-τη 克里特人／克里特 R.5.452c,8.544c,8.545b,9.575d

crime(s):ἀδίκημα 罪恶、罪行 R.1.344a+,1.348d,6.491e,6.495b,8.552c+,9.575a

criminal(s):κᾰκοῦργος 罪犯 R.6.491e,6.495b,8.552d+,10.615e

Croesus:Κροίσω 克娄苏 R.8.566c

Cronus:Κρόνος 克洛诺斯 R.2.378a

cycles in nature:κύκλος φύσις 事物的循环 R.8.546a

D

Daedalus:Δαιδάλος 代达罗斯 R.7.529e

daemon(s)(spirits):δαίμων 精灵 R.4.427b

Damon:Δάμων 达蒙 R.3.400b+,4.424c

dance(s)/dancing:χορεία, ὀρχησῦς 跳舞、舞蹈 R.2.373b,3.412b

death:θνῄσκω 死亡 R.I.330d+,2.363d+,3.386+,6.486a,10.614b+

Delphi/Delphic oracle/god of Delphi:Δελφοί 德尔斐（地名）R.4.427b+,5.461e,7.540c

demagogues:δημήγορος 蛊惑人心的政客 R.8.564b+

democracy/democratic:δημοκρατία, δημοκρατικός 民主、民主政制 R.1.338d+,8.544c,8.555b+,8.557b,8.557d,8.557e,8.558c+,8.561,8.562e,8.563c,8.564c+,9.572c+,9.587c

desire(s):ἐπῐθῡμία 欲望、期望 R.4.430b,4.437d+,8.558d+,8.561c,9.571c+

Destinies/destiny:μοῖρα 命运 R.10.617e

dialectic(al)/dialectician(s):διαλέγω, διαλετικός 辩证的／辩证法家 R.5.454a,6.499a,6.511,7.532a,7.533c,7.534,7.536d+,7.537d+,7.538c+,7.539a+

diet:δίαιτα 节食 R.8.561d

difference(s)/different:διαφορά 区别、差别、不同 R.1.329a,5.454b+

Diomedes:Διομήδης 狄奥墨德 R.3.389e,6.493d

Dionysiac:Διονυσίοις 狄奥尼修斯节 R.5.475d

dithyrambic poetry:διθυραμβώδης 赞美诗 R.3.394b

Dorian mode:δωριστὶ 多利亚式的 R.3.399a

dream(s):ἐνύπνιον 梦 R.2.383a,5.476c,7.533b+,9.571e+,9.574e

drones:βόμβος 嗡嗡声、杂音 R.8.552,8.554b+,8.555d+,8.559c,8.564b+,8.567e,9.573a+

drunken(ness):πάροινος 醉酒 R.3.

honor:τιμή 荣耀、荣誉 R.1.347b, 9.
581c+

hope:προσδοκία 希望 R.2.366d,2.
369b+,2.370b+,4.430e+,5.453—455,
5.459a+,6.501b,9.581c+,10.617e,10.
619c

hunger:πεινῆν 饥饿 R.4.437d+,9.585a+

hunting/hunter(s):κυνηγέσιον 打猎、
猎人 R.2.373b

hymn(s):προοίμιον 颂　歌 R.5.460a,
10.607a

Hydra:Ὕδρα 许德拉（怪物）R.4.426e

hypotheses/hypothesis/hypothetical:
ὑποθέμενος/ὑπόθεσις 前提（假设）
R.7.533c+

I

iambic:ἴαμβος 抑扬格的 R.3.400b

Ida:Ἰδαῖους 伊达（山名）R.3.391d

ideal state:νοητός πολιτεία 理想国 R.
2.368d+,4.427d,5.471c+,5.473,6.499b+,
6.501,6.502,7.520+,7.540d+,7.541

ignorance/ignorant:ἄνευτέχνης/
οὐκοῖδεν 无知 R.5.477a,5.478c,
9.585b

illusions:φάντασμα 幻觉／错觉 R.7.
523b+,10.602c+

image(s):ἀνδριας, ἄγαλμα 形象 R.
6.509e+,10.596d+

imitation/imitative/imitators:μίμησις/
μιμητικός /μιμητής 模仿／模仿性
的/模仿者 R.3.392d+,3.395c+,3.397b+,
10.595+

immortal(ity):ἀθανασία 不　朽 R.10.
608c+

Inachus:Ἰνάχος 伊那科斯 R.2.381d

incest:ἀνόσιος 乱伦 R.5.461e

individual(s):ἰδιώτης 个人 R.2.368e+,
4.434d+,4.441,5.462c+,8.543d+,8.
544e+,9.576c,9.577c

infanticide:φθείρειν νήπιος 杀婴罪 R.
5.459e,5.460c,5.461a+

infants:νήπιος 婴儿 R.4.441a+

inheritance:κληρονομία 遗产 R.1.330b

injustice:ἀδῐκία 不公正、非正义 R.1.
343c+,1.348d+,1.351c+,2.360e+,2.
366d+,3.392b,4.434,4.444b+,8.545b,
9.588b+,10.613c+

innovation:νεωτερισμός 发明、创造 R.
4.424b+

inquiry:σκοπέω 探究 R.7.533b+

intellect(ion/ual):νοῦς 心灵、理智 R.5.
476d+,6.508b+,7.532a,7.534a

intelligence/intelligible:γνώμη 智力、
理智、知识 R.6.509d+,7.517b+

Ionian(s):Ἰόνια 伊奥尼亚（地名）
R.3.398e+

iron:σίδηρος 铁 R.3.415a,8.547a

irony:εἰρωνεία 讥讽 R.1.337a

irrationals,in mathematics:ἄλογος 无理
数 R.7.534d

islands of Ismenias:νῆσοι Ἰσμηνίου 伊
司美尼亚的岛屿 R.1.336a

Italy:Ἰταλία 意大利（地名）R.10.599e

Ithaca:Ἰθακα 伊塔卡（地名）R.3.393b

J

judge(s):δῐκαστής 审判官, 法官 R.
3.409a+,9.580a

judgment(s):κρίσῑς 审判 R.10.614c+

just(ice):δίκη 正 义、公正 R.1.331b—
2.370,2.371e,2.372e,3.392b,4.427d+,

lyre:λύϱα 竖琴 R.3.399d

Lysanias,father of Cephalus:Λυσανίας 吕珊尼亚斯（凯发卢斯之父）R.1. 330b

Lysias:Λυσίας 吕西亚斯 R.1.328b

M

madman/madness:μάϱγος /μανίαν 疯 狂、迷狂 R.1.331c,9.573c

maker/making:δημιουϱγός, ἐϱγασία 制作、制造 R.10.601c+

manners:στολή 方式 R.4.424+,4.425b, 8.563a+

many,the:συχνός 多 R.4.426c+,6.493+

marriage:λέχος 婚姻 R.5.458e+, 5.459e, 5.461a

Marsyas:Μαϱσύας 玛息阿 R.3.399e

mathematical/mathematician/ mathe- matics:λογιστικός/ λογιστικός/ μαθήματα 数学／数学家 R.6.510c+, 6.511c,7.521d—531,7.531d+

mean,the:μέθον 中间状态 R.10.619a

measure(ment/s):μέτϱον 衡量、尺度 R.10.602d

medicine:φαϱμακευτικός 医药、医学 R.1.332c,3.405,3.406+,3.408a,4. 425e+,4.426b,5.459c+

Megara:Μέγαϱὰ 麦加拉（地名）R.2. 368a

melodies/melody:μέλος 曲调 R.3. 398c+

memory:μνήμη 记忆、记性 R.6.486c+, 6.487a,6.490c,6.494b,7.535c

Menelaus:Μενέλαος 墨涅拉俄斯 R.3. 408

Menoetius:Μενοιτιύς 墨诺提俄斯 R.

3.388d

mercenary soldiers:ἐπίκουϱοι μισθ- ωτοὶ 雇佣兵 R.4.419

merchant(s):ὁλκᾶς 商人 R.2.371d

meter:μετέϱ 调子 R.3.399b+,10.601a

Midas:Μίδας 弥达斯 R.3.408b

Miletus:Μιλήτος 米利都（地名）R.10. 600a

military:πολεμικός 军事 R.2.374b+

mimetic art:μιμητής 模仿术 R.3.394e+, 3.395a,3.395c+,3.395d+

misology:μισόλογος 厌恶理论 R.3. 411d

mode(s):σκευή 时尚 R.3.398e,3.399a

model,divine:παϱάδειγμα 神圣的模式 R.6.500e+

moderate/moderation:σωφϱοσύνη 节 制、明智 R.5.466b

Momus:Μῶμος 莫摩斯（指责之神）R. 6.487a

monarchy:μοναϱχία 君主 R.9.576d, 9.576e,9.580c+,9.587b

money:χϱήμᾰτα 钱、金钱 R.1.330b,1. 347b,2.371b,3.390e,4.422,4.436a,8. 551b,8.553,8.555e+,8.562a,9.580e+, 9.581c+,9.586d+,9.589e+

Moon (goddess):σελήνη 月亮女神 R. 2.364e

mother(s):μήτηϱ 母亲 R.5.460c,9.575d

motion(s):φοϱά 运动 R.4.436c+,7. 529d+,10.616e+

multitude,the:πολύς 众多 R.6.492,6. 493+,6.496c,6.500d+,9.586a+

Musaeus:Μουσαῖος 穆赛乌斯 R.2.363c+, 2.364e

Muses:ἡ Μοῦσα 缪斯 R.2.364e

politician(s):πολιτευόμενοί 政治家、
政客 R.8.564b+

Polydamas:Πουλυδάμας 波吕达玛 R.
1.338c

poor:πέης,ἄπορος 穷、贫困 R.3.406c+,
4.422e,8.551d+,8.552d,8.556d

population:πλῆθος 人口 R.5.460a+

poverty:πενία 贫穷、贫困 R.4.421d+,
8.552c+

power(s):δῶναμις 力量,能力 R.7.
520c+

Priam:Πρίαμος 普利亚姆 R.3.388b

prisoners/prisons:δεσμώτης/εἱρκτή 囚
犯 / 监狱 R.5.468a,5.469b

private:ἴδιος,οἰκεῖος 私人的 R.3.416e,
4.420a,4.422d,5.464b+,8.543b

prize(s):ἆθλον 奖励、奖赏 R.5.468b+

procreation:παιδοποιία 繁殖、生育 R.
5.460e,5.461a+

Prodicus:Πρόδικος 普罗狄科,《厄里
西亚篇》、《普罗泰戈拉篇》对话人
R.10.600c

production/productive:ἔργον 生产 R.10.
596b+

professional(s)/profession(s):δεινος/
ἐπιτήδευμα 专业,行家 R.1.332c,1.
345b+,2.374,3.397e

promiscuity:σύμμικτος,συμμῑγής 淫
乱 R.5.458d

property:χρήμᾱτα 财产、所有物 R.3.
416e,4.420a,4.422d,5.464b+,8.543b+,
8.551b,8.556a

proportion:ἀναλογία 比例 R.6.486d

Protagoras:Πρωταγόρας 普罗泰戈拉,
《普罗泰戈拉篇》对话人 R.10.600c

Proteus:Πρωτεὺς 普洛托斯 R.2.381d

proverbs:λεγόμενον/ λόγος 谚语 R.
1.329a,1.341c,2.362d,2.364b,3.415d,
4.423e,4.425c,4.435c,5.449c,5.457b,
6.489b,6.492e,6.493d,8.563c,8.569b,
9.575d,9.583b

public:κοινός 公共的 R.4.439e

punishment:τίνω/ τίσις 惩罚 R.2.363d+,
2.380b,10.614d+

puppet(s):κόρη 木偶、傀儡 R.7.514b

purgation:κάθαρμός 净化 R.3.399e,
8.567b+,9.573b

Pythagorean(s):Πυθαγόρειον 毕泰戈
拉学派 R.7.530d,7.531c,10.600b

Pythian:Πυθώ 庇提亚 R.7.540c

R

rational:εὔλογος 合理的,理智的 R.
4.435—442,8.550b,9.571c+,9.580d+,
9.581b,9.582+

read(ing):ἀνάγνωσις 读、阅读 R.3.
402a+

realities/reality:τὸ ὄν 实在 / 真在 / 实
体 / 本体 R.6.490b,6.500c,6.501d,6.
504c,7.520c,9.581e,9.582c

reason:λόγος 理由、理性 R.4.439c—
442,6.511d,8.549b,9.571b+,9.586d+,
10.602e

reflection(s):τὰ ἐν τοῖς ὕδασι φαντ-
άσματα 水中倒影、反映 R.6.510a

regimen:δίαιτα 养生之道 R.3.404a+

relation/relative:διήγησις,διέξοδος
关系 R.4.437+,7.523e+

relativity:ἀκόλουθος 相对 R.5.479a+,
9.584+,10.602d

religion:Τά θεῖαα θεῶν θεραπεία 宗
教、崇拜 R.1.328c,1.331d,4.427b

rest:στάσεως 静止 R.4.436c+

reverence:θεραπεία 敬畏 R.5.465a

revolution:περιτροπή 革命、内乱 R.8.
545d+

rhapsodes:ῥαψῳδός 吟诵者 R.10.600d

rhetoric:ῥητορική 修辞 R.2.365d

rhythm(s):ῥυθμός 节奏 R.3.398d,
3.399e+,3.401d+

ridicule:γέλως 可笑、荒唐 R.5.452d+

riding:ἱππάξεσθαι 骑马 R.5.467d+

right(ness/s):αληθής, ὀρθός, δικα-
ιοσύνη 正确、对 R.1.338c+

rites/ritual:τελετή 祭仪 R.2.366a

royalty:βασιλεία 君主的 R.4.445d

rule/ruler(s):ἀρχή, κράτος, δύνασ-
τεία,ἄρχων 统治／统治者 R.1.338d+,
1.339c,1.341b,1.343b+,1.345c+,1.347,
3.389b+,3.412c,3.413c+,5.459c+,5.
463,5.465e,5.473c+,6.484,6.489c,6.
498e+,6.501,6.502,6.503a+,6.506a,
7.519c+,7.520d+,7.521a,7.521d—526c,
7.527d—530c,7.530d+,7.535,7.537b+,
7.539,7.540a+,8.543a

S

sacrifice(s):θυσία/ θυσιάζω 献祭 R.
1.328c,1.331d,2.364b+,8.565d

Sarpedon:Σαρπηδόν 萨耳珀冬 R.3.
388c

science(s):ἐπιστήμη 知识、科学 R.
4.438c+,5.477b+,5.477e,6.511c+,7.
531d,7.533b+,7.537c

sculptors/sculpture:ἀγαλματοποιός,
ἀνδριαντοποιία 雕刻匠、雕刻 R.
4.420c+

Scylla:Σκύλλα 斯库拉 R.9.588c

Scythia(ns):ΣΚυθία 西徐亚（地名）
Σκύθης 西徐亚人 R.4.435e,10.600a

self—advantage:πλεονεξία 自私自利
R.2.359c

self—contradiction(s):ἀδικοῦντα 自
相矛盾 R.10.603d

self—control:ἐγκράτεια, σωφρο-
σύνη 自制、自控R.3.389d+, 4.430e+,
4.443d+

self—indulgence:τρυφή 自我放纵 R.
4.425e+

sense(s):αἴσθησις, νόος 感官、感觉
R.5.477c,7.523b+,7.524b+,10.602c+

Seriphus:Σεριφος 塞利福斯 R.1.329e+

sex/sexes/sexual:γένος /συνουσία 性
R.5.451d+,5.456+,5.458d+,5.466c+,
8.563b

shadows:σκιά 影子 R.6.510a

shepherd(s):ποιμήν 牧羊人 R.1.343a,
1.345c,2.359d+,2.370d

shipmaster(s):ναύκληρος 船主 R.6.
488+

Sicilian/Sicily:Σικελία 西西里（地名）
R.3.404d,10.599e

sick(ness)/disease(s):νόσος 疾病 R.
3.404e+,3.408d+,4.444c+,10.609a,10.
609b+

sight:ὄψις 视觉 R.5.477c,6.507c+,6.
508b+,7.517,7.523b+,7.533c,8.554b,
10.602c+,10.603c

silver:ἄργυρος 银 R.3.415a,3.416e,4.
419,4.422d,5.464c,8.547a

Simonides:Σιμωνίδην 西摩尼得 R.1.
331d—335e

simplicity:ἁπλότης 简单、简洁 R.3.
397b+,3.404c+,3.404e,3.409a,8.559c